美國文明之父

愛默生

改革與哲
三赴歐洲

從超驗主義到晚年光景

奴隸制的衝突、

A MEMOIR OF
RALPH WALDO EMERSON

目錄

第十一章
《日晷》雜誌，愛默生的超驗主義

正如我之前所說的，愛默生在神學院發表演說時，就已經決定這年冬天在波士頓發表演說。雖然他認為前來聆聽的聽眾不會很多，但還是堅持下來了。不過，當他的演說在 12 月開始的時候，他之前發表的演說似乎並沒有影響人們過來聆聽的熱情。

愛默生在寫給哥哥威廉的信中這樣說：

很多人過來聽我的演說。這座友善的城市要比之前更加開放，這裡的人們有著更加寬容的心，他們都像伯克一樣，擁有著自由主義的精神。

前來聆聽他演說的人很多，其中就有之前一直聆聽他演說的人。當然，其中絕大多數人還是自由派的基督徒，但這種自由主義精神並沒有因為他離開了在劍橋的講臺而受到影響。正如羅威爾所說的，他們之所以過來聆聽愛默生的演說，並不是要聆聽他的觀點。絕大多數聽眾都表示，愛默生的觀點是相當有遠見的，他的雙眼始終專注於「真理所處的地平線」，而忽視了普通人所看到的東西，只是專注於某種天使般的形式。這種形式過於幻想主義與模糊了，是任何一個人都無法去進行明確定義的。但是，他們卻喜歡感受愛默生這位從年輕時候就認為自己過上了天國生活的人的影響，因為愛默生的演說讓他們感覺到自由，這樣一種天國的狀態成為了某種正常的生活模式。

愛默生的演說主題是「人類的生活」，談論了人類的靈魂以及人類普遍的原則都會在個體中釋放出來。這些演說的核心思想可以稱為超驗主義，是對他過去思想的一種總結，並反對當時一些流行的全新觀點。愛默生說，發展的徵兆並不總是出現一些讓人們感到愉悅的事實。任何發展都

始於反對與拒絕，其間需要經歷一些動盪或是革命。很多深思熟慮之人都會在魯莽或是偏頗的表達中，未能將他們預想的真理表達出來。這就好比在建造一座全新城市之前，人們所感受到的各種困惑。這些全新事物可能讓人們感到很不自然，但它們卻是必要的—因為，這是生命與進步的一種象徵。

毋庸置疑，這種發展有其愚蠢且偽善的一面。新思想會引入全新的語言表達方式，這是愚蠢會冒出來的原因。在人類身上，始終會出現某種難以估量或是無法耗盡的東西。人類並不像箱子那樣，可以訂製 100 個或是 1,000 個相同的箱子，每個人都是不同的。他們從黑暗與可怕的命運中走出來，感受到了這種全新的希望，願意分享這樣的希望，願意為此做出行動，願意為此承擔痛苦，但他們沒有將這看成是某種預知或是可以預見的東西。因此，我們必須要以歡迎的態度去接受這些缺乏明確目標但精神可嘉的人，因為他們勇於反抗常規，因為他們從深邃的思想中汲取衝動，以社會的反對者或是預言家的形式出現。如果他們是只具有某種思想的人呢？而事實也往往如此。那些永不低頭，永不背叛自身信仰的人，是多麼的高貴啊！也許，他們之中兩、三個人在這個過程中心力交瘁，但卻始終會奮力前進，就像上帝所給予的指令一樣，而我們只需要微微彎下腰去聆聽就可以了。

當社會反對我們的時候，而我們還想要前進的時候，那麼我們就必須要以之前所做的事情，所說的話，或是別人所做所說作為基礎。「這種精神失常，這種靈魂的僵化，代表著 一個人的墮落。只有那些始終保持著年輕靈魂的人才能獲得救贖。對每個年輕男女來說，這個世界都提出了相同的問題，即你願意成為我們當中的一員嗎？面對這個問題，他們的心靈都會說不。這個世界並不過分在意那些反對這個社會的人。無論這些年輕人的心是否知道這些，是否知道自己想要什麼，他們都會用拒絕的方式來安慰心靈，反對去接觸那些不友好的單調狀況，或是掙脫過分熱烈情感所帶來的局限。但是，過分熱烈的情感中存留著希望，但按部就班則是死路一條。

年輕人對社會所持的敵視態度，讓他們無法成為別人的朋友，他們容易變得暴躁、自以為是或脫離實際。這就讓他們在獨處的時候感到不快樂。如果這樣的情況持續一段較長的時間，這會讓他們變成毫無原則或是孤僻的人。不過，整體來說，這樣的危機會以讓人恐懼的形式出現，因此每一個認真的人都不需要為這種情況毫無徵兆的出現感到任何恐懼，也不需要對此存在任何疑惑。這個問題會以某些形式呈現給我們每個人：你願意滿足靈魂的要求嗎？你願意屈服於這個世界已有的傳統嗎？任何人都必須要面臨這樣的挑戰。但是，為什麼你要一臉蒼白或是嘛著嘴去面對呢？為什麼你要用模仿悲劇的口吻去表達自己的不滿或是優越感呢？只有當你接受了內心的法則之後，社會存在的棘手難題才是你所要面臨的問題。當你解決了自身的問題之後，才會發現所有的預兆都是吉利的，所有的星辰都能帶來運氣，所有人都是你的盟友，你生活的每個部分都重新恢復了秩序，充滿了美感。

　　除非組成社會的每個人都能以完整的方式參與進來，否則任何人以任何其他方式去拯救社會的努力，都將是徒勞無功的。

　　在社會主義者的正式安排中，任何有思想之人自發流露的情感都能找到某種莊嚴的情愫，但他們依然選擇堅持居住在孤獨的房子裡。這些人都是我們所認識的同一批人。要是將他們放入一個密集方陣裡面，也是無濟於事的。因為，只要所有人都想要追求我們現在所擁有的東西，而不是更好的東西，那麼我們可以肯定，他們會以各種不同的形式去維持原有的體制。

　　愛默生的兩篇演說（〈悲劇〉與〈喜劇〉）在一、兩年後刊登在《日晷》雜誌上。愛默生的那篇演說〈鬼神學〉是這個演說系列中最後一篇，這篇文章在將近 40 年之後在刊登在《北美評論》雜誌上。他的其他演說文章都收錄在他的隨筆錄裡，其中一篇演說（〈愛意〉）幾乎原封不動的收錄了。

在演說行將結束的時候，愛默生表示非常遺憾，因為他身體健康方面的原因，只能這樣倉促的終止這個演說系列。他原本想要繼續發表兩場演說，讓這個系列的演說變得完整。其中一篇演說的內容是關於世界法則對人類活動的限制，另一篇演說的內容則是人類本能的力量以及我們的自然資源。但是，因為身體的原因，他不得不要推遲這些計畫。

在寫給卡萊爾的一封信裡，他說：「我的肺部不合時宜的替我添亂。」在這個階段，他寫給哥哥威廉的一封信裡，就談到了自己的健康狀況。他表示身體的情況沒有達到很糟糕的地步，只是讓他感覺不適合繼續工作而已。

這個夏天，我不僅沒有感覺自己的身體狀況變好了，反而感到糟糕了。我覺得可以透過爬山增加自己的活力。但在爬山之後，我也感覺身體狀況沒有好轉。我還是像往常一樣，身體情況既沒有好起來，也沒有變得糟糕。不過，就我所看到的情況而言，我認為自己依然能像以往那樣工作，我想要做的許多工作就像鬼魂那樣浮現在我的眼前。但是，既然我回到家了，就不願意從事寫作了。對我來說，是否有精力從事寫作，這是衡量我健康狀況的標準 —— 一些理智的哲學家也許會說，寫作是衡量一個人是否有心理疾病的最可靠標準。

在寫給富勒女士的一封信裡，愛默生說：

妳與我乃至每個人的健康不佳，都對我們關於未來的前景蒙上了陰影，因為我們無法在社會上發揮上更大的作用。如果你想要反對（正如大多數真誠之人在過去幾年所做的那樣）社會的缺陷、傳統以及常規 —— 那麼，你只有活得更長，或是擁有更強體魄的時候才能這樣去做。如果你只是在某個適合的時候違反了自己所定下的法則，讓所有人知道你背後根本沒有任何可以支撐的東西，那麼這就是無法接受的。在陷入傲慢或是憤怒的狀態時，貝肯多弗斯（Beckendorfs）（在《薇薇安·格雷》當中的梅特涅〔Metternich〕）完全有權利詢問我們什麼時候上床睡覺。因此，我討厭

疾病。與每一個將近四十歲的人一樣，當我思考著非利士人的勝利時，身體的狀況就會讓我感到鬱悶。在我健康狀況最好的時候，我會充滿希望，認為指責別人是一種卑鄙的做法。而當我身體虛弱的時候，我會為這樣的行為感到萬分內疚。

在 40 歲左右的時候，愛默生的肺部時不時會出現一些問題，或是出現無精打采的狀況，有時甚至讓他的妻子感到驚慌。雖然愛默生始終都是以輕鬆的心態去看待，將這視為自己過分專注於工作，缺乏休息的結果，看成是他這個階段必然會出現的一些疾病徵兆。

在寫給富勒女士的一封信裡，他這樣說：

力量與目標，這是感受幸福的兩個部分，是很少能夠聚集在一起的。一個有著強大心智能力的人在擁有了一個偉大目標之後，可以在適合的時候，找到適合的朋友，遇到適合的天氣，找到一個適合的住所。但是，沒有目標的智慧卻不足以展現自己，反而會將自己的本性都顛倒了，正如盧梭、卡萊爾或是拜倫等人。他們每個人的教名都不屬於那些無法接觸的朋友。但是，我認為，我的朋友想要的只是他擁有完整的身心功能。有時，人們會覺得，我們遭遇的挫折肯定要比別人更多。因為，當你與任何一個具有智慧的人一起談話，都必然會聽到他們說出一些遺憾的話語，或是對於別人給予的建議感到不耐煩。當然，我們希望時間會讓我們做出一些充分的改變，獲得重生。在更好的時機下，能讓我們以某種方式去實現目標。但是，即使青草在不斷的生長，勇猛的戰馬卻依然飢腸轆轆 —— 請原諒我說出這句話 —— 我們都會死於麻痺的精神狀態。不過，當經驗與謹慎無法為我們帶來什麼的時候，倫理道德卻依然存在。

愛默生之所以用模糊的方式去反對社會所存在的缺陷，部分原因就在於他不得不要在選邊站時謹慎一些。他在一篇演說裡提到，我們會用某種不良的方式看待人類所存在的缺點。我們以別人的缺點去定義他們，然後站在我們的立場去對他們進行判斷。我們應該反過來這樣問，站在他們的

立場上，他們是怎樣看待這個問題的呢？就以驕傲為例子吧。驕傲可能是自力更生的一種不純粹的表現形式，而我們願意接受這種責任的行為，則只能表示他肯定在人生的靈活度上失去了一些彈性。在我們看來，喜歡爭鬥的做法也許是相當野蠻的，但這卻是展現人類氣概精神的一種表現形式，也是人類願意為一種原則進行奮鬥的表現。在某個發展階段，人類必須要進行爭鬥，只有進行爭鬥，人類才能保持健全的身心健康。因此，我們可以再次指責一些人缺乏自我指引的能力，這些人只是希望能夠追隨那些能夠誇獎他們的領袖。但是，這種奉承的做法就包括要告訴他們，是有能力去管控自己的，而要是他們失去了這種能力，那就會失去這樣的吸引力。對人類來說，無論是沉淪於這樣的惡習還是擺脫這些惡習，都完全是有可能的。

當然，在原則層面上，愛默生是與那些理想主義者、改革家、追求進步的人士或至少懷抱著希望與進取心的人站在一起的。但是，他非常清楚的看到了當時存在的秩序。他知道，這些秩序有存在的權利，也能發揮其應有的作用。愛默生說，我們之所以產生想要廢除這些秩序的念頭，是因為我們看到或是想到了一種更好的秩序。我們不願意單純透過否定這種舊秩序的方式去做，而是希望透過將自身的潛能激發出來，創造出更好的秩序。要是我們透過限制自身力量的方式去做，就將一無所獲。同樣，要是我們對此置若罔聞，同樣會一事無成。它們就像是堅硬的槍管，只能透過瞄準某一個地方，才能讓射出的子彈變得不可阻擋。

這對於所謂的「壁爐角哲學」來說是足夠的，卻無法幫助演說者解決案頭上遇到的緊急事件。聽眾都想要聽到某種明確的陳述，但愛默生卻無法從中看到一個全面的理論。命運與自由之間的調停 —— 固定事實與靈魂權利所帶來的力量 —— 必須要透過每個人去實現，正如在某些情形下，我們需要決定順從或是追隨自身的能力。這必須要藉由生活本身去得到驗證，而不能透過單純的論述去表達。

愛默生在日記中寫道：

我們希望將所有論點都集合起來，以激勵所有人的方式去總結這種互相衝突的印象，卻又反對任何可以理解的言論。我們的詩歌與宗教就像穿在外面的連衣裙。但是，我們卻能從其給出的暗示中，感受到生活所帶來的魅力。它們就像遠處海岸邊傳來的聲音，它們所傳遞出來的意義就是，任何人都不能擅自對其劃分音節，然後說出來，而只能透過其自身表達出來。要是我們投身其中或是成為其發聲的媒介，這會在每個時刻都變成一種積極的指令，創造出人類以及方法。如果我們想要嘗試對其進行定義，那最好什麼也不要說。

我們需要對降臨到這個世界上的每個人都肯定這種無限的潛能。但是，如果我們不做出任何肯定，就會在言語中遭受到限制，無法了解到每個事實都包括著相同的道理一直到說出來的言語以雜亂無章、籠統概括、模稜兩可或是毫無意義的方式重複展現。唯一說出來的話最後會變成行動。

在寫給卡萊爾的一封信裡，愛默生表示他寧願靜下心去進行研究，希望讓自己那種「毫無章法可言的演說」有更好的表現形式。但是，愛默生對此也沒有別的選擇。在卡萊爾看來，要想做到這點，必須要首先實現經濟方面的獨立。卡萊爾所著的《法國大革命》已經再版了，卡萊爾的《雜錄》也再版了。他要支付很多帳單——其中需要 500 美元的印刷費。他已經向所有能借到錢的朋友都借了一遍。當然，儘管面對這樣的困境，卡萊爾依然保持著樂觀的心態。

在寫給哥哥威廉的一封信裡，愛默生這樣說：

西元 1839 年 9 月 26 日，康科特

雖然我有點不願意，但還是決定在今年冬天到波士頓繼續做一次演說。但是，我現在根本還沒有想好到時候要說些什麼，演說的主題非常不明確。

最後，愛默生將演說的主題定為「當代」。按照他的說法，當代一個明顯特徵，就是個人越來越意識到他們可以接觸到上帝的心靈，這種傾向有可能會弱化他們與其他方面的關係。從表面上來看，這是透過分析精神或是超然方式展現出來的。我們所處的時代是一個喜歡用第一人稱的時代，每個人都追求個性與自由，希望掙脫所有的枷鎖。在一個社會的初始階段，人類的理智在恐懼面前會產生消極的影響。致敬式的恐懼感可以讓人類在早年免於犯罪或是墮落的行為。人類的分析行為會摧毀這種限制。這個世界也將會失去愛意與恐懼，最後一切都是以經濟實用為標準。整體來說，分析能力取代了人類對更高本能的順從：我們不希望為這些事情所控制，希望事情能夠順從我們。但是，人類一開始在這方面走向了極端，將人類本身的功能與他們所應該代表的勞動分離開來了，產生了占有且壟斷的行為。要成為富人的念頭迅速在世界各地的人們心中扎下了根，這讓人們不再看重國家或是教堂的存在。政府與教育存在的目的，只是為了保護每個人的私有財產，宗教則成為了精神世界的一種槓桿，讓我們可以更好的去追求這個目標。人類在虔誠方面的墮落直接帶來了學識的墮落。當代的許多天才都對書籍抱著嗤之以鼻的態度，用蔑視的眼光看待所有語言方面的知識，不去理會這是古代的還是當代的。我們看到了許多「白手起家的人」，他們都沒有將自己的成功歸結為大學或是學校向他們灌輸的教育。當然，在宗教領域裡，這種最高層次情感的表現是最為明顯，也最讓人覺得可悲的。

每個人在閱讀聖奧古斯丁（St. Augustine）、米爾頓、傑里米·泰勒與托馬斯·肯皮斯等人的作品時，都必然會產生一種深刻且豐富的情感——即使這不是一種代表更高等生命的文化——將這視為某種永不停息且宏偉的激勵情感，或是從來不將他們不朽的熱力與我們最近感受到的冰冷智慧進行對比。與這種分析相對應的是殘存下來的傳統，比如教會、國家、大學與社會形勢等方面的古老狀態，這還包括許多控制智慧的眾多情感，控制品格的才華等。這些人都需要根據所處的全新立場去發揮自身

的能力。最後，那些在古老體制的陰影下依然獲得利益的人，必然會痛恨任何的變革。

在與這種傳統的情感失去連結之後，這些人就與吸引年輕人去追求真理沒有任何關係了，他們也不再反對這種認知中存在任何分裂的活動。另一方面，這個運動思潮雖然以這些思想為基礎，卻受到了這個時代存在的惡習的影響——即存在著誇大有形或無形事實的重要性傾向。他們過分誇大某些特定行為與可以避免的東西，想要將一些碎片拼湊起來，將原則聚攏起來，讓心靈法則擁有一種機械式的力量。他們依賴於這些全新的環境，依賴於選票、命令以及聯合。他們承諾要建立一個代表著天國的世界，最後卻落得咀嚼尚未發酵的麵包或是為生存奮鬥的境地。但是，我們千萬不要因此而不相信所處的這個時代。人類天生就喜歡誇張渲染，讓我們認真的審視這樣一種傾向。分析是人類獲得力量的基礎，當這樣的認知加上忙碌的實驗，就能讓人類的雙手擁有能量。光芒的射線會穿越時空中無形的障礙，最後在照射到物體時才會被世人所看到。同樣，精神世界的活動只有在指向某些外在行為之後，才能被我們所認知。這個國家的宗教狀況與商業情形是相差無幾的，需要我們不斷去糾正其中存在的各種問題。只要這場遊戲能夠最終獲得好的結果，沒有人注意遊戲所使用的是什麼籌碼。人類依賴於這樣的工具與機構，但改革者表現出來的熱情以及遭遇的阻力，形成了公眾良知中的自律與教育。無論在哪個方面，都需要我們捍衛其價值。這種重要的思想讓我們對人類心靈充滿了希望，而這樣的希望就像清晨的曙光那樣悄然來臨。它們就像那些守夜者一樣，宣布著全新的一天終於到來了。

我們對待改革的態度，應該是接受現有的方式，並加以利用，而不是被它們所利用。我們要始終遠離任何黨派之爭所帶來的惡習，保持自己的神聖。與此同時，當我們看到了一條清晰的前進道路時，不要畏懼任何考驗，不能為退縮找尋任何藉口。因此，我們不應該在這個問題上急於做出決定。耐心才是與真理為伍的。我們必須要忍受這個過程中遭遇的各種挫

折，必須要忍受各式各樣的妥協，有時甚至需要說一些話才能達到自己預期的效果。我們可能會發現自己的主張無法在文學、科學、父輩所信仰的宗教，或是無法從教義問答書中得到展現，這都是沒有關係的。因為，巴黎人或是紐約人的祖輩生活與猶太（Judaea）、摩西（Moses）或是保羅（Paul）又有什麼關係呢？當代真正意義上的宗教，就是指對品格的尊敬。在很多人看來，這可能是一種相當抽象的概念，但這不是一種細微或是內在的情感，只會讓我們去實現某個目標。一些人可能會說，一些人受到庇佑的靈魂表現出來的謙卑與猶太是一樣的，最終讓那片土地變成了永遠神聖的地方。全新的觀點也會如此 —— 這是每個人都能做到的，每個擁有靈魂的人都可以做到的 —— 這讓每個人的身體與形式都獲得一種神性，讓他們在面對宗教機構的時候展現自己的神性。我們可以去看看社會改革所結出來的果實吧 —— 和平、自由、勞動、財富、愛意、安撫窮人心靈的教堂，婦女的權益等等。這些改革家也許看不到他們真正想追求的目標，但最終卻實現了他們不敢想像的目標，而很多狂熱分子在看到這些改革之後都會表示反對的。但是，我們的心靈與雙手能夠協同起來，朝著一個比他們所知的更好天堂前進。

　　這樣的希望並不總會以失望落空的。人類的生活應該是純潔且誠實的，人類的目標應該是明確的。當一個人感受到了自身的無限性之後，那麼他應該擁有無限的信念，這個社會也應該有無限的信念。

　　愛默生選擇離開布道講臺，因為他希望完全自由的表達內心的信念，不願意接受教會方面強加的各種假定。但是，這種白由是有其代價的，因為他無法讓自己想要說出的事實變得更有權威，只能寄希望於信念慢慢成為信徒們的普遍想法。但是，教會的存在卻對這種普遍思想產生了破壞的影響。因為愛默生始終不願意以爭辯的態度去面對，也不願意就此專門進行一番論述，因此他發現只能以低效能的方式進行演說。在一段時間裡，他對發表演說的做法非常反感。他在日記中是這樣說的：

西元 1839 年 10 月 18 日

在過去五年的每個冬天，我都在波士頓發表全新的演說，每一篇演說都代表著我的信念，闡明了我的信念。我的每一篇演說都表達了我對過去、現在以及未來的思考。我想，我必須要以相同的方式才能繼續這樣的工作。雖然，我知道那些認為最後一次做某事的人以後再也不應該這樣做了。但是，我之所以不願意繼續發表演說，並不是因為反對演說本身，而是反對這樣的形式。這個社會出現的各種錯誤是我想要鞭撻的，但我只能等到自己的羽翼豐滿之後才能這樣做，因此我現在只能對此做出讓步。於是，我只能再次選擇出售演說門票。但是，這樣的形式並不是關於這些的。我懺悔的實際內容是什麼呢？當我回想起伊甸園裡的亞當，認為自己應該對田野裡的所有野獸以及天國中的眾神重新命名。我希望人們能夠感受這樣的失控，重新發現他們自己，然後走出這樣的限制，重新感受屬於他們自己的那種不朽的精神。我只是想憑藉自身的能力，點燃民眾的憐憫心與情感的火焰。我總是不斷的向他們講授理想與神聖生活的思想，談論最高的人生，談論那些被遺忘的美好，那些需要我們去追尋的未知事業，但這些演說都收效甚微。我嘗試過以真誠的方式去做，但這樣的方式只有國王與詩人才能真正感受到。我希望他們感受到那種精神力量，讓自身的無限性與機械能量以及機械哲學進行對比。我希望安慰那些遭受邪惡打擊的勇敢之人，告訴他們追求著一個看不到的目標，因此只能透過祈求偉大的上帝去肯定他們所追求的事業。

當這些演說結束之後，他感覺沒有達到自己預想的目標。

給威廉·愛默生的一封信：

西元 1840 年 2 月 25 日，康科特

上個週三，我準時的結束了我的演說。無論從哪方面看，我都無法對這次演說有什麼好的評價。在演講之前，我安慰自己說，我會再次嘗試一

下，因為我還沒有將自己的全部能力都展現出來。我，作為一個指責社會禮節與束縛的人，為什麼就不能談論那些不受限制或是具有強大力量的真理呢？但是，這些演說最後都不歡而散。我發表了十篇得體的演說，聽眾們沒有為此感到狂喜、興奮甚至是憤怒。因此，我的這些演說根本沒有傳遞出什麼真正的思想。不過，雖然聽眾們不能理解我的想法與希望，但他們不會抱怨我所面臨的失敗。儘管如此，支持我的人在過去兩年還是越來越多了。

愛默生的日記：

我似乎缺乏足夠的身體活力去嘗試我所談論的每個主題。我應該全心投入到每一週演說稿子的準備當中，談論一些更為宏大的主題。但是，一些討厭的經驗告訴我，我需要投入二十一個小時去準備每一篇演說，因為只有這樣，我才有時間去準備下一篇演說。當然，我在時間的利用方面是非常謹慎的。我小心謹慎的利用著時間，最後也沒有準備出任何具有新思想的演講稿子。要是我能耗費六十個小時去準備一篇稿子，要是身體允許我用二十個小時就能做完六十個小時才能做到的事情，那麼我肯定不會那麼恨自己的。因為如果那樣，我就能幫助我的朋友了。

如果在愛默生看來，這些演說是相當溫順或是高雅的，具有更多文學性而不是有效的思想宣傳的話，那麼希歐多爾・帕克寫給康維斯・法蘭西斯的一封信（後來，F.B. 桑伯恩先生非常友善的將這封信轉交給我），就表示了愛默生的演說沒有讓聽眾留下他所想的那種印象：

西元 1839 年 12 月 6 日，西羅克斯伯里

今年冬天，你沒有去聽愛默生的演說嗎？他的第一篇演說非常精彩 —— 在我聽過他的演說中，這是思想最深刻、邏輯最嚴密的一篇演說了。當你聆聽他的演說時，雙眼不會因為一連串金色思想而出現暈眩 —— 你肯定會從他的演說中感受到思想的火花。在他的通篇演說中，

充斥著民主的思想，呼應著布朗森在上個季刊中談到的「民主與改革」的問題……班克羅夫特聽得入神——他為愛默生在演說中所談論的民主思想而著迷。他在第二天晚上對我說：「在任何聽眾面前，說出這些事實都是非常好的，無論聽眾的人數是多是少，因為這會在他們的心中扎下這些思想之根：但是，如果他跟我們來到海灣之州（麻薩諸塞州的別稱），肯定會有超過三千名聽眾到場。」……另一個晚上，一位表情嚴肅、看上去像輝格黨成員的紳士在聽了愛默生的演說之後，說他對愛默生發表這樣的演說只有一個解釋，就是假定愛默生能在喬治·班克羅夫特領導的海關謀求一個職位。

希歐多爾·帕克

桑伯恩接著說：

我認為「海灣之州」是一個具有民主精神的俱樂部。在這一年（西元1839年），馬庫斯·莫頓（Marcus Morton）以多一票的優勢擊敗了愛德華·艾瑞特，當選為這個俱樂部的主席。

在第二年冬天（西元 1840 ～ 1841 年），愛默生只是發表了一篇名為〈改革家〉的演說。他正忙於創作自己的著作（他的第一個系列隨筆），再加上他準備創辦一個期刊作為他們發表全新觀點的想法也越來越明確。在寫給哥哥威廉的信中，他是這樣說的：

康科特，西元 1839 年 9 月 26 日

在這個時候，喬治·里普利與其他人重新談起了要創辦一份全新期刊，用來表達絕對的真理。但是，我對這一天能否到來是持懷疑態度的。我是不會擔任編輯的，但我可能會成為撰稿人。我的朋友亨利·梭羅會是一位非常優秀的詩人，他的作品應該會受到歡迎的。

給瑪格麗特·富勒女士的一封信：

西元 1839 年 12 月 12 日，康科特

　　我認為，我們對這份期刊都有著相同的看法。我們都希望這份期刊能夠面世，但每個人卻都不願意對此承擔起個人的責任。為了這份期刊能有光明的未來，我會承諾每年撰寫一些稿子，投給這個期刊。但我真心希望能夠置身於期刊的任何其他工作之外，因為我厭惡這樣的工作方式。但是，如果妳的工作能夠引領一個全新的時代，這肯定也會改變我的觀點。我們都會有著與妳一樣的想法。但是，我今天並不適合寫文章。因此，請珍重。

拉爾夫·沃爾多·愛默生

　　從西元 1836 年開始，創辦期刊的計畫悄然發生了改變。他們認為，這份期刊應該兼具雜誌與評論方面的功能，而最重要的宗旨就是為這個時代提供不受任何限制的聲音。愛默生對這份期刊的主要興趣，在於希望這份期刊能向大眾推薦他的朋友奧爾柯特、梭羅、威廉·埃勒里·錢寧、筆名為「多倫（Dolon）」的人還有一至兩個人。在西元 1840 年 3 月 30 日，在寫給富勒女士的一封信裡，愛默生說：「要是我擔任這份期刊的編輯，我完全信任這八、九個人在詩歌創作方面的能力與才華，我認為他們的詩歌要比八、九十名所謂著名的撰稿人所寫的都還要優秀。」

　　在經過了多次會議討論與通信商談，《日晷》雜誌的創刊號在 7 月分出版了。喬治·里普利與瑪格麗特·富勒是最積極的推廣者。里普利負責雜誌的商業管理方面事宜，富勒女士則負責文學編輯方面的工作。這是一項充滿了活力與慷慨精神的事業，因為當時訂閱這份雜誌的人很少，大多數投稿者都是當時不知名的人。因此，當時的學界對此表現的冷漠也就不足為奇了。富勒女士本人非常清楚的看到了這一切。她寫道：「我們不能只是展現出一些高雅的藝術，我對一些充滿活力的思想也產生了懷疑。」不過，她的目標並不是為了要創辦一份成功的雜誌，而是要為每個具有自

由主義精神的人提供一個發聲的平臺，填補某些個人的精神需求 [001]。

這是一次值得嘗試的實驗。即使這次實驗只能讓少數人獲得更清晰的意識，這本身就能讓《日晷》雜誌在美國的文學歷史上占有一席之地。《日晷》雜誌在對待所有議題上，都採取了高瞻遠矚的視野，無論人們對這份雜誌有什麼樣的評價，都必然會給予讚美之情。

若是按照「成功」一詞的一般含義去看，這份雜誌要想獲得成功根本是不可能的 —— 即使不說其他原因，最大的原因就在於創辦這份雜誌的人本身就缺乏一致的目標。他們之中每一個人都對於這份雜誌所要實現的目標沒有共同的立場。其中一些人不願意追求明確的目標，甚至是避免談論這些目標。其他一些人很快就抱怨說，這樣的雜誌依然是在過去的基礎之上推展的。實用主義的改革者則從雜誌的內容中嗅到了極佳的理想主義氣息。對愛默生來說，他是希望追求最大限度的自由以及看似最誇張的理想，但他卻在雜誌違背了文學形式這個問題上讓步了。他後來坦承，若是按照嚴格意義去看的話，雜誌的一些內容是沒有可讀性的。兩年後，當愛默生按替富勒女士擔任編輯，富勒女士在寫給愛默生的一封信裡就表示，更換編輯並不能改變這本雜誌的宗旨以及品格：

有時，你會拒絕一些我擔任編輯時不會拒絕的稿子。因為你始終希望做出一本優秀的雜誌，讓這本雜誌可以代表你的品味。但是，我會讓讀者看到每個人自由的表達他們的觀點，而不管這些觀點是好是壞。

愛默生只關注詩歌內容，或者說只關注以詩性方式表達出來的觀點。按照他的說法，應該用「寬廣的視野」去看待所有事情。在這方面上，他是極為寬容的。他對於這本雜誌創刊號的批評（在他寫給富勒女士的一封信裡），就談到雜誌裡的詩歌內容太不明顯了，並且表示若是他擔任排字工人，肯定會用粗字體來顯示詩歌的內容。但是，愛默生最後發現，公眾的想法與他並不一樣。

---

001 引自庫克的一封信，出自他所寫的《愛默生的一生》一書的第 78 頁。

西元 1840 年 7 月 8 日，愛默生在寫給富勒女士的一封信裡抱怨：

我發現《日晷》雜誌的讀者根本不喜歡詩歌，而這是我想要創辦這本雜誌的唯一目標。我曾詢問亨利・梭羅以及其他「新的撰稿人」是什麼情況，但都無功而返。他們只能等到我完成工作，之後才能詢問帕克相關的事情。我認為，奧爾柯特的文章對於這本雜誌是非常重要的，就我所知，這些文章都根本不會出現在其他雜誌上。

在之後的西元 1840 年 8 月 4 日，在給富勒女士的一封信裡，他表示：

想要看到與我一開始想像不一樣的《日晷》雜誌。我不再希望這本雜誌是純文學的。我希望我們能夠讓雜誌的主題變得更寬廣，就一些問題進行更加深刻的討論，引領新一代年輕人的思想。他們可以在這本雜誌上讀到關於財產、管理、教育、藝術、寫作以及宗教等方面的內容。……對我們來說，若是追求其他與此無關的目標，這是毫無意義的。因此，我希望我們能夠找到一些優秀的狂熱者，然後在雜誌每次出版時都刊登一些關於生活藝術等方面的內容。現在，我已經開始著手就勞動、農場、改革、家庭生活等方面的議題進行創作了。我也會問自己，為什麼《日晷》雜誌就不能將這些樸素而又重要的問題與這片土地的男女一起分享呢？……我深知，每一本優秀的雜誌都必須要承受這種轉變所帶來的風險。這本雜誌將會以友好的方式對待某些類型的改革，放棄對黨派鬥爭、頑固或是反覆無常爭鬥的支持，也不去追求普遍存在的詩意。但我認為，我們首先要面對的迫在眉睫的危險，就是一些人的偏見與頑固。我們不應該透過衝突的方式去打擊彼此的想法。

同一天，他在日記中寫道：

我認為，《日晷》雜誌不應該成為單純的文學雜誌，而應該擁有符合這個時代精神的更高目標。這本雜誌應該在諸如政府管理、戒酒、廢奴、貿易與家庭生活等重要方面提供良好的建議，應該為讀者帶來詩意與情感，展現出其最好的價值。同時，這本雜誌應該深入生活，同時將這片土

地的優秀男女所具有的智慧都展現出來。難道不應該這樣嗎？雜誌應該更關心發生在當代的一些事情。我希望寫出一些關於數學方面的文章，而不是關於廚藝年鑑或是將科學運用到藝術領域當中。

但是，愛默生在這方面做得並不順利 —— 比方說，希歐多爾‧帕克就持不同的意見。當然愛默生知道帕克的認真態度以及他想要讓雜誌影響更多人的目標。之後，當愛默生擔任雜誌編輯時，《日晷》雜誌正面臨著嚴重的經濟困境。帕克寫了一篇很長的文章，談論約翰‧皮爾邦（John Pierpont）牧師與他所在教區的居民在戒酒問題上的不同觀點。愛默生一開始拒絕發表這篇文章，但最後必須要承認，正如他所說的，這是為了雜誌的生存。當這期的雜誌出版之後，時任出版人的伊莉莎白‧皮博迪女士寫信告訴愛默生說，帕克的文章讓出版的雜誌都賣光了，還需要繼續印刷。

富勒女士也勇敢的面對當時雜誌所面臨的困境。在長達兩年的時間裡，她在沒有任何報酬的情況下非常努力。最後，愛默生雖然很不願意，但他認為有必要接替富勒女士擔任編輯。

愛默生在日記中寫道：

《日晷》雜誌要麼生存下去，要麼就停辦了。我必須要想辦法解決這個問題，這是一個關乎雜誌生死的問題。我不希望讓這本雜誌落入那些追求人性或是改革之人的手中，因為他們會踐踏詩歌與文章。我也不希望這本雜誌落入那些學者手中，因為他們是讀死書的人。我不喜歡《優秀演說家》與《愛丁堡評論》那樣的雜誌風格，後者的風格是傳統且矯揉造作的，但前者同樣散發出粗野、貧瘠的氣息，就像長期在地下室的廚房裡生活，簡直讓人想要自殺。

愛默生在寫給赫奇博士的信件裡說：

可憐的《日晷》雜誌！ —— 沒有取悅任何人。沒有人為此感到傷悲！這本雜誌的內容非常好，但如果可能的話，我希望將這些內容當成一個作品集珍藏起來，將其拿給那些想要看這些內容的人。這主要是創辦人差一

些奉獻精神，這不可能變成標本館裡面的乾燥花，只可能變成感染人們心靈的媒介。但是，沒有人會認為自己人生的目標僅僅在於此。

正如愛默生所說的，在他擔任《日晷》雜誌編輯的兩年時間裡，該雜誌以其「晦澀朦朧」而聞名，直到愛默生在西元 1844 年 4 月[002]不再擔任編輯位置。卸去編輯一職，讓愛默生深深的鬆了一口氣。我認為，在他擔任編輯期間，他不僅耗費了一些金錢，而且還為他帶來了持久的憂慮。

愛默生已經完成了他想要在美國文學界裡宣揚的全新精神，富勒女士也同樣做了屬於她的工作。但是，他們共同努力的成果卻始終沒有出現。這個新時代的天才始終沒有與他們所處的時代友好的相處。

大約在《日晷》雜誌興辦的同一個時期，另一個預示著日後康科特哲學學派的計畫，則可以從愛默生寫給富勒女士的一封信裡看出端倪：

西元 1840 年 8 月 16 日，康科特

某天，奧爾柯特與我計劃從零開始去成立一所大學。難道妳不希望我在《日晷》雜誌上對此做宣傳嗎？里普利、赫奇、帕克、奧爾柯特與我可以到一些鄉村城鎮 —— 比如康科特或是海恩尼斯 —— 宣布我們將會舉辦一個為期一個學期的學習班，專門面向年輕人，時間定在每年 10 月到第二年 4 月分。他們每個人都可以宣布他們要講授的學科或是主題，可以講授他們感興趣的內容，每週舉行兩次演說或是對話。我們可以安排一些時間，讓每個感興趣的學生可以參加這些活動。在一些晚上，我們可以全心投入到對話當中。在週六的時候，我們聚在一起進行祈禱活動，讓安息日成為讓每個人都能感受到美感的日子。這些人都可以按照自己的想法去解決這些問題。每個學生都應該知道，他們的老師應該得到一些報酬，並且他們應該按照自己的經濟能力或是所學到的知識進行支付。假設，里普利教授歷史、神學、當代文學或是其他學科，赫奇教授詩歌與形上學以及

002　喬治·威廉·庫克（George William Cooke）牧師在《思想哲學》期刊（西元 1885 年 7 月）裡就詳細的闡述了《日晷》雜誌及其撰稿人。要想了解愛默生當時的撰稿情況，可以參看附錄 C。

歷史哲學，帕克則教授異教信仰的歷史、天主教教會歷史以及當代所面臨的信仰危機問題——簡而言之，他可以教授關於宗教歷史；奧爾柯特教授心理學、倫理學以及理想生活等學科。我、博蒙特、弗萊切以及珀西（Percy）則可以教授修辭學與純文學等學科。難道妳沒有看到，只需要透過增加一、兩個人，我們就能形成一個強大的教授團隊，就能在沒有任何執照、企業贊助或是管理的情況下去面對這個世界嗎？難道妳沒有看到，如果這項工作一開始只面對 20 或是 30 名學生，那麼這會成為新英格蘭地區教育界所期待的事情嗎？難道妳不希望來到這裡，加入我們這個團隊嗎？我們這裡有著各種優秀的人才！我們會將每個週六變成真正的安息日！我們將不再需要睡覺，我們會努力創造一個之前從未有過的和諧經濟與社會模式。

對當時新英格蘭地區的意見領袖而言，即使是那些本身對此不持反對意見的人，他們都會認為這些將來的老師會以相當尖刻的聲音去表達觀點。正如約翰·昆西·亞當斯在當時的日記裡所說的：

在那個時候，新英格蘭地區的宗教情感也許要比基督世界的任何地方都要更加具有力量與更加普遍。自從安多佛成立神學院以來，喀爾文教派與一神論教派一直就贖罪、耶穌基督的神性以及三位一體等問題進行爭論。現在，這些爭論基本上已經消停了，但很多人依然保持著過去的觀點，很有可能會讓以前的那些思想死灰復燃。一位名叫拉爾夫·沃爾多·愛默生的年輕人，他是我當年非常敬重的一位朋友威廉·愛默生的兒子，也是我兒子喬治的同學。在他當初擔任兼職牧師以及後來擔任校長的努力都失敗之後，他創辦了所謂的超驗主義教條，宣稱過去所有的宗教啟示都必須要遭到淘汰。因為按照他的說法，這些宗教啟示早已經過時了，說我們要以全新的方式去感知上帝的啟示以及預言。加里森（Garrison）與主張不抵抗廢奴主義者布朗森、民主黨人馬拉特（Marat）、還有一些顱相學和動物磁學專家——這些人聚在一起，給出了一些似是而非的邪惡理論，宣稱這是宗教與政治理論泡沫中必不可少的元素。皮爾斯·克蘭奇（Pearse

Cranch）上週就在這裡發表布道演說，竟出人意料的闡述了一大段關於超驗主義的思想。

愛默生認為，從擔任布道牧師到現在，他在宗教方面的立場始終都沒有發生過根本的轉變。在第二教堂面向他過去的老朋友發表的一篇演說（西元 1844 年 3 月 10 日），他的這些朋友在漢諾威大街重建了一所教堂。在這次演說中，愛默生說：

我認為，人們的思想觀念不會經常發生較大的改變。就我所知，他們在沒有看到全新的光芒之前，會選擇朝著黑暗的角落前進。一般來說，在 20 年或是 50 年之後，你可能會發現，每個人都會傾向於早年的思想觀念。這樣的改變通常是如此的，即每個人都能擁有更加鮮明的品格，都能將自身的羞澀情感或是對於別人隱藏過深的面具都拋掉。我從來沒有想過要去證明自己的言行是始終如一的。在這個過程中，我的人生視野不斷得到拓展，我發現了自己存在的許多錯誤，並努力去加以改正。因為只有這樣做，才能讓我感到開心。事實上，從我過去站在這裡闡述一些新思想到現在，我覺得自己其實並沒有什麼變化，而只是不斷將某些具體的經驗累積起來，或者我可以說，我只是用更好的方式闡述我年輕時的一些核心思想而已。

在約翰·昆西·亞當斯與其他人看來，愛默生就是超驗主義運動的代表性人物。但在西元 1841 年的一次演說裡，當愛默生在超驗主義運動中走得最遠時，他將超驗主義定義為「精神的狂歡與信念的過度表現」。愛默生沒有將超驗主義定義為一種信仰，或是對絕對真理的唯一視野，而是將之視為我們對抗單純的功用或是習慣傾向的工具，從而避免沉湎於瑣碎的憂愁或是無聊的樂趣當中 —— 在愛默生看來，超驗主義不能包括許多東西，而只是「常識以某種節制的方式呈現出來……這與絕對真理沒有任何關係，只是按照事物呈現出來的現象去對其進行描述」。愛默生從來不缺乏這樣的節制。他認為自己應該想辦法去躲避「神性的不滿」所帶來的

各種危險，而這樣的情感讓他對許多極端的表現形式懷著仁慈的心態。與每個人一樣，他深刻的理解到這樣一種極端的表現形式是生命力的表現，因為他之前已經了解到了這點。但在愛默生看來，我們所面臨的危險就在於沒有朝這個方向前進。

愛默生在日記中寫道：

佛教與超驗主義會告訴我們，生命可以在縮減到一個荒謬地步時感受到一種愉悅。每個孩子與嬰兒都是一名超驗主義者，每個人都被他們所散發出來的魅力所吸引。當我們想要往這方面去進行嘗試的時候，卻又立即發現自己陷入了債務、謊言、偷竊、通姦、瘋狂或是死亡的境地。

我們很快會發現，每個人在談話中所表現出來的技巧。我們可以從佛教裡感受到這沒有任何後悔的情感，因為我們時刻都要面臨著死亡與黑暗的陰影。我們可以在小木屋裡點燃柴火，卻不敢走出外面那個充滿殺氣的黑暗世界一步。每一種思想、每一個行為或是每一種情感，都在這個恐怖的無限世界裡有其毀滅的證據，而這些思想在包圍著我們，等待著我們跳進去。如果說殺死所有的佛教徒能帶來什麼好處的話，那只能代表我們殺害那些平白無辜之人。

我們必須要承認一點，人類文明的發展是需要付出昂貴的代價──要想保持文明的發展，有時需要付出可怕的成本：要是人類不去追求文明，那麼我們與印第安人沒有什麼區別了。但是，我們為什麼要說印第安人沒有文明呢？這同樣是我們需要付出的另一個昂貴的代價。那種捕捉淡水龜與鮭魚的生活是簡單且成本較低的，而牡蠣的價格更低。好好的玩這個遊戲，做好我們的本分。如果眾神犯下錯誤的話，我們也要確保自己不要犯錯。

尊重人類的這些事實是非常有必要的。如果你不為他們預留任何位置，那麼他們也肯定不會為你預留任何位置。對他來說，無論說什麼話，做什麼事，政治、航海、鐵路、金錢、書籍、甚至是男人與女人都是毫無

意義的。也許，這樣的人可以在另一個星球上生活了，因為他在這個世界上沒有任何所求。這個地球上的海洋與空氣，萬物的構成以及所有我們稱之為命運的東西，都站在人類這一邊。這樣的理智思維能力是絕對不會陷入謬誤的境地。

—— 這並沒有將勞動的價值充分展現出來。整個人類將他們的生命投入到勞動當中，只是出於一些簡單或是必需的動機。在這過程中，他們能夠感受到自己的良知得到了認同，他們會在大門口見到這位談話者。就他們所了解，這位談話者本身並沒有去勞動，反而用權威的口氣去指責他們。他變得不受歡迎，這是完全可以理解的。要想讓民眾成為禁欲主義者，單純說一些好聽的話是不夠的，還需要日復一日的進行思想的灌輸。

讓這些人憎恨漩渦吧，憎恨河流的兩岸，始終站在河流的中央吧。英雄不會做出任何古怪稀奇的事情，而只會沿著艱難的道路繼續前進，與所有人一樣來到同一間客棧，為自己最終來到這裡感到心滿意足。他們絕對不是一個過分講究或是控制欲較強的人。

愛默生說他是作為一名理想主義者這樣說的 —— 但是，他的這種理想主義沒有讓他忽視已有的事實，也沒有讓他產生要忽視這些事實的念頭。比方說，當時的民眾都非常渴望得到金錢，而金錢也是一個人自身價值或是他個人地位的一種象徵。在更高階的社會狀態下，「現金交易關係」也許會被正義與愛意的紐帶所取代。但在這個階段尚未到來之前，我們不要假裝還有比金錢更好的交換媒介。

有很多說了許多關於金錢的偽善之言，指責那些擁有金錢的人就必定是靈魂卑鄙的人。金錢的確是人類一項了不起的發明。金錢所帶來的交易方便，讓我們在商店或是農場裡都能感受到。古埃及的一句話可以證明這點：你做得很好，你做得過度了，你做得還不夠 —— 關於自然，我無法說出比這更好的話語了。

不要試圖去掩飾、瞎扯或是將其神祕化。我的某位親密的朋友說，你

應該在我的田野裡挖土一天，當你完工之後，我會給你一美元，那就不算一種商業交易。此人這樣的說法讓我感到噁心。雖然金錢是我們每個人都用來衡量物質價值的標準，但不能這樣矯揉造作的貶低金錢，或是神化我們與別人。讓我們不要「說不，然後再拿錢」。我們可能是友善誠實之人，在理論與實用兩方面都反對這樣做。如果這對於金錢的使用與買賣會帶來致命打擊，那我們還是不要使用金錢為好。如果金錢帶來的麻煩要遠遠低於廢除交通工具所帶來的不便，那麼我們就不要假裝說金錢沒用，因為我們的衣食住行都是需要金錢。

但我傾向於認為，金錢或是金錢的價值體系可能會帶來一些重要的便利——這不是我胡亂編造的滿足感，而是我認為花費沒有超過自己的收入，沒有透支帳戶帶來的那種滿足感。

按照愛默生的說法，一個心智健全、真誠且寬宏大量的人必然會遵循個人理想、心靈法則與命運，或者說遵循自然法則。因為真正的智慧並不是要追尋字面上的誠實，而是追求真正有用的東西——正如人的身體功能以事物的構成而帶來的作用。雖然愛默生具有很強烈的理想主義，但他沒有像那些迂腐之人那樣忽視真正的情況，或是忽視理想能夠變成現實的存在動機。要是別人的想法與我們的想法完全不一樣，那就完全是另外一回事了。比方說，在我們談論教育的時候，愛默生就談到了當時教育界普遍存在的競爭式教育方法，將之稱為是「文明的毒藥」，雖然這樣的方法見效比較快，卻完全是「庸醫的治療方法」。當他發現新英格蘭地區的許多學院都不太認同他這樣的說法時，就改口將之稱為「過去的保姆式教育制度」。某某校長反對這種競爭式的教育方式，認為這會對培養學生的品格產生不利的影響。因此，他禁止按照學生在文學方面的表現去進行評定，而是讓學生們按照姓名首個字母的順序進行分配，比如將一個人分入A等，另一個人分入B等，以此類推。「每個班級都會有一名優秀的學生，難道他就一定會在畢業典禮時發表演說嗎？」「哦，不是的，這些學生都是隨機進行分配的。」對此進行解釋的學生表示，這會讓許多社團免去許

多不必要的紛爭。我回答說，當然，如果這個國家沒有大學的話，那會少更多的紛爭。我希望一般大學能採用這種充滿自由主義精神的方式去做。當我再次來到這裡的時候，我得知那位校長已經辭職了。這是我聽到關於這位校長最好的消息了。

當愛默生的一位年輕的崇拜者在內心感受到了精神生活的描述，認為一個人可以吃掉天使的食物，認為「一個人應該相信自己的情感，發現人生就是由各種奇蹟組成的。人應該為一個普遍的目標去努力，想辦法養活自己。他應該想辦法在衣食住行等方面做好，但他卻不知道怎麼做」──此人將喬治·慕勒（George Muller）這位英國人的自傳寄給了愛默生。慕勒在書中表達了這樣的觀點，即很多人都是受到他的管理，而這完全是透過某種不可思議的奇蹟來完成的。愛默生收到這本書之後感到非常驚訝。當他將這本書寄回的時候，附帶了這樣的文字：

我懷著謝意將這本書返還給你。我對你所感興趣的內容感到驚訝。有時，我會認為你與你同時代的年輕人未能了解我與我同時代的人所感受到的事情。因為喀爾文教派現在依然在民眾的生活與品格方面具有強大的影響力，而與我從小一起長大的人都深受這樣的影響。因此，我們的行為舉止以及言談都必然會受到這種教派的深沉影響。我不認為我們這一批人已經死光了。當然，喀爾文教派對於年輕一代人也許沒有什麼影響力──至少不再是一種普遍流行或是具有控制力的宗教了。但是，這些教派代表著一種悲劇的影響，可以從古希臘的神祕主義、復仇女神、命運之神以及《歐墨尼得斯》等身上找到一些特徵。我可以肯定，這會讓羅伯特·亨廷頓（Robert Huntington）以及現在的喬治·慕勒皺起眉頭。當然，這個教派依然還有很多信仰者，但其影響力正在慢慢式微，直到我們最終希望打破這樣的沉悶空氣，呼吸清新的空氣。誰敢年復一年的拒絕這個教派所帶來的影響呢？當然，這個過程產生的哲學興趣與一些問題是值得我們去關注的──這些人在挑戰權威的過程中獲得的成功是應該認真進行觀察的。上帝會以他的子民呼喚他的方式呈現出來。但是，這種論述卻經不起任何的推敲。

這樣的幻覺甚至欺騙了那些所謂上帝的選民。這種理想主義也許是其中的一種表現形式。儘管追求完美的理想，對現有成就不滿的念頭，是人類不斷獲得進步的泉源，但人類卻不能在這方面有過分強烈的想法，也不能有過低的欲望。事實上，任何形式的過猶不及都會帶來負面的影響。意志薄弱之人是不可能理解到，在每天的面具生活下看清個人的理想。我們會謹小慎微的保證，樹木不要長到天空那麼高。如果一個人不缺乏精力與元氣的話，那麼即使當他們需要的時候，這樣的限制依然會套在他們身上。

下面是愛默生在西元 1839 年至西元 1843 年的日記摘錄：

對我來說，這些類型的格言始終不會與限制的力量產生不滿。我們每個人最不需要的就是關於限制或是阻礙方面的建議，這說得好像新英格蘭地區的民眾似乎不屬於人類一樣。

對很多優秀之人來說，他們的確應該追求更多。這有點像勒內（Rene）國王統治的國家。這期間沒有任何的作為，卻能經常聽到一些相互競爭的吟遊詩人吟唱的一些關於預言的尖刻話語。

我們浪費了自身多才多藝的能力，總是急切的想要抓住每個方面。美國的天才們都跑去研究樹葉、樹根、捲鬚以及各種事物。空氣中似乎都瀰漫著罌粟花的味道，讓人變得無能與懶惰。

奧爾斯頓 [003] 所創作的畫描述了一片美麗、安靜、祥和卻又不真實的樂土世界。我將這段話送給美國所有的天才們：歐文（Irving）、布萊恩（Bryant）、格林諾（Greenough）、艾瑞特、錢寧 —— 甚至是韋伯斯特。在韋伯斯特有紀錄的演說稿子裡 —— 我們可以看到這些內容是缺乏毅力與力量的。

我們的美德沿著一條狹窄的小溪流淌，看不到溪水暴漲的情景。我們

003　奧爾斯頓（Washington Allston，西元 1779 ~ 1843 年），美國畫家、詩人，美國浪漫主義運動的先鋒，以風景畫著稱。

想要看到波士頓或是麻薩諸塞州的民眾像洶湧的海洋那樣，擁有更加寬廣的心胸，為知識、音樂、慈善、合作、自由與藝術而痴狂。只要我們有健康的身體，就能擁有足夠強大的感知能力與洞察力。但是，正如一位醫生在我童年時對我說的那樣：「你缺乏活力。」但是，我所見到的這些年輕人都是非常優秀的，他們的未來是那麼的光明燦爛！這些年輕人都是非常優秀的，卻也不夠優秀。

　　但是，我們自身狹隘的經驗與時空方面的限制，都不能阻止我們重申靈魂的法則。雖然，歷史上還從未有人以恰當的方式表示出來。但是，如果我們能夠遵循神性法則，就能說我們透過自身的每一個正確或是錯誤的行為去展現自己。雖然我們可能還遠遠沒有達到內在健康的標準，但這會讓真正的秩序變成我們生活的秩序。

第十二章　改革

愛默生在寫給瑪格麗特・富勒女士的一封信裡表示，他希望《日晷》能成為一本引領時代思想潮流，勇於就一些大家都關心的問題提出觀點的雜誌時，他已經不自覺的借用了不屬於他的觀點。他從來沒有想過要扮演傳播神諭的預言家角色，也沒有想過要就任何一個議題提出任何法則。對他來說，超驗主義並不能代表一種特定的信條，而只是一種心靈狀態，一種健康且正常的心靈狀態，讓我們可以打破常規的思維，按照自身的想法去做事，而不是受制於環境的影響。

愛默生在日記裡寫道：

我對某某先生說，他不需要在超驗主義思想方面諮詢任何德國人。無論在任何時候，如果他想要了解超驗主義者所相信的東西，只須從腦海裡將德國那些超驗主義傳統全部抹去，那麼剩下的其他想法就是我所提倡的超驗主義思想了。

在那個不斷革新的時代，愛默生對那些自信要消除社會弊端的改革者充滿了同情心，他與那些宣揚戒酒、解放黑奴的人以及那些不斷改良社會的人站在一起。但是「廢奴、戒掉蘭姆酒，或是任何其他外在表現出來的美德，都不應該讓人們將注意力從涵蓋一切的美德中轉移注意力，因為我們在這個過程中總是想辦法去逃避或是延遲這方面的改革」。愛默生認為，我們應該強調不斷改善的社會環境的重要性，幫助別人遠離肉體或是精神層面上的束縛。這樣的觀念讓愛默生更加強烈的理解到，人類有必要不斷實現自我提升。在這些提升實現之前，就要想辦法去為這個目標奮鬥。

愛默生在寫給一位朋友的一封信裡說：

如果人們都接受民主思想，保持友善與忠誠的信念，那麼美好的結果就會自然的形成，這會讓我們知道一個全新的世界是什麼樣子的。我們也不應該始終將改革的斧頭用在解決這方面或是那些邪惡的機構之上。

在愛默生的哲學觀念裡，「所有我們稱之為命運的東西」或是外在的表現狀況，都需要我們去進行認真思考的，因為這與我們的內在想法是吻合的。只要我們的內在想法沒有發生改變的話，這樣的外在狀況就會一直持續下去。下面是愛默生在西元 1840 年一篇日記裡的節選內容：

我對某某人說，他應該是一個非常年輕的人，或者說他所處的時代向他施加了沉重的負擔，他可以去進行深入的思考，去談論鄰居們存在的許多缺點。或是用他的話來說就是『譴責』或是對他們大發雷霆。我一直以來都是這樣的，不過我對他的行為是抱有同情心的。我們都想要將自己的觀點表達出來。但是，你在戰爭中將這種言論自由剝奪了。這樣一個良機可以讓電流從正極與負極流過。現在，你從我們的手上拿了一杯酒，正如你之前拿走了我們的一杯憤怒之酒。我們成為了追求和平的偽善蛀蟲，我們的鋼盔類似於平底鍋。現在，我們必須要成為一個溫和的懦弱之人。你拿走了一切，但是，你帶來了什麼？傑夫茨（Jefts）之前就在布道演說中表示，應該將裝載著蘭姆酒的酒桶都倒在河流裡面。但在第三天之後，當他在寒冷與貧窮中醒過來的時候，難道他會覺得自己之前的做法是正確的嗎？如果我能夠透過一些宗教祝福來為他的內心帶來一些溫暖，或是讓他感覺自己彷彿置身於天堂，那麼我會認為自己為所得的東西，做出了更多的犧牲。我不應該拿走一切，他應該去忍受著一切 —— 或者從他所處的垃圾堆或是豬圈裡爬出來，洗乾淨身體，穿上衣服，然後參加集會，與別人進行交流。

在這些障礙嘲笑我們的時候，我們總是以冷淡的口吻去談論著改革。事實上，這個話題是一個人不該說出口的話題，因為如果他真的在心底裡珍視這個想法的話，那麼他就應該在黑暗中真正將這個想法灌入自己的靈

魂深處，正如印第安人與他們的新娘，或是僧侶祕密的走到另一個僧侶旁邊，然後說，你看，我們的觀點完全一致。只有在這個時候，我們才會發現一盞全新的燈火在我們的心底裡亮起來了，讓我們勇於去遵循這樣的法則。

我還沒有征服自己的家庭，這讓我感到煩惱與後悔。我應該對這個雞籠進行包圍，然後疑惑的走開，假裝這是對巴比倫的圍攻嗎？在我看來，倘若我們真的這樣做，這就是躲避我所要談到需要解決的問題，也會在茫茫人海中將我的無能隱藏起來。

難道那些每天在果園裡辛勤工作的人，不是要比那些每天參加廢奴集會或是發表演說的人，對廢奴運動做出更大的貢獻嗎？每一個做好自己工作的人，其實就等於讓一個奴隸獲得了自由。那些不認真去做好自己本職工作的人，其實就是一位奴隸主人。當我們坐在這裡滿臉微笑的進行討論時，一些人正在田野、商店或是廚房裡辛勤的工作著，他們沒有說話，臉上也沒有微笑。世人會這樣問，那些廢奴主義者要吃糖嗎？他們要穿棉質衣服嗎？他們抽菸草嗎？他們是自己的奴僕嗎？他們是否已經將奴隸勞動視為某種理所當然的事情，然後將這看成是一種明智的思想基礎呢？每個家都有兩個桌子，一張桌子是為廢奴主義者準備的，一張則是為傭人準備的！這就是你們所說的誹謗。有人對我說，從沒有人像他們這樣做到禁欲主義，沒有人像他們那樣不斷的重申他們的誓言。種植園主並不想要奴隸。是的，他們想要的是奢侈的生活，他們甚至願意為奴隸的勞動支付金錢。那些廢奴主義者是不可能對自身過上的豪華生活而去進行攻擊的，正如他們不可能真正為廢奴運動做出多少貢獻一樣。

西元 1837 年 11 月，愛默生受邀到康科特發表一篇關於奴隸制的演說。要想在演說廳裡討論這個話題，是存在困難的，因為一切關於奴隸制問題在當時都是遭到貶斥的。最後，第二教堂同意愛默生在法衣室裡進行演說。在演說中，愛默生特別強調了要抵制任何反對就這個問題進行討論

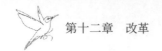

的傾向。他說，新英格蘭地區的人民有這個特權，也有這樣的神聖責任去敞開他們的教堂，就每一個涉及到人的權利的所有問題進行討論。下面是愛默生的演講：

如果宮殿大門上的座右銘是：「噓，不要出聲」，那麼市政廳的大門口就應該掛著讓人感到驕傲的徽章：「你們可以自由發表觀點」。我認為這是極為重要的，因為過分謹慎的行為，其實就表示我們每個人都不願意發出自己的聲音。我很遺憾的得知，在整個波士頓，只有這樣一所教堂願意為我敞開大門，其他的教堂都不願意對這個問題進行任何形式的討論。即使是在演講廳這樣最為自由的平臺上，很多人在表達自己的思想時都受到了諸多束縛，無法真正的發聲，或是受到了要保持緘默的威脅。但是，當我們在這個問題的對與錯上亮出自己的態度，其實就是與自己簽訂了一份契約，保證這樣的思想處於一種開放的狀態，每個人都可以有自己的觀點。我認為，這對絕大多數人來說都是有益的。我們可能會為卡羅來納州或是古巴那裡貧窮奴隸的遭遇而感到痛心，我們每個人都背負著這樣一種責任……讓每個人都不要過分誇大自己的憐憫心，然後譴責發生在喬治亞州、維吉尼亞州等地發生的暴行，從而忘記了發生在自己所在城鎮、鄰居乃至自己身上的惡行。讓我們自身的憐憫之心去控制我們對兄弟同胞的遭遇所感受到的痛苦之情吧，讓我們堅持以正確的名字去呼喚他們。讓我們不要去指責那些種植園主，而將他們的不幸歸結為他自身的罪過。

對於廢奴主義者來說，愛默生在演說中使用的這種口吻是相當冷酷且具有哲學性質的。愛默生的一些朋友試圖讓他明白當時整個的局勢。他們對愛默生說，他並沒有真正意識到這是關於人性的利益，希望他不要對慈善家們的方法或是方式的不滿，導致他無法看清楚他們的工作所具有的重要意義。愛默生也準備承認他們這樣的說法也是有一定道理的：

某天，在一個場合下，我對伊莉莎白·霍爾說，我最欣賞那些具有價值的強大之人，就比如她的父親，因為他在沒有任何猶豫或是顧慮的情況

下支持社會秩序的改革。我欣賞這些人，他們從來不會透過激起民眾的痛苦情感、憐憫或是任何形式的不滿對我們增加任何麻煩。但是，現在這些所謂的慈善家們卻顯得那麼古怪與可怕。整體來說，他們是一群讓人討厭的人，我們應該像躲避討厭鬼或是流浪漢那樣遠離他們。相比於反對保守主義中的教條主義，我更加反對改革過程中出現的教條主義與缺乏自律性——在我們尚未參與的時候就急於想要領導，在我們尚未說出祈禱或是聽到我們內心的愛意與和平思想之前，就想要為我們的國家與人們制定法律——這些都是不可以接受的墮落行為。他們的做法讓很多偉大人物的名字受到了褻瀆，我們的美德變得一團糟，有時只是以憤怒的形式表現出來。但是，我的良知，我那個憤懣的良知，卻非常尊重那些看到我們社會中存在缺陷與不足地方的倒楣之人，這些人每時每刻都在進行祈禱與努力，想要改正這些錯誤。這些看似讓人討厭的男女階層，經常聯合起來去做超越他們能力範圍的事情，所獲得的結果也是讓人欣慰的。但是，他們用偏頗的眼光看問題，很容易渲染自己的能力。是的，那些沮喪的懺悔者也會這樣——他們不是一個有著寬廣眼光的人，在面對這些眼淚或是抱怨的時候也沒有任何哲學層面上的思考。但是，我可以感受到他們的排他做法，知道他們認為地球、海洋與一切都是以他們為中心的，認為整個宇宙都是根據他們所站立的位置為中心來轉動的。

真正讓愛默生反感參與這些慈善計畫的原因，不是他一絲不苟的精神或是惰性，而是他的本性所致。他的本性始終讓他找尋一個相對公正的立場去看待對立雙方。無論在任何情況下，正如他所說的，他都不會去垂涎一個所謂治安官的官位。當我們對自己進行評價的時候，很容易會給出一個絕對意義上的標準。而當我們去評判別人的時候，則更應該去思考當時的背景，不要用一個人所持的立場去代替他整個人。

對我們來說，維持奴隸制就等於容忍邪惡的行為繼續存在。但在種植園裡，這可能只是顯示了某種程度的自我放縱，這樣的放縱程度也許與我們在家裡的行為一致。當我們對那些蓄奴者進行攻擊的時候，需要將自己

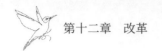

擺在一個道德高點，但我們事實上卻沒有站在這個高點之上。當然，這些蓄奴者是應該遭受譴責的，但奴隸也應該為自己允許別人將他們當成奴隸而遭受譴責。

黑人種族的墮落狀況，雖然現在已經遺失在過去沒有星光的時空裡，但他們卻也不是不帶任何罪惡的。對於他們目前所處的境地，他們也需要負上一定的責任，因為只有他們才能真正去救贖自己。要是他們不想辦法去掙脫這樣的奴隸制，那麼無論廢奴主義者做出怎樣的努力，這都將是白費的。在南方的奴隸應該像他們在北方地區的黑人一樣，首先實現自我解放。

一個僅在廢奴運動圈子裡流行開來的祕密就是 —— 也許這正是廢奴主義者們的一個祕密 —— 即黑奴與蓄奴者其實就是一夥的。當自由的福音慢慢傳過來，要求廢除黑人法律。他們就會發現，自由的黑奴其實就是動物法則的典型代表，認為黑奴根本沒有任何思想，只是如同植物或是動物一樣的存在。而人類就應該遵守自然法則，弱肉強食。

廢奴主義者（理論上的）希望廢除奴隸制，這是因為他們想要廢除黑奴。他們這是一股充滿暴力與野蠻的力量，這與人類的文明統治是相違背的。但是，廢奴主義者又認為，黑奴本身就是野蠻力量的代表，認為只有白人才能擁有奴隸。這些廢奴主義者攻擊勒格雷（Legree）、麥克・達菲（Mac Duffie）以及北方與南方的蓄奴者，給出的原因是他們是世界上最著名的黑奴，並且要為黑奴的自由進行抗爭。當他們消失之後，法律，代表智慧的法律則會成為主旋律，這將會讓黑人內心的野蠻力量逐漸消失。他們認為，黑人是上帝創造出比白人更低劣的人類，認為黑人會吃人，每當有機會就是綁架或是折磨白人。他們認為，這些黑人具有很強的模仿性，並且會為自己成功做了某事而產生叛逆心理。他們還認為，黑人根本沒有任何心靈與道德可言。

很多學者都認為，應該堅持這種穩健的觀點，不能只是膚淺的應用。

我要求實現絕對的正義，肯定這樣的正義，並且按照這樣的正義去行事。但是，千萬不要因此認為波士頓民眾有著錯誤、炫耀性或是戲劇性的態度，想讓他們認為自己要比想像中更加具有美德。

與此同時，愛默生非常欣賞那些毫無顧慮投身到這項運動當中的人。用他的話來說，這些人可能是固執己見的人，但他們是朝著正確方向前進的固執之人。

仇恨加里森的人都為這個世界性運動的發展而感到開心。每當我說起加里森的時候，都會心懷敬意。某天，我發現他坐在他那個昏暗的辦公室裡。

也許，愛默生去加里森的辦公室，是為了參加康科特的廢奴主義者於西元 1844 年 8 月 1 日在法院大樓[004]舉行的會議，慶祝英國控制的西印度群島的奴隸獲得了自由。愛默生在會議上發表了演說，這次演說的稿子收錄在他的作品裡。許多廢奴主義者說，愛默生的這次演說讓在場的廢奴主義者感到非常滿意。在這次演說以及一年後的一次演說裡，愛默生的觀點變得更加激進，他認為黑奴有過上文明生活的能力。在大赦年的慶祝活動上，他說，「要為發現黑人有能力與白人進行競爭這一事實感到自豪，在我們稱之為歷史的偉大聖歌裡 —— 黑人是眾多部分的一部分，雖然他們在過去很長的歷史中扮演著屈從低等的角色，但他們理解到自身能夠參與人類文明的歷史進程，並能在音樂方面占有一席之地。世界的禮儀已經達到了這樣一種程度，因此黑人發揮自身的道德天賦也將變得不可或缺。黑人們應該為他們的種族感到自豪。」

在第二年的同一個慶祝活動上，關於愛默生發表的演說，我只能從《紐約先鋒報》上找到相關的報導，因為這篇演說從來沒有出版，而愛默生似乎也沒有保存手稿。在這次演說中，愛默生說那些為奴隸制辯護的人，其實根本不會質疑解放黑奴事業的公正性，不會出於嚴格意義上的自

---

004 當時，沒有一所教堂願意敞開大門，為這次會議提供場所。最後，梭羅就想到要利用法院大樓來開會，他本人也敲響了大樓的鐘聲。

我利益或是因為黑奴這個種族的低劣而進行反對。愛默生表示，他們應該反對那些為己謀利的廢奴主義者或是所謂的慈善家。這樣的話，那些對解放黑奴事業感興趣的善意之人給予的幫助，彷彿給了黑奴們一把漿，讓他們可以順勢流向尼加拉河。

　　新英格蘭地區的民眾會預設多少這樣的結論呢？正是創造出黑奴的造物主給了他作為受害者站出來的勇氣。正如在一幅漫畫裡，白人站在一個黑奴旁邊，而黑奴則彎腰背著東西，在奴隸主人的鞭子下流血。如果這就是所謂的信條的話，那麼我要說，如果上帝已經放棄了他的事業，那麼他肯定也要放棄對我的期望，因為我覺得他這樣做是錯誤的。但事實並非如此。整個宇宙的秩序沒有變得混亂，宇宙的法則依然在每個人的心靈深處牢牢扎下了根。無論我們有怎樣的想法，正義始終是存在的。關於這種重要的陳述應該做出什麼樣的回應呢？我認為，無論從美國還是西印度群島所獲知的事實，我們完全有理由相信，這種關於黑奴是劣等民族的說法是完全站不住腳的。但是，我不願意就這個話題展開來說。現在，我只關注這個體制是否符合道德，因為這個體制目前似乎對於諸如此類簡單的問題都沒有做出一個明確的回應。正義的情感是人類文明的原則，代表著無盡的理智，必然會讓我們去與該死的無神論進行爭鬥。波斯人有一句諺語：小心孤兒。因為，當這個孤兒正在哭泣的時候，那麼擁有無盡權力的國王都要顫抖一下。無論此時此刻白人與黑人的命運相差多大，但現在的種植園主已經處於一種不安全且不幸的境地。自然界有物極必反的原則，每當一件事走向了極端，就會朝著另一個方向發展。同理，權力也會悄悄的從目前那些遊手好閒之人手中漸漸轉移到那些勤勞之人的手中。按照目前的形勢來看，一場全新的革命正在醞釀著，在不久的將來，這場革命必然會將這些雜亂的事情全部解決掉。

　　相比於暴風雨所具有的摧毀力量，愛默生更喜歡陽光對人類文明所帶來的作用。當他感覺自己處於某種受制於別人審查的情形時，內心總會經歷一番痛苦的掙扎。幾年前，當另一個為整個國家帶來恥辱的犯罪出現的

時候，即喬治亞州在聯邦政府軍隊的支持下，將切羅基族人暴力驅趕出他們原先的家園。這讓愛默生感到無比的憤怒，於是他向當時的總統范布倫[005]寫了一封信，而圓滑的范布倫總統可能始終都沒有閱讀愛默生的這封信[006]。

西元 1838 年 4 月 19 日。我的一位朋友用悲傷的口吻告訴了我關於切羅基族人的悲慘遭遇，這讓我那段時間的生活都籠罩在一片黑暗當中：我對此能做些什麼呢？為什麼我們的政府要這樣做？為什麼要對那些人做出那樣的行為？我反覆思考著這樣做背後可能隱藏的任何合理的原因，但是我找不到任何合理的原因。可以肯定的是，這樣做會讓很多切羅基族人流血，會讓婦女與兒童失聲尖叫。但是，有時尖叫要比任何一篇論文的觀點都更加具有說服力。

昨天，我向范布倫總統寫了一封信 —— 我在信中表達抗議，我沒有將內心深處的想法完全表達出來。我寫了日記，懷著愉悅的心情發表演說。但是，深陷在這些所謂慈善家的泥潭裡，卻無法為我的內心帶來任何平和的感覺。在這個共和國找到我之前，我還是最好不去惹他們。我認同自己在寫作時表達出來的觀點，但我更寧願從我的朋友那裡獲得這樣的觀點。我沒有說出這些話的衝動，因此我的天賦似乎也捨棄了我。我感覺自己沒有了靈感，思想不再像以前那樣充滿音樂，我也沒有得到任何人的安慰。

改革家們表現出來的同一種情感或是對目標的認同，並沒有讓他試圖去做超過恰當範圍之外的事情。當有人希望他在西元 1840 年參加布魯克農場實驗的時候，他在猶豫了一番之後，決定參加。

愛默生在寫給富勒女士的一封信裡說：

里普利做了一件多麼勇敢的事情啊！他現在是與邪惡作戰的基督教徒

005　范布倫（Martin Van Buren，西元 1782～1862 年），美國第八任副總統（西元 1833～1837 年）及第八任總統（西元 1837～1841 年）。

006　參看附錄 D。

首領了。他做出的每個行動都會產生重要的影響。關於這個「社群」，我給予了許多關注，並且發表了自己的想法，現在都還沒有決定是否要去那裡。但是，我討厭在做決定的時候顯得猶豫不決——我覺得自己在任何社團裡都是一個毫無希望的候選人。每當我聽到社團這個名字的時候，內心就會產生反感的情緒，我的筆調就會變得更加銳利。我應該很快就會過去，或是將自己關於這方面的想法告訴喬治‧里普利。

下面是愛默生的日記：

西元 1840 年 10 月 17 日

昨天，喬治‧里普利、蘇菲亞‧里普利（Sophia Ripley）、瑪格麗特‧富勒與奧爾柯特過來這裡討論一些全新的社會計畫。我希望他們能夠讓我感受到全新的虔誠情感，融化我內心的冷漠情感。但是，他們所討論的計畫是周密且詳盡的。他們決定租用特雷蒙特酒店或是美國酒店。對於我們這些過著貧窮生活且在政治上沒有地位的人來說，這是不可思議的。大家似乎不顧一切的想要這樣做。他們的討論根本沒有讓我產生興趣，我只是冷漠的坐著，大腦沒有做任何的思考。當別人問起我的意見，我只是支支吾吾的回答。這不是一個迫害別人的做法，而是充滿精神力量的宮殿。但是，他們只能租用阿斯特酒店的一個房間作為超驗主義者的活動場所。我不希望從我目前這個「監獄」轉移到一所更大的「監獄」。我希望掙脫所有監獄的限制。

在這年年底的時候，愛默生寫信給里普利，表示他在深思熟慮之後，只能帶著贖罪的心情去表示自己不能加入他們的實驗。他給出的理由是，認為自己根本不適合，並且引用了艾德蒙‧霍斯默（Edmund Hosmer）給予的一些建議：「我的這位鄰居是一位非常聰明的農民與正直的人，」並談到了關於做農事的細節，表達自己不適合參加他們的實驗。

愛默生在日記中寫道：

我認同這些實驗者做出的每一個狂野的行動。他們所說的話語將我的想法表達出來了，關於沒有參加他們的實驗，我唯一感到抱歉的理由是，我沒有這樣的精力。我有自己的工作，我能在這方面獲得一些成績。如果我參加了他們的實驗，那麼我就沒辦法完成這些工作了。我從不認為自己是一個精力十分旺盛的人，因此無法將精力分散出來去做其他的事情。因此，我決定還是做之前所做的事情。即使很多人說我貶低了自己的追求，沒有與他們一起進行試驗，那也沒關係。這些人紛紛希望我能夠扮演殉道者或是救贖者的角色。這些實驗會嚴重損耗我的精力，這就是我的想法。因為，當一個人順從自己的天賦，那麼他就是順從了某種特定的信仰。只有這樣，他才能真正找到宇宙的信仰。

接下來一封信的日期標注著「西元 1840 年 12 月 12 日」。這是已故的威廉·亨利·錢寧（William Henry Channing）牧師寄給我的，這是富勒女士從愛默生寄給她的一些信件或是愛默生本人日記裡影印過來的：

我經常會產生這種想法，即我們這個社會的基礎 —— 包括國家、學校、宗教、婚姻、貿易、科學 —— 都切斷了我們與靈魂之根的連結。而這種被切斷的連結會讓我們只能過上膚淺的生活，只是盲目的活在這個世界上。要是我能恢復到原先的本真，不去接受任何教會、學校與國家灌輸給我的觀念，或是整個社會沒有以其方式去影響我的話，我肯定會感到非常高興的。如果我不能消除這些東西，那麼我至少希望能夠消除一切本身不屬於我的優點，勇於面對世界上那些持著愚蠢觀點的人，勇於展現出信念的各個部分，宣布放棄所有我的財產，因為這與我的品格或是教養沒有任何關係，因為這些都沒有遵循任何美好或是莊嚴的法則。我對這些事物的依賴會讓我變得虛弱，也會對我帶來傷害。我應該將我的身分變成自身信念的一個紀錄，而不是作為一個對我來說可有可無的事實。我應該在別人都相信這些道理的時候，選擇相信這些道理。我知道，人的本性會直接發散出某種屬性，而且這樣的屬性與植物的生長、潮水的漲落或是星球的移動都是處於和諧狀態的。但是，正如你們所看到的，當我們選擇相信這些神

性模式之後，並沒有成為思想的英雄，而我們的精神也會向那些勇於對此發問之人進行回應。在過去的生活環境裡，我允許母親、妻子、孩子與兄弟姐妹們不斷向我灌輸一些關於絕對真理的做法。我還允許自己像寄生蟲那樣依附在這個腐敗系統裡。當然，這只是一個例子而已。飲食、醫藥、交通、書籍、社交活動，以及我們所有其他方面的活動，都代表著錯誤的經驗主義。我應該將我所有的行為都放在它們一開始出現的思想裡，然後什麼都不做。因為，我沒有從這個世界上找到可以為此證明的理由。如果這會帶來諸多不便，或是遭到一些破壞，這是因為我們本身變得虛弱，做了一些傷害自身的行為。不過，這就好比香水的香氣慢慢滲透進來，讓我們每天的行為都變得神聖，讓我們的人生可以獲得神祕的力量。

但是，里普利的這個計畫怎麼會給予我一些幫助呢？這是一條相當迂迴曲折的道路。對少數人來說，這難道不是我想要的一些簡單狀況嗎？我希望付出誠實的勞動，而不是受僱於人—或者說，受僱雙方都應該獲得各自的尊重。里普利的計畫為我提供了這點，還會為我帶來另一個極大的好處，就是為我的勞動提供了方向。但是，我寧願自己買一個農場，與兩、三名朋友或是僱用一名農民，來獲得同樣的結果。關於里普利提出的學校建議，我不是很關心。我可以肯定，我應該更高效能的將精力投入到幾畝地的勞力工作上，因為我從中獲得的知識與我在正規學校獲得的知識是一樣的。要是情況允許的話，難道放棄這些，選擇一些更為複雜的做法是明智的嗎？我只是希望能夠讓我的家人與我的工作一樣簡單。我不希望透過你這個計畫來尋求任何的影響力。每當我想到你的工作會讓別人留下深刻的印象，卻不會改變這個社會環境，我就覺得無趣。我希望能與一些擁有禁欲主義精神的人生活在一起，在某個與世隔絕的地方一起生活，保持著彼此的仁義與創造力。這樣的話，我們每天都可以想出許多創新的方法。我們就不會認為自己的影響力受到了任何隔絕，這就代表著自然之光的閃耀。

愛默生也看不到自己加入果園公社所帶來的任何好處。這個果園公社要比布魯克農場晚一年多成立，是奧爾柯特與一些英國朋友 —— 萊恩與

賴特等人——在距離康科特不遠的哈佛地區成立的。下面是愛默生在西元 1842 年 11 月 19 日的日記：

　　我懇求奧爾柯特將他的計畫講清楚。他只說這個農場占地面積為 100 畝，那裡有齊全的設施，還有一些不錯的建築物，有一座果園以及一片非常美麗的草地。我說，你們應該想辦法首先購買這個地方。奧爾柯特卻說，你問得太多了。因此，這樣的態度根本無法解決任何問題。如果你想要成立這個公社，讓一百多名純真的年輕人跟著你一起，給予他們一些保護，那麼要想保持他們的純真思想應該不是一件難事。在這一切都妥當之後，看到那些整潔乾淨的房子，肯定會為我帶來一些心靈的震撼。但是，奧爾柯特卻對我說，他不需要任何人的幫忙，他們會在貧窮、勞累與繁忙中生活，因為他不願意讓自己陷入任何可能的腐敗問題，只希望能夠在這片土地上建造一個和平的地方，讓每個人都擁有良好的行為，都有自由的思想。奧爾柯特說，但這該怎麼做到呢？我該怎麼做到呢？對於那些有妻子兒女的人來說該怎麼做到呢？我回答說，他不是這樣做的合適人選，或者他不應該提出這個問題。當他真正變成了適合這樣做的人，那麼他不僅會看到實現的東西，還能對生命有全新的認知，了解生活的方式以及去實現目標的途徑。你向我所展示出來的方式本身並不是實現偉大的方法。這樣的精神態度並不能讓我們就獲得了這片土地，或是可以免除稅收，只會讓我們處於貧窮匱乏的生活狀態，甚至是根本沒有土地的境地。在沒有土地的情況下，談什麼享受生活的樂趣呢？因為，按照上帝的法則，土地的存在是有其原因的，這會讓人類在土地上不斷繁衍生息。如果你詢問關於這種精神方式的細節，我會說，你所找尋的合作方式與學院或是所有世俗機構所要找尋的合作是完全一樣的——那就是金錢。真正的合作是以另外一種方式來進行的。某人出其不意的向我展示了我與所有人都應該找尋的東西。我大聲說：「就是這個了，拿走我的吧。我會以此來衡量我所做事情的價值。」這才是真正的合作，這才是不可估量且無限的合作。這樣的精神不像你所想的那樣緩慢，需要沉思，或是需要必要的條件。在我的

人生裡，少數人在我看來並沒有 5 英尺 5 英寸或是 5 英尺 10 英寸，而是變成了更龐大與模糊的形象。但是，這些人並不是龐大的財富擁有者，也不是這個社會的帶頭人。與此相反，沒有比這更加私人化的了。他們出於某種匱乏或是苦難當中，或是與我們所稱之為精神的東西存在著某種關聯。在我看來，這些事物似乎因此而改變了之前的形象，變得更加壯美了。善意的精神會在我們所處環境、我們勞累的工作、擺脫社會不良影響的努力中出現，正如一堆冒著煙的灰燼，最後還是亮起了火光。但是，你的朋友所說的觀點在邏輯方面上出現了致命的缺陷。他們的整個信條都是關於精神領域的，但他們最後會說，盡可能多給我們一些土地與金錢吧。如果我能夠給他們任何東西的話，這肯定是出於某種功利目的，而不是任何的慈善行為。除非有人說，讓他們深刻領悟自己的錯誤吧，否則他們就找不到最好的出路。

我想說的不是這些，而是與此相似的話。在演說過程中，我經常談論品格的問題。我會說，他們說的話都是有一定道理的，而且也有實質的內容。但是，他們所說的話只是有一定道理，卻沒有任何實質內容作為支撐，這與很多學者以及研究精神生活的人一樣。如果他們是這樣的話 —— 如果他們的生命核心本身是吻合的話 —— 那麼我肯定要跪地禮拜。我會對他們所說的話沒有一絲質疑，全盤接受他們的話 —— 正如我們的聖人（雖然有點病態）約翰·維里向我們展現出了他最好的一面 —— 但我認為他所展現出的東西卻讓這些思想變得混亂，這就讓他可以在一旁袖手旁觀，有意識的闡述這些事實。因此，我可以自由的看著他們，不去審視他們所提到的絕對事實，而是將之視為許多事實中的一個事實而已。他們不喜歡圖畫、大理石、森林或是詩歌，但我都喜歡這些東西。萊恩與奧爾柯特也都喜歡。

我之前說過，在我離開之前，難道你不想透過解釋的方式，給我一些打擊，好讓我忘卻處於孤獨的狀態是一種幸福嗎？奧爾柯特不斷談論著我對品味的專制看法為他帶來了諸多傷害，從而讓他得到一些安慰。當然，

奧爾柯特只是用柔和的方式來說我。因此，我離開了這棵具有神性的「忘憂樹」。

不過，愛默生在心裡始終惦記著這些共產主義計畫帶來的結果，他建議奧爾柯特與他一道以更加簡單的方式去做。愛默生看到當時的環境乃至整個新英格蘭地區出現的不平等現象，都深深刺痛著他的心靈 —— 事實上，這些不平等的現象始終都是存在的。之後，每當他看到那些他所熱愛與尊敬之人擁有了許多財富，就認為這些人與財富之間有著正確的關係，會想辦法以最好的方式利用這些財富的心理來安慰自己。他說，除了那些懂得如何利用財富的人應該致富之外，任何其他人都不應該致富。對他而言，他強烈感覺到需要捨棄多餘的東西或是擺脫各種不自然的關係。西元1841 年，愛默生寫了一篇關於勞動的文章，他後來又重新進行了一番修改，命名為〈改革家〉。在這篇文章裡，愛默生這樣說：

有時，生活要比可憐之人搬動沉重的行李車更加沉悶。還是讓我們切斷這些關聯吧。小鳥與狐狸可以在不做出任何墮落的行為，不成為任何人的奴隸或是沒有任何束縛的情況下找尋牠們的食物與棲息地，為什麼我們就不能呢？我更願意在沒有這些羈絆，不需要付出太多代價的情況下去獲得我想要的東西。當有人在桌前等待著我的時候，我會變得非常不安。我寧願在椅子上伸張手臂或是站起來，也不願意被一個不是出於愛意之人提供的服務。為什麼哲學家們在日常的工作中，就沒有意識到這種自我信任的信條呢？還是讓他在溫暖的陽光下去耕種肥沃的土地，扛著鋤頭與鐵鏟在大地上書寫自己的思想吧。讓他去直面許多急切需要解決的問題，直到他透過那雙充滿力量的手與冷靜的大腦去面對冷酷的幽靈，並獲得最後的勝利。讓他從此以後成為窮人們的朋友，透過試驗向他們展示出貧窮的狀態不一定會永遠持續下去的。讓他們的行為顯示，相比於奢侈的生活，勞動並不會奴役一個人，勞動的行為可以深藏在我們的思想當中。這個時代，在倫敦、巴黎與紐約等地方，人們都可以過上這種英雄般的生活。當然，這是不容易的。如果這是容易的話，那就不是什麼英雄般的生活了。

但是，那些能首先解決自己問題的人，其實並不是解決一個派系或是集團的問題，而是解決了全人類所面對的問題。數千年來，這樣的人不斷向每個時代的年輕人表達一點，人們應該如何過上獨立、優雅與恰當的生活。在我看來，宗教不一定就會導致狂熱的崇拜。到目前為止，宗教也可以幫助我們過上一種英雄般的生活。當我們在思考任何教會、禮拜儀式或是習俗的時候，都會感到非常困難，而這樣的感受是非常真誠的。但是，所有問題都指向了每個人的房子與火爐邊。讓我們學會真正的生活。對於那些只是希望去改變某一方面問題的改革家們，我是不抱任何積極的希望。在飲食、財產、戰爭或是讚美鄉村生活等方面不公平的改革，始終會帶來偏頗的影響。在一般人看來，農場是一個糟糕的生活場所。但是，那些懷著慷慨精神、抱著要過上真正意義人生的人，將會發現沒有比農場生活更加恰當的生活了。他必須要適應簡單的飲食，消除心靈世界裡任何嘈雜或是蠢蠢欲動的欲望。他必須要按照自己的想法去生活，拋棄腦海裡那些根深蒂固的生活觀念。他必須要將生活看得比單純填飽肚子更加重要，從他遇到的每個人身上感受一個智慧的世界。他必須要從生活環境以及行為方式中感受到全新的一切。當我們懷抱著全新的人生信念，那麼之前所有的懊悔、疾病或是疾病都將會沉入大海！每個家庭將不需要在僱用什麼工人，奴隸制也會因此陷入泥潭。社會中存在的各種缺陷或是不足將會慢慢的消失，而屬於農神的時代將會重新到來。

在寫給哥哥威廉的一封信裡，愛默生這樣說：

西元 1840 年 12 月 2 日，康科特

從某種程度來說，我很想嘗試一些體力勞動的實驗，這能減輕我家人在家務方面的負擔。還有，每當我看到身邊的人所遭遇的不公平待遇，都會感到不滿。我的內心始終牽掛著土地，希望在未來的某個時候能擁有一棟小房子，或是能夠容納更多人的房子。我認為在明年四月分的時候，我們將會做一間臥室，讓奧爾柯特與他的家人與我們住在一起。當缺乏人手

的時候，奧爾柯特的強大作用是很難發揮出來的。但是，很少人會意識到這點。因此，我感覺有必要去幫助這幾個人。奧爾柯特應該會成為一位受到民眾愛戴的人，也許他在未來的某一天會成為這樣的人……無論怎樣，利迪安與我已經向他發去了邀請，希望他能夠與我們在明年一起建造房屋，並且向他與他的妻子說明了我們對勞動與簡單生活的看法。他們目前正在考慮我們的提議。

利迪安欣然同意了愛默生的建議，雖然在她看來，愛默生的這個計畫是相當大膽的。幸運的是，奧爾柯特的妻子拒絕了愛默生的這個提議。

與此同時，他們又進行了一次實驗，將家務事置於一種更加理想的狀態。

下面是愛默生寫給威廉‧愛默生的一封信：

西元 1841 年 3 月 30 日，康科特

你知道，利迪安與我曾想過在鄉村生活的時候，整個屋子只需要有一張桌子就可以了。某個晚上，利迪安出去外面，與兩位女性朋友就這個問題進行了一番交談。路易莎（Louisa）非常樂意的接受了利迪安的提議；但是，作為廚師的莉蒂亞（Lydia）卻堅決表示反對，她說了廚房不能只有桌子之類的話。第二天早上，我們叫小兒子沃爾多去告訴路易莎，早餐已經準備好了，但她卻已經與莉蒂亞一起在吃東西了，拒絕讓她一個人吃東西。我們所想的其他計畫，也面臨著同樣的結果。正如之前奧爾柯特表示願意過來我家，但他的妻子卻強烈表示反對一樣。

拿破崙說過：「尊重你所背負的重擔。」愛默生同樣非常喜歡這句話的精髓，經常向自己的孩子灌輸這樣的精神。在對待僕人的時候，他是非常大度的。他基本上不責罵傭人，總是好言相勸，生怕自己說的一些話會讓傭人覺得他是在貶低他們。他非常尊重傭人們的假期，有時甚至寧願麻煩自己，也不願意毫無必要的加重他們的負擔。在他家舉行的一次生日聚

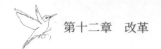

會上，一些小孩子在玩耍中打翻了一些杯子，這讓傭人感到有些不滿。在聽到傭人說出的不滿話語之後，愛默生迅速走上前：「年輕人，女孩們！你們不需要做這些。你們已經忙碌了一整天了，你們就早點回去休息吧，這些我待會收拾。」

關於體力勞動的另一個計畫，對愛默生來說並不算什麼新奇的事情：他早已經養成了在花園裡工作的習慣，並在給富勒女士的信件裡談到了自己親自扛著鋤頭去種植玉米與馬鈴薯，雖然他坦白承認「我每天的工作只是具有一些象徵性的意義，就好像中國的帝王那樣象徵性的勞動一下」。他的兒子小沃爾多懇求父親在用鋤頭的時候不要傷到自己的腳。但是，他希望「透過誠實的勞動，出點汗，讓裝飾性的樸素生活變得更加自然與親切」。因此，在西元 1841 年的春天，他邀請梭羅過來與他同住了一年，教他如何耕作。愛默生在寫給哥哥威廉的信中這樣說：

他有住的地方，可以選擇自己想要做的體力工作，因此，他對我來說就是一位很好的幫手與醫生。因為，梭羅是一個具有不屈不撓的精神且非常熟練的勞動者，我與他之間的合作非常融洽，我已經無法離開他了。我希望自己能透過勞動變得更加強壯，我這個春天都瘦成皮包骨了，這讓我深感恥辱。梭羅是一位真正的學者與詩人，他就像一棵蓬勃發展的蘋果樹，日後必將結出累累碩果。

寫給瑪格麗特的信：

西元 1841 年 4 月 22 日，康科特

親愛的瑪格麗特：

感謝妳的好言安慰。雖然我現在的身體處於前所未有的虛弱狀態，但我也沒有任何要抱怨的話 —— 我認為，只有我那些荒謬愚蠢的狹隘思想，才會最終讓我付出代價。只要我的老朋友 —— 溫暖的南風 —— 重新吹過來，那麼這片樹林、田野與花園將會重新讓我充滿生命力。亨利·梭

羅過來與我住在一起了，與我一起在花園裡勞動，並且教我如何嫁接蘋果樹。妳想知道我早期的一些計畫 —— 其中一些與奧爾柯特以及一張普通桌子有關的事情嗎？我不會在這裡描述所謂的田園生活，因為我想將這些內容留在我的回憶錄裡……對於我們迅速觸及到劍橋地區的核心問題感到遺憾，但我並不認為，美國生活是膚淺的。那些投機者與海關官員 —— 不要說那些狂熱主義者 —— 他們更讓我感興趣。如果我的口袋裡有錢，肯定會前去俄亥俄州，然後沿著密西西比河去找尋所謂的東方主義（因為這太具有地方特點了），我肯定能有所收穫的。之後，我會將之發揚出去，我的意思是要將美國的熱情傳遞給歐洲那邊。我們對劍橋的崇拜，只是對倫敦崇拜的部分表現而已，這樣的崇拜情感必須要跨越阿利根尼山脈。不過，我在閱讀奧布里（Aubrey）所寫的關於英國文人的奇聞異事或是信件中得到極大的樂趣。接下來就是那些文化人，他們所展現出來的才華是最具有吸引力的一種東西，英國文學的生命力就在於，它是一種自成一體的文學世界，其中包括了許多方法與結果……我們應該在下一期的《日晷》雜誌裡刊登更加優秀的詩歌，因為我們必須要有多變的風格才能彌補上一期雜誌所提到的上帝一體論、雪萊、理想生活以及改革等方面的內容。利迪安也讓我將她的愛意捎給妳。她現在的身體狀況不是很好，但她認為當妳回來之後，她的身體就會自然好起來。我們閱讀了波菲利（Porphyry）、聖西門（St. Simon），與納皮爾（Napier）所著的《半島戰爭》以及卡萊爾的文章，度過了寒冷與多雨的季節，每天都在等待著妳的來信。妳知道在 8 月的時候，我要前往沃特維爾那裡的一座洗禮學院，在那裡向一些年輕學生發表演說的事情嗎？我身上的罪惡到底是什麼呢？當最好的書籍都無法讓我們感受到精神的興奮與內心喜悅的時候，而一個在 15 年前曾在《愛丁堡》期刊上發表過詩歌或是演說稿的人就能做到呢？……儘管如此，在晚上或是下雨的時候，在我切斷所有與歐洲相關的廢話之前，我希望能前往柏林或是德累斯頓。

永遠忠誠於您的
拉爾夫·沃爾多·愛默生

　　至於花園的事情，愛默生很快就發現可以在另一個花園裡做得更好。愛默生在這年年終時的一篇日記裡這樣寫道：

　　若從個人經驗來看，我不會說關於文人從事體力勞動的好話。如果你想成為一名學者，就必須要處在學者所處的位置。告訴孩子們，用自己的雙手去寫文章或是去勞動吧！難道玻璃工人是透過閒暇時間去製造玻璃的嗎？或是化學家在閒暇時間去研究土壤？或是領航員在閒暇時間沿著紐約灣海峽航行？而最偉大的藝術、最精妙與最神奇的效果，就是你認為這可以透過一隻手拿著筆或是另一隻手拿著鐵撬來完成的？作家不應該去挖洞。可以肯定的是，他可能會在花園裡勞動，但他停留在花園裡的時間不能太長，不能出於花園本身的需求，而應該出於思考的需求。當地球上的玉米、甜菜、洋蔥與馬鈴薯不斷生長的時候，天國的原型卻沒有在我們的腦海裡漸漸成型。

　　在這個階段，愛默生嘗試的另一個較小的試驗 —— 這有可能是出於對奧爾柯特的仿效 —— 就是成為素食主義者。但他很快就放棄了這樣做，因為他覺得這樣做沒有特別的價值。

　　愛默生為找尋更好的生活方式做出了努力，但卻沒有從別人的創新中獲得任何幫助。可以肯定的是，他的腦海裡肯定存在著某些先入為主的想法，而這些想法是他並不習慣的。一旦他付諸行動，就會慢慢放棄全新的方式，懷著愉悅的心情回到原先的模式。這種趨向於變化的傾向，在人類歷史與自然歷史中都扮演著極為重要的角色，而愛默生也為此做出了自己的小小貢獻。他喜歡聽別人談論一些全新的項日，因為這樣做表示了心智的積極活動，至於是否採納這些建議，則又是另外一回事了。這肯定是源於某個人發出的遙遠呼喚，而不是源於別人說這樣做適合一般人去做等等之類的話。愛默生對於那些指責別人、拒絕投票與繳納稅款的人（即使其中一些人是他的朋友）都不抱任何同情心。愛默生在日記中寫道：

　　不要像瘋牛那樣去對抗這個世界。理清自己的思路，然後試圖去解決

問題。只要國家為你提供了發展的機會，你就不能拒絕你應得的金錢。你所建立的事業正處於飄搖狀態，你花費90%的錢財都是你認為會帶來好處的，而另外10%則會帶來不良影響：你不能只是著眼於那一小部分的不良影響。還是等你能真正分辨清楚之後，再做出決定會更好一些。

那些不抵抗主義者到處說服奸人不要去投票，想要摧毀保守黨所宣揚的美德，因此這個國家的愛國者所投的票數就會處於劣勢。雖然，那些無表決權的人在進行這種不抵抗活動時是正確的，但這只能掩飾他們改變信仰的做法是多麼的迂腐，這不在於他們的體系，也不在於他們是否能夠準確的表達自己的內心想法。

奧爾柯特認為，他可以找到足夠多反對國家徵稅的理由，正如蘇格拉底當時有足夠的理由反對法官的判決一樣。我說，要想做到始終如一，就不應該將蘋果與玉米同時放在你的嘴裡。你會助長惡魔的滋生嗎？我們要勇敢的說出自己的想法。思想這把無比鋒利的劍會將我們的肉體與精神分離出來，我肯定會使用這把劍，不再像以前那樣做雙面人，不再躲閃一些東西，不在這個虛偽的世界裡隱藏自己。廢奴主義者應該對此表示反對，因為他們都是拘泥於字面解釋的人。他們非常清楚他們所反對的東西，政府有可能會站出來反對他們的做法。若是將一些特定的悲傷情感抹去，那麼目前這種聯邦形式是適合他們的。他們是新一代的清教徒，很容易感到滿足。但是，你卻不會對此感到滿意。任何包括國王與臣民的君主政體都不會讓你感到滿意。因此，你反對麻薩諸塞州的行為其實是虛偽的。你真正反對的是這個州的人民。

喬克（Jock）不能吃米飯，因為它來自西方；他也不能吃到糖蜜，因為它來自北方；他無法穿上皮鞋，因為他不懂獲取皮革的方法，他也無法穿上毛料大衣。但是，迪克（Dick）給了他一塊金幣，他可以用這塊金幣去購買小麥、黑麥、楓葉糖漿與橡木衣櫃，並說：不快樂的喬克，這塊金幣就等同於糖漿、大米、馬皮革與羊皮。

果園公社的哲學家們都能看到這些美德的形象，而這是那些詩人或是探索自然的人所看不到的。在他們看來，人們生活中的事情代表著最貧瘠

且滑稽的田園生活，而光明會照在每個人的帽子與孩子的湯勺上。但是，他們卻看不到每粒塵埃的飄動。

　　愛默生對改革所持的立場可以透過他下面這封信得到闡明。這封信沒有標明日期或是地址，但我認為這封信應該是愛默生在西元 1840 年寫的：

親愛的朋友：

　　我的緘默並不能表達你的來信與你的著作為我帶來的內心喜悅，我感覺我的行為有可能會遭到你的誤解……對我來說，你的來信是非常大度的，用純粹的語言談論著某些事情。我們應該多用這種語言去談論事情，我願意一輩子只聽到這樣的語言。這是我聽到朋友們說出的最美好與悅耳的話語，雖然我們可能尚未能找到這樣的朋友。我所認識的幾個朋友的確與社會大眾的一般看法不大一樣，他們認為大眾是缺乏信仰且卑賤的：現實社會則逼迫他們成為夢想者或是狂熱主義者。他們必須要經歷了這些階段，才能說出一些得體的話。他們只能透過個人的自負與追求感官刺激去感受他們所面臨的問題。當然，美德本身是有其功用的，正如惡習也是如此。純潔絕對不能沾上那些不純潔的麵包，但是每個人都必須要憑藉自己的勞動與汗水去養活自己，只有這樣才能讓他們的哲學觀點變得更加可信。否則，這就會立即變成一種比他們之前所指責的情形更加嚴重的狀態。那些認為心靈遭受上天啟發之人的第一個衝動，就是譴責自己身邊所出現的各種死亡。就他們的視野極限來說，他們只能看到墳墓、鬼魂或是類似於活死人之類的存在。戰爭，沒有止境的戰爭似乎就是他們要面對的命運，這怎能夠證明真理與生命的意義呢？但他們卻在每個地方都肯定一點，即死亡不僅在這裡，也在那裡，每個目前有名有姓活在世界上的人其實都是已經死去的了。但是，上帝擁有更高級更完善的方法。上帝說，從死亡中一勞永逸的走出來吧，不是透過對死亡的仇恨，而是透過更為宏大的新生命，讓死亡迅速消失。你的心靈就代表著生命，你要遵循心靈的召喚。心靈具有創造性的能量，洋溢著生命的活力與美感。因此，英雄主義、美德、救贖、協助、機遇都會降臨到你身上。—— 如果你感覺自己

置身於極端的貧窮狀態之中，就要不斷在內心裡反抗這個社會存在的罪惡，那麼你在自己看來就會成為唯一的例外。如果你繼承了無限的精神財富，那麼你可以將這樣的反抗行為拋在一邊。

愛默生在鼓勵女性積極獲得政治權利方面的觀點，可以透過他回覆一位懇求他參加專門討論這個議題的女性的信件裡得到展現：

西元 1850 年 9 月 18 日，康科特

親愛的女士：

收到妳的信件後，我有好長一段時間都沒有回信，因為我對妳提出的問題也沒有一個清晰的答案……我絕對不會否認女性在政治與公民權利方面所遭受到的不公平待遇。如果女性感到自己遭受了不平等的待遇，那麼她們就的確是遭受了不平等的待遇。但是，女性同胞們要是透過公共集會的方式去爭取權利的做法，在我看來卻是不大好的。在我看來，任何煽動情緒的做法都不是最佳的選擇。也許，我是一個迷信且傳統的人，但我每次都會為女性的權利投下贊成票的……如果女性提出要獲得與男性一樣的政治權利，而男性對此表示拒絕的話，那麼我認為女性就不應該繼續尋求這方面的權利，即使男性對此表示同意，她們也不應該履行這樣的權利。我可以想像，男性眼中最優秀的女性會覺得，即使她們獲得了這樣的權利，最好還是拒絕行使，並認為行使這些權利會影響她們發揮正確的影響力。我必須要坦承一點，我絕對沒有很看重自己在這方面的觀點……無論怎樣，我都不會阻擋任何符合正義的事業。如果妳想的話，完全可以將我的名字列入集會的受邀名單當中，雖然我本人不會出席。與此同時，我會遺憾的看到，一次應該是有思想之人的私人會議，卻變成了一次公共集會──變成了一個喧囂吵鬧的地方。當這個會議結束之後，我們都會為此感到羞愧的。

永遠尊敬您的
拉爾夫·沃爾多·愛默生

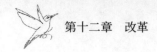

第十三章
演說，經濟狀況，與孩子的相處方式

　　西元 1835 年至西元 1845 年的這 10 年間，正是愛默生 32 歲至 42 歲的人生階段，是波士頓地區超驗主義思潮達到頂峰的時期，也是愛默生最高產的時期。愛默生在這段時間創作的許多文章，都是因為環境所迫，而不完全是出於他本人的意願。在他看來，將自己的這些思想透過書籍的形式去影響民眾的想法，即使不是讓他反感的，至少也是讓他覺得可疑的。愛默生在日記裡寫道：「我感覺到自己的人生是無聊的且面向大眾的。我感覺自己似乎過著一種室外生活，每天都住在陽臺或是大街上。」愛默生每天改變這樣的生活狀態，想要過上一種遠離公眾關注的生活。但是，他的努力並沒有獲得什麼成效。他的家庭開銷不斷攀升，要撫養兩個女兒與一個兒子，有時還要幫助那些需要他救濟的一些親人。因此，愛默生只能過著拮据的生活，想辦法去維持這一切，因為他的收入始終趕不上開銷。在這個時期，他出版了兩本書（第一卷的隨筆與第二卷的隨筆），這兩本書後來的銷量很不錯，但剛開始出版的時候卻沒有為愛默生帶來多少收入。愛默生始終留意著自己的開銷。他對金錢沒有任何鄙視的看法，不像那個時代的很多人輕蔑金錢。即使如此，愛默生卻似乎沒有賺到更多錢的本事。愛默生在發表主題為「財富」的演說時說：「人類知識中有一個極為重要的元素，就是對財富的觀點、實踐以及成功方面的方法。」在這方面，愛默生所持的立場始終沒有獲得多少人的理解。在與出版商進行討價還價以及關於卡萊爾在美國出版書籍的版稅問題，他始終表現出了具有常識的務實態度，這讓別人對他留下了精明的商人的印象。事實上，在進行討價還價的過程中，愛默生很容易被出版商誤導，低估了他的所求，而對

出版商的需求有著過分誇大的看法。因此，愛默生經常損失慘重。要是談論這方面的事情是有什麼價值的話，我倒是可以列舉幾個有趣的例子。事實上，愛默生從一開始就在金錢方面得到了阿貝爾·亞當斯的幫忙。之後，他還得到了其他人在金錢上的幫助。不過，他認為每個人都應該想辦法去解決金錢方面的問題。

眾神非常嚴格的對待著我們，製造出了季度帳單以及嚴格的硬幣支付，不允許我們有合作夥伴，沒有股票公司或是任何其他的安排，讓我們每個人為每一分錢負責到最後。很多年輕人往往做著智識層面上的美夢，從來不去思考這些問題：「在我父親那一輩，他只需要關注土地與農作工具的改良就可以了，他看重草地與水閘的價值，他為什麼要擔心乾草與草地，擔心種植蔓越莓的田野，擔心那些被燒毀的林木，那個壞了的水閘，那些亂七八糟的木材、我的莊稼與樹木呢？難道我就不能擁有一個合作夥伴嗎？為什麼我不能將一些詩人或是熱愛自然的人組織起來，讓某些具有商業頭腦的人去負責商業方面的事情 —— 讓一些人專門負責管理樹木、草地、蕎麥與蔓越莓 —— 讓我這樣的人可以專心從事詩歌與哲學方面的研究與創作呢？」但是，不留情面的眾神卻說，你只能自己去收拾這個爛攤子，你只能靠自己去解決這些問題。一切租約或是契約都應該讓雙方簽字，並且得到遵守。在印第安人的玉米與黑麥粉的計算與相關因果關係的實用計算方面，這會讓第二階層的人說出準確的話語，或是讓那些感知能力比較遲鈍的人不會透過決鬥的方式來解決，他們會想辦法做出一些禮貌的行為。在某種程度上，每個個體都有責任對自己家庭事務進行研究與管理。這是獲取美德的一個重點，因為只有這樣，他才能獲得獨立自由，才能不需要為男人氣概的習慣去進行更多重要的培訓。要是將我必須要依靠自己的想法拿走，覺得我可以有朋友或是其他人可以依靠的話，這肯定會讓我放鬆自身的努力。當我遵循了慷慨大度的初始衝動，這不會為我帶來任何損失。但是，某種程度的鬆懈卻會影響到我的行為方式。

不過，愛默生的經營方式並沒有讓他獲得多少世俗的財物。他說：

「我始終小心翼翼，避免家庭陷進入不敷出的地步，我沒有想辦法去開源節流，也沒有經商方面的能力，也不懂得透過怎樣的方式去提升自己的經濟能力。」對他而言，能夠讓錢包鼓起來的唯一方法，就是不斷去進行演說。隨著他的名聲越來越大，新英格蘭地區的演講廳管理人以及西部一些人都希望邀請他。愛默生可以透過出羌的方式，努力賺到一些錢，從而填補他家收入與支出吃緊的局面。在那個時代，他每次演說的收入很少。也許，要是他能以更好的方式去做的話，或許能夠獲得更多的收入。西元1847年，他寫信給亞歷山大・愛爾蘭，說連續發表 10 場演說的收入為 570美元。在波士頓，這個場次的演說則只有 50 美元。在一些鄉村講臺上，則是每場演說 10 美元，再加上差旅費的補貼。從他的家庭生活以及家庭管理方式，他給鄰居一種過得不錯的感覺，他的朋友也認為他為城鎮稅收做出了一定的貢獻。因此，在愛默生四十幾歲的這個時期，他始終處於種精神焦慮的狀態，努力不讓自己陷入債務的狀態，這從他寫給當時住在紐約的哥哥威廉的信中可以看出來：

西元 1839 年 8 月 3 日

卡萊爾的事情最近讓我忙得不可開交，並讓我這幾個月都生活在拮据的狀態中。如果我能活得足夠長，那麼終有一天能與這個世界無所拖欠，這對我的心靈自由是極為重要的。

西元 1839 年 8 月 17 日

我可以清楚的看到，今年冬天我除了出去外面發表演說，沒有其他的選擇。我必須要這樣做。在康科特，稅務部門向我送來這一年的稅收帳單，我要繳納 161.73 美元的稅款。

西元 1840 年 4 月 4 日

昨天早上，我終於回到了家。我帶著自己在普洛敦維士與紐約等地方

辛辛苦苦賺到的 300 美元回家。這樣的話，我就能償還自己的債務了。但是，驕傲卻必然會讓人栽跟頭：阿特拉斯銀行表示我的這筆錢沒有任何紅利，因此我發現自己處在與之前完全一樣的境地。在普洛敦維士，當我預計的 6 場演說結束後，還可以透過繼續發表演說來增加我的收入，但我卻不願意這樣做。

西元 1840 年 4 月 20 日

我認為自己目前陷入債務的谷底了，已經不可能處於更糟糕的境地了。但是，我又怎麼可能出錢幫忙印刷有 103 頁的《人民憲章主義》這本書，即使是書籍經銷商鼓勵我這樣做，我也做不到。他們每賣出一本書，都會給湯瑪斯‧卡萊爾 15 美分的版稅收入。

西元 1840 年 5 月 11 日

J‧門羅聯合出版公司正在對卡萊爾的帳戶進行清算，發現他欠了我大約 600 與 700 美元，雖然他們支付給我的一些收入並沒有進入這個帳戶。

西元 1841 年 10 月 7 日

這年冬天，我必須繼續出去外面發表演說了，希望在共濟會教堂裡能夠吸引更多的聽眾。要是這樣的嘗試失敗了，那麼我將會在紐約州的最西邊、費城或是我最近剛剛去過的巴爾的摩等地進行嘗試。

西元 1843 年 10 月 6 日

今年冬天，我決定不特地出去外面發表演說了，即使要去的話，也肯定是偶爾發表幾篇演說。我希望能騰出時間創作一本新書（愛默生的第二卷隨筆）。我每天都在為創作這本書收集素材。但是，我現在的生活很困苦，需要我不得不出去外面發表演說。

自從他搬到康科特居住之後，只有一個冬天是沒有出去外面發表演說

的。只要他的身體允許的話，都出去外面賺錢了。因此，愛默生的演說地點每年都在逐漸向西部地區拓展。

在西元 1839 年至西元 1840 年間，愛默生以「當代」為主題發表了一些演說，他後來在普洛敦維士、羅德島、紐約以及波士頓等地區重複這些演說。在第二年的冬天，也就是西元 1840 年至西元 1841 年間，愛默生漸漸減少了演說的次數，轉而準備他的隨筆錄了，這本隨筆錄在西元 1841 年春天問世。在這年夏天，愛默生受邀前往緬因州的沃特維爾學院發表一篇演說，於是他順勢來到了南塔斯克特呼吸一下海洋空氣。愛默生雖然出生在一個距離海水很近的地方，但他對大海卻一直感到陌生。因此，這一次的旅行讓他對大海產生了深刻的印象。

西元 1841 年 7 月 13 日，南塔斯克特海灘的瓦立克酒店

親愛的利迪安：

我發現這個地方對我來說有諸多的好處，也許這與任何公共地方或是坐滿了陌生人的房間一樣。在這裡，我可以閱讀與寫作，思考著演說的內容。我可以閱讀柏拉圖的著作，可以游泳。昨天，我甚至用魚鉤與魚線在這裡釣到了兩條黑線鱈魚、一條比目魚、一條綠青鱈魚與一條鱸魚……這片大海真的太壯美了，這裡的大海總是讓我想起馬爾他、西西里與我的那次地中海之旅。那次旅行就是我對大海的全部認知了。因為在夏天的時候，每個地方的大海都是完全一樣的。沒有比大海更加溫和或是美好的地方了。之前，我一直認為大海散發出簡樸與荒涼的氣息，還具有一絲的剛硬氣息，對人類沒有什麼好處。我喜歡這裡的可愛孩子，喜歡與他們閒聊……妳在家也要好好保重。收到信後請立即回信給我，告知一切安好。無限仁慈的上帝始終都會保佑著妳的。

永遠愛妳的
拉爾夫·沃爾多·愛默生

給瑪格麗特‧富勒女士的一封信

親愛的瑪格麗特：

　　我過來這裡，是要與水神進行一番和解的。從童年開始，我每天不是在大街上走，就是被困在田野與森林裡，我的內心其實都是有一股怨恨之情的。直到最近，每個擁有水流的地方似乎讓我覺得有些庸俗（我可以這樣說嗎？），無法為我帶來喜悅的感覺。現在，這個牧場的橡子樹與歐洲越橘樹，已經讓我的雙眼雙耳重新恢復了之前那種平衡狀態，這個海灘與壯美的海岸線似乎以一種父愛迎接著我……白天，我凝視著大海，聆聽著海浪的聲響。晚上，我凝視著大海，聆聽著海浪的聲響。在我的餘生裡，我將會與大海成為好朋友。我非常理解古希臘是如何成為古希臘的，古希臘人可以在灑滿陽光的沙灘上展開雙臂躺在晒太陽。要是我們將新英格蘭地區那些尚未開墾的土地都開發了，那麼我們或許也能像古希臘的天才們重複一段偉大的歷史。難道是愚蠢的氣候讓英格蘭（新英格蘭與舊英格蘭）變得如此堅硬或是充滿力量，而不是變得優雅與敏感嗎？這個夏天的海灘在陽光的照射下，在我眼前是那麼的蔚藍，是那麼的具有神性。我不禁會想，當地身材魁梧與有著深褐色皮膚的居民只會提出這樣一個問題：「這裡的魚怎麼樣？」在內陸，這樣的問題也許會出現一些誇大或是表面上的變化，變成類似於華爾街或是道富銀行等地方。但是，阿提卡與伯羅奔尼薩都並不是一個容易取悅的地方。我是懷著一個次要目標過來這裡的，否則我就無法忠於我的新英格蘭血統了。我希望在一些大圓石下面找到演說的素材，或是在這片沙灘的某些號角裡面找到演說的精神思想。

　　在寫給另一位朋友的信件裡，愛默生這樣說：

　　我喜歡大海。當海浪沖刷著海灘的時候，給人帶來一種久遠、愉悅又溫馨的感覺啊：這似乎充分滿足了一切的擴張──這是地球上唯一一樣可以與天空進行相比的東西。但是，欣賞海浪沖刷海灘，則給人更加震撼的感覺。這些流暢順滑的圓柱狀的海浪讓整個沙灘都充滿了生命力，盡顯美感。

西元 1841 年 7 月 21 日

親愛的利迪安：

　　我很高興收到妳的來信，得知妳在家裡一切安好，我感到非常開心。雖然當我聽到妳說，母親在這麼熱的天氣依然選擇禁食或是過著疲倦的生活，還是感到很不開心。也許，現在是她的兒子要回家的時候了。我希望她的兒子會變得越來越好。除此之外，伊莉莎白也會很快回來，她散發出來的積極影響是我們每個人都無法抵抗的。我已經讀了三遍亨利所寫的詩歌了，每次閱讀都會增強我的喜悅感，他的詩歌寫得太好了。我希望自己能夠帶點什麼東西回去，但這片沙灘卻沒有提供任何東西給我。如果我沒有記錯，在我這漫長的一生裡，我認為今天是毫無意義或是此時此刻的繆斯女神對我不公的話，我肯定會認為在 7 月 21 日這天受到了某些懲罰，讓我無法說出任何悅耳的話語，或是無法表達睿智的思想。但是，海浪說出來的道理同樣適合於人類：「我摔倒得越多，我就能走得越快。」我們都是從過往的失敗與挫折中不斷成長起來的……我要再次感謝這個地方帶給我的精神養分。每個男孩與女孩身上都有天使的影子，他們所說的話語或是行為都是具有價值的！我將在沙灘上找到的一塊鵝卵石放在了口袋，準備送給小沃爾多……

　　在愛默生返回家後，他向哥哥威廉寫了一封信：

西元 1841 年 7 月 27 日，康科特

　　在南塔斯克特，我感受到了最清新最涼爽的空氣，也感受了最溫暖的海水，這都讓我想起了我的那次地中海之旅。因為我之前在家裡生活的時候，還從未見過那樣的大海。我希望在這裡寫一篇演說詞，卻發現要寫的主題輪廓變得越來越寬廣，直到最後根本沒有完成的可能性。我不希望在國外獲得成功，於是迅速回到了家。最後，我發現我只有在家裡的書桌上，用自己的墨水筆來寫才行。

這年 8 月 11 日，愛默生在沃特維爾發表的演說中，我們似乎感受到了一絲大海的味道，「是那麼的寬鬆與無限」，但他在演說中的語調卻是肯定的。當惠普爾（Whipple）後來讚美愛默生的這篇演說時，也不得不要承認「我當時感受到了真正的精神力量，這讓我充滿了力量與幸福」。不過，愛默生當時的這篇演說卻遭到了冷淡的對待。當時的主持牧師在結束的禱告裡，駁斥了愛默生所說的異端邪說與許多狂野的思想[007]。

　　下面是愛默生給瑪格麗特・富勒女士的一封信：

西元 1841 年 9 月 8 日，康科特

親愛的瑪格麗特：

　　在沃爾瑟姆的時候，我就說過，我在考慮是否在優秀大學生晚會之後的兩週裡為妳寫一些散文。在研究了許多個不同的主題之後，我認為我可能為妳提供一篇關於蘭德的短文。我現在也正在想辦法去拓展這個話題。這個過程可能需要比較長的時間。但是，我最遲會在週五或是週六就寄過去給妳……事實上，我在這個話題上沒有什麼可說的，整個過程彷彿連一隻老鼠都沒有在轉動。我沒有收到任何的來信，也沒有收到一本新書，也沒有從夜晚或是白天的天空中看到任何有用的啟示。但是，我記得秋天已經到來了，我已經感覺到空氣中瀰漫著秋天的氣息 —— 這是一年四季中最為睿智且最為寶貴的季節。就目前來說，這可以說是我們的憤怒情緒不斷消失的時候。在經歷了早熟、漠不關心與精神的崩潰之後，我們預測有可能會出現一個自殺的時代。我們都會因為各種形式的熱情而死去，書店裡除了《少年維特的煩惱》或是普魯塔克所寫的《卡托》之外，所有的書籍都沒有任何影響力。睡覺要比醒來更好，死亡要比活著更好。金字塔裡

---

007 出自《著名人物的回憶錄》，作者艾德溫・珀西・惠普爾（Edwin Percy Whipple），西元 1887 年在波士頓出版。四年後，愛默生在米德爾堡發表演說時，也出現了類似的情形。也許，愛默生在對惠普爾的講述裡，他將這兩者混在一起了。牧師之所以在禱告時進行反駁，可能是因為他們認為再次聽到了愛默生在神聖的講臺上講了許多關於超驗主義的胡話。接下來，愛默生詢問這位牧師的名字，並且說：「他似乎一個具有良知且勇於直言的人。」

的毒蛇開始慢慢吞噬自己了，那些長有毒牙的蠍子只是唯一的解謎者與座右銘……

西元 1841 年 11 月 9 日

我讀得很少，寫得也很少。我平時就像那些吉普賽人一樣勤奮，努力將那些不成系統的形上學思想變成一個密集的隊形，變成一條線或是一個派系。但是，我所感受到的極力牴觸、以及每個人都為自己的原則，再加上社會的仇恨，都會讓他們的主人充滿生命力，讓他們做出最具美感的挑戰行為。這些都是永恆性的維護者，證實了我們每個人都是應該去工作的。因為在不到 1,000 年的歲月裡，我們人類建造出了多少塔樓，疊砌了多少磚頭，克服了多少難以克服的困難！灰色的雲層，短暫的日子，沒有月亮的晚上，昏昏欲睡的感知卻輕易的被引領到了某個不斷移動的命運當中，這是我們從來都沒有見到的，但我們都可以感知得到。在 11 月的這些日子裡，這就是我的感受。讓我們懷抱著這樣的希望，之前所誹謗的歲月現在已經成為了美好的時光，不斷用低沉的聲音向我們傾訴著神諭，就像《搖籃曲》那樣讓我們安然入睡。因此，那些時光最終被證明是充滿價值的。

這段時期是愛默生超驗主義思想的頂峰，他漸漸萌生了要遠離演說，專心投入到孤獨思考當中。不過，即使如此，他還是非常勤奮的發表演說。在西元 1841 年至西元 1842 年的冬天，愛默生繼續發表演說，他已經對「輝格黨普遍性的原則」感到不滿，認為這代表著一種志得意滿的常規，因此需要透過對事物的真實秩序有更清晰的認知去進行平衡。在他看來，這不僅是必要的，而且是創造一個更加美好未來的開始。他的 3 篇演說〈時代〉、〈保守主義〉與〈超驗主義〉都分別刊登在《日晷》雜誌上，收錄在他的隨筆錄裡。之後，愛默生又在普洛敦維士、紐約與其他地方重複了這樣的演說。在西元 1843 年，他在紐約、費城、巴爾的摩以及其他地方就「新英格蘭」這個主題發表了五篇演說，在外面度過了整個冬天。

西元 1843 年 1 月 7 日，巴爾的摩

親愛的瑪格麗特：

　　我在波士頓收到了妳送給威廉·錢寧的包裹。第二天早上，我就將這個包裹放在我在紐約的哥哥威廉那裡。我與威廉在史泰登島度過了一個晚上，之後我又在費城度過了兩個晚上，接著準備參加明天早上在大教堂舉行的大彌撒活動。在費城的時候，我與弗尼斯進行了非常有意思的對話，因為我們在過去 10 年或是 12 年間都會進行思想交流 —— 可以說，他是我認為最有趣的朋友了。這些都是我非常珍視的朋友。這種朋友間的友情是多麼的美好啊。每個人都可以向對方給予這樣的愛意與幫助。弗尼斯是我最喜歡八卦的對象，但他始終不在意這些，仍然保持著他的尊嚴。他是一位英雄崇拜者，因此他收集了許多古代英雄的奇聞異事，並且講述巴特勒（Butler）女士與錢寧等人的故事。我要稍微說一下，從小培養起來的情誼其實就是一種真正的氏族制度，這也是我們無法輕易與其他人形成的。昨晚，我在莫里森（Morrison）女士的家裡聆聽了克努普（Knoop）與德格尼（de Goni）夫人的談話，這讓我獲益匪淺。當年輕的山姆·克拉克（Sam Clarke）與人爭吵的時候，克努普教授說：「爭論不能變成吵架。」我們都很樂意將吉他的弦線弄好，但這把吉他在彈奏起來卻只能發出非常微弱的聲音。但是，吉他發出的聲音卻給人一種莊重感，加上其外在的形式才得以存在，否則大家肯定無法容忍這種樂器的。玩吉他真的不是一件輕鬆的事情。

　　週日。這天早上，我前往大教堂聆聽有著滿滿內容的彌撒。當時的氣氛極為莊重，牧師與民眾都非常虔誠，每個人都將任何魯莽的舉動拋在腦後。誦經的牧師，掛著畫像的牆壁，點燃蠟燭的祭臺，穿著白袍的男孩，搖擺的香爐。每當我呼吸一口香氣，都彷彿讓我再次置身於羅馬。看來，羅馬可以在很遠的地方都感受得到！這是一座古老而親切的教堂 —— 我是說羅馬教會 —— 今天，我反感於任何一神論教堂、馬丁·路德（Martin

Luther）以及所有精神貧乏之人。我們都非常清楚，溫克爾曼（Winckel-mann）、蒂克（Tieck）與施勒格爾（Schlegel）等人感受到的歡樂情感是怎樣的 —— 正如我們能夠感受到這種溫馨的浪漫情感，然後將有學識的桎梏扔出窗外去。那些對這些浪漫情感發出了相同嘆息的人是不幸的 ——「啊，他們說的一些話是真實的！」不過，全新觀點的一些原則已經慢慢滲透到了美國的教會，可以展現在教堂內的靠背長凳。在彌散儀式之後，我又發現了另一個特點，那是一條類似於鐵路的東西從祭臺的一邊延伸到寬闊的走道，這是在有必要的時候搬動布道講臺用的。我們現在的做法與法國是差不多的，他們都是用斷頭臺的鋒利刀片來削蘋果皮的……在巴爾的摩，雖然我像希律大帝（Herod the king）那樣忙著詢問聖童的情況，卻沒有聽到任何有關偉大眾神的精神。毫無疑問的是，這樣的情況出現在每條街道上。我認為旅行始終都能為人帶來一些教益的，但這給予我們的教訓卻絕不是馬上就可以去應用的。在不到七次輪迴的過程中，我無法利用這些教訓，因為這些教訓都不是在今世可以用到的……

永遠忠誠於妳的朋友
拉爾夫·沃爾多·愛默生

下面是愛默生給妻子的一封信：

西元 1843 年 1 月 8 日

今天，我在這裡的大教堂聆聽了大彌撒演說，內心感到非常愉悅。對於我這樣一個不喜歡清教的人來說，康科特地區沒有這樣的大教堂也是一件好事。E·H 與我將會在兩週之內回家。一神論教堂忘記了很多人都是詩人，就連某某先生本人也沒有將此記在心上。

愛默生在日記中寫道：

天主教的彌撒活動尊重信徒與過去的宗教傳統。這樣的活動與自然是

比較和諧的，表達了對人類整體的熱愛，卻不大注重個人的自主性發揮。當然，清教徒可以參加這樣的活動，這本身就是教堂讓每個人都能參與其中所做出的第一步。

西元 1844 年至西元 1845 年，愛默生在很多地方發表演說。西元 1845 年至西元 1846 年，愛默生則發表了更多的演說。在這年冬天，他就「代表性的人物」主題發表了系列演說。這段時間裡，他經常在日記裡抱怨說，經常要遠離紐約與費城的旅程是那麼的漫長與疲憊。「我是一個不喜歡旅行的人，長時間住在旅館會扭曲我正常的感官，讓我對自己的感覺非常糟糕。而那些與我一起旅行的人則表現出了他們強烈的男子氣概，這讓我感到很壓抑。要不是我身邊有一些好朋友的陪伴，肯定會受不了的。這些好朋友就像溫柔的女性一樣，將一片不毛之地變成了一片沙漠綠洲。」亨利・詹姆士（Henry James）在旅途中為他的心靈帶來許多安慰，他是一位睿智、柔和且圓滑的人，他有著得體的舉止，有著如陽光般溫暖的安靜力量。愛默生在日記中寫道：

我天生就該乖乖的待在家裡，不應該到處亂跑的。我不應該成為經常離開家的人。我這個人沒有什麼想法，也沒有什麼大的人生目標，我認為自己將來也不會有什麼大的人生目標。現在，我就想退縮到自己原有的生活空間裡，然後再次就這些問題諮詢一下上天的安排。

一次演說旅途中，他在寫給一位朋友的信件裡這樣說：

人們對待我的方式，讓我感到非常奇怪。我既不是一個木髓球驗電器，也不是一塊生絲，但是，人與人往來的電流卻始終讓我非常敏感。如果喧囂的大街讓我感到荒涼的話，那麼我就只能生活在安靜的鄉村裡。但是，如果我與一位理智且友善的人進行交流的話，我會立即感覺自己彷彿置身於天堂一般。人類的心靈之光要是能夠像人類的眼神以那麼直接的方式呈現出來就好了，不然的話，當人們像關閉百葉窗那樣將這扇窗戶關閉之後，我們就很難真正的與人進行交流了。現在，我處在一種坦誠相待的

情緒當中，你可以聆聽到我內心的聲音。在這個社會裡，我感覺自己是一個不合群的人，因為每當一些人出現在我眼前的時候，就會立即讓我變成像石頭或是木頭那樣的人，讓我變得木訥或是沉默，因為我沒有從自己所處的社會環境中得到足夠的教訓。因此，我需要比別人去更多的地方，增強我觀察別人的能力以及參加聖餐儀式的次數。因此，每當我陷入債務的時候——這樣的情況每年都會出現一次——我只能再次投身到這一條讓我感到疲憊不堪的旅行河流當中，遭受著旅館或是寄宿地方的漩渦——有時甚至會遭遇詐騙這樣的危險行為——當然，我所說的是演說本身的行為。從這些不好的事情當中，我也許能夠汲取一些積極的思想養分。每一次旅程都能讓我修正之前一些錯誤的看法，讓我感受到更多平實的事實，讓我可以在煩躁的日子裡更好的感受這個社會。讓我可以與那些睿智且偉大的人進行交流。我討厭講述細節方面的內容，但每當我來到一座城市的時候，就能從中學到一些東西。

寫給利迪安的信：

西元 1843 年 1 月 20 日，費城

親愛的利迪安：

與之前一樣，我發現了遠離家庭帶來的一些不是好處的好處。我開始慢慢熟悉了所謂的「只有印第安人才擁有的精神」……自從我離開紐約以來，就再也沒有在家度過冬天了，但我始終記得十月是美好的季節。這裡的人發表著一些乏味的演說，做出相當有禮貌的舉止，這與我們做出的一些更為自私的行為形成了鮮明的對比。如果我在大街上向人問路，那麼我可以肯定路人會優雅的向我指明方向。每當我來到酒店，黑人們的服務始終是那麼得體周到的。看來，我還要過一段時間才能回家，我已經對這麼長時間的外出演說感到疲倦不堪了。一直以來，我都在不斷的學習著某些東西，卻沒有怎麼進行寫作。我可以向妳保證，我再也不會扮演魔術師了。因此，我親愛的妻子，妳也必須要學會如何以優雅的方式去面對飢

餓 —— 妳與我以及所有人都肯定可以熬過明年的。對我來說，每當在疲乏困頓的時候，想到我還有一個溫馨的家在等待著回去，就讓我的內心感到非常知足。願妳一切安好祥和！

拉爾夫·沃爾多·愛默生

寫給哥哥威廉·愛默生的一封信

西元 1843 年 1 月 8 日，費城

在乘坐澤西渡輪來到這裡的過程中，我感到非常舒適。接著，我在受過嚴格訓練的長老會牧師的幫助下，迅速安頓下來了。某某人也在這裡，但我沒有按照他的要求去品嘗某些食物。我更喜歡吃一些我在家裡吃不到的熊肉。能夠獲得這樣的待遇，我真感覺自己就像中了彩券一樣。雖然我現在過著非常拮据的生活，非常希望能夠賺到錢，但我總是希望能在一路上獲得更多的人生經驗。有時，一次誠實的失敗也代表著一次良好的經驗。對我來說，這些失敗的經驗就是創作詩歌或是散文的最好素材。

寫給瑪格麗特·富勒女士的一封信

波特蘭，西元 1842 年 12 月 21 日

我們已經走了很遠很遠的路了，眼前還是只有白雪與松樹。除此之外，蒼茫的大地沒有任何其他的景象。有時，在旅途過程中，人們很容易會看到過多這樣的景物。沿途幾乎沒有什麼村落，這裡的氣溫就像西伯利亞的托博爾斯克與伊爾庫次克那樣寒冷。當我雙眼凝視著白茫茫的黑夜時，有時會想，我是否做了一些冒犯沙皇的事情呢？當我想著緬因州的時候，我認為這裡距離北極圈還有一千多俄里路呢……一路上，除了一些人之外，我還看到某某法官 —— 他最近被委派為專員，專門前往緬因州某個地區，就阿什伯頓問題進行談判。他是一位非常理性的人。在這裡，他

被稱為一名優秀的民主黨人，而他在說話時，總是談論著共和黨人在這個國家裡犯下的種種錯誤：說共和黨人既不重視人才與美德，也從來沒有任何偉大或是合理的目標 —— 有的只是一些低俗的人以及一些最低俗的人，而政府的官員每年都從一些越來越低等的階層裡選拔人才。按照他的說法，解決整個政府所有弊端的根本性辦法就是讓所有人都能獲得普選權……每個人都應該得到一個回答，但現在只有少數人的要求才能得到回應。言語之爭只是一場華麗的遊戲，但經驗就像是數學家，卻可以幫助我們去解決問題。我一路上饒有趣味的聆聽著他的話語，不時還插話進來，說我認為無政府狀態代表著一種神權政體，而我們所有人都正在慢慢朝著這個方向前進。在他看來，我的觀點只是一個美麗的肥皂泡泡，只是美麗而又短暫虛幻的東西而已。我從未見過他這樣一個不需要觀察別人的優點或是缺點就直接得出結論的人：如果一個人與某個主題產生關聯，他寧願以旁觀者去表達自己的觀點。如果不是的話，他就會變成一個傻瓜 —— 與理智或是真理的關係存在著相互獨立的關係。簡單的說，當我們感受不到這種關係的時候，那麼我們就只是在咯咯叫的鵝而已。因此，讓時間與空間去說明一切吧。無論是人們在教堂這樣的地方，還是在華盛頓、巴黎等地方，無論是顱相術還是催眠術，還是《聖經》中魔王巴力西卜（Beelzebub），都是如此。因為人與人之間的關係最終都會占據控制地位，而現實中發生的一切則只能投降。

真正讓愛默生對「兜售文學概念」的做法感到反感的，並不是他偶然感到的不滿或是一些破壞他個人習慣的行為，而是在他看來，這樣的行為是對一種非常寶貴與神聖事物遭受玷汙卻選擇迴避的做法。「難道演說是彼得·帕利（Peter Parley）講述關於柏拉圖叔叔的故事，還是古希臘的伊洛西城神祕故事所上演的木偶劇呢？」

有時，即使在他與一些人的對話中，他也會表達這樣的情感。寫給瑪格麗特·富勒女士的一封信：

西元 1841 年 3 月 14 日，康科特

　　年輕人想要知道，我到底是怎麼想出那麼多詩歌來與妳交流的，並透過這樣的方式讓原本有趣的談話蒙上了一層陰影。我只能回答說，這並不是對週一晚上最恰當的描述。但對我來說，這是一種慢性身體疾病的呈現方式。我反過來問他們，他們什麼時候聽我說過其他方面的話呢？我的這個提問讓他們全部沉默了。但是，我該怎麼用花崗岩的砂石去回答妳那些代表著東方韻味的問題呢？我只能向妳表達自己崇高的敬意，如果我們能夠支付的話，那麼妳是應該說出這些真理的。我與很多人都是非常尊重詩歌的，正如很多人都會以尷尬的方式去崇拜著真理。這就好比一個想要學習游泳的人，肯定要在水面上不斷的掙扎，濺起許多水花。我只知道這是解決我的本性與關係之間的唯一一種方法，我還記得自己在童年從貝克萊主義哲學中感受到了一絲智慧的樂趣。從那之後，我就再也無法忘記了。有一個愚蠢之人在美國各地來回進行關於電力方面的演說：他掌握著這個祕密，聲稱可以透過電流去吸引某個物體，包括吸引桌子、煤油燈、木材到農民所穿的藍色上衣。此人就是靠這樣的把戲來謀生計的。好吧，我不是一位電力學家，而是一位理想主義者。我能看到即使是一個樹樁與一塊泥土的存在背後都有一個因果關係，能讓每一輛老舊的馬車、木柴堆與石牆出現振動的情況，並有可能倒下來。給我一片開闊的田野，幾個來自康科特的優秀男性，以及那位想要打擊我的牧師，這樣的組合會顯得那麼的不穩定與不切實際。妳看到過我之前所做的事情，這也變成了妳研究的對象。妳應該能夠給予我在這方面的一些思想成果。此時，這位電力學家的觀點與之前的觀點不一樣了 —— 也許，這位電力學家名字就叫昆比（Quimby）—— 我從未見過他 —— 對於理想主義者來說，火花在哲學家眼中代表著一種玩具，但是舞蹈對理想主義者來說則代表著一種驚恐與美感、生命力與光明。一切都應該做如此思考的，但有時一些罪惡的經驗主義者則喜歡過分的進行炫耀。這樣深刻的洞見對整個社會都是非常寶貴的，因此只要這樣的思想光芒一出現，那麼所有人都會與之成為朋友，出

於個人的利益需求聲稱對此進行保護。妳不應該像我這樣以隱居或是不友好的方式去生活，而應該站出來捍衛我的觀點。妳與其他對我來說非常重要的人一樣，都應該站在我這一邊，而不應該讓我承受哪怕成為智力遊戲或是時尚主義者的後果——即使對於那些妳稱為朋友的人來說，也不該這樣做。你們希望我能夠說出一首關於法律與因由的歌曲，認為這會讓我變得高尚，並有助於你們變得高尚……

在進行巡迴演說的過程中，他只能不斷安慰自己，有時甚至透過從中找到一些積極的東西來安慰自己。對他來說，這一切畢竟都只是權益之計，不是他真正想要表達自己思想的方式。我認為，愛默生希望透過詩歌或是說散文的方式去表達自己的思想，而這直接源於他想以富於韻律的語句去表達自己更為自由的思想。因為，按照愛默生的說法，我們可以透過詩歌去表達最理想的真理，但我們卻不能透過散文去這樣做。真正吸引愛默生的，並不是語言的韻律或是圖畫的視覺，而是一種「萬事萬物所處的和諧狀態」。在他看來，那種純粹的詩性衝動沉重的壓在他的思想世界裡，讓他感覺自己是那麼的脆弱。他曾抱怨自己的命運多舛，只能成為「半個吟遊詩人」，或是正如他在寫給卡萊爾的信件裡所說的：「我不是一個詩人，而是一個喜歡詩歌與詩人的人，我只是嘗試去創作詩歌而已。在這片精神貧瘠的美國大地上，等待著詩人的到來。」

儘管如此，愛默生所創作的詩歌仍然在他的一些親密朋友間流傳。他的一些朋友發現他的這些詩歌具有某種強烈的吸引力。詹姆斯·弗里曼·克拉克[008]就曾得到愛默生的許可，在《西部信使報》上刊登了愛默生的三首詩歌。當時，克拉克擔任該報的編輯。之後，波士頓的一些出版商也懇求愛默生出版自己的詩歌集。

西元 1843 年 12 月 3 日，愛默生在寫給哥哥威廉的信件裡說：

昨天，我第二次收到了書商們的邀請，希望能夠出版我的詩歌集。書

008　詹姆斯·弗里曼·克拉克（James Freeman Clarke，西元 1810～1888 年），美國作家、神學家。

商的這些要求不禁讓我陷入了思考。我坐在書桌前，不敢確定自己是否真的具有創作詩歌方面的天賦與才華。當這樣的邀請擺在我前面，我一般都會選擇擺脫之前習慣性的生活方式，跑到森林或是沙漠裡，來到伯克郡或是緬因州，獨自一個人生活，想知道我是否已經屈服於某種更高或是更好的影響，而忘記了自己原本在這個青灰色的世界裡所處的位置了。但是，幾個月與幾年過去了，這位對詩歌充滿熱愛的人發現他過去所處的世界根本沒有發生任何變化。

在兩年之後，他在寫給哥哥威廉的另一封信裡這樣說：

至於你之前曾問過我的那些詩歌，我的一位好朋友在這些詩歌裡發現了許多需要進行修改或是補充的地方，這需要他擁有閒暇的時間與最詩性的情緒。我已經讓他幫我修改了兩個月了。

在將近兩年之後，愛默生的詩歌集才最終出版。這本詩歌集的最後一首詩歌的主題是「輓歌」，這是愛默生表達對他長子的思念之情。小愛默生是一個面容英俊的男孩，只在這個世上活了 5 歲，就是在這個時期（西元 1842 年 1 月 27 日）去世的。在去世前，他已經有 4 天處於猩紅熱疾病的折磨當中了。一位經常前往愛默生家做客的朋友這樣描述小愛默生：「他為這個家帶來了一縷溫暖的陽光，他的聲音跟父親完全基本一致，但要比父親更加柔和，他有著一雙漂亮的深藍色眼睛，有著長長的睫毛。他經常陪伴著他父親，有時當他父親在書桌前工作的時候，他也會安靜的坐在一旁，從不會打擾父親的工作。」

在喪子之痛的無限哀傷過去之後，愛默生似乎變成另一個人，在很長一段時間內都無法表達自己的情感。

下面是愛默生寫給一位朋友的信件：

他是一個純真與可愛的孩子。我不應該以這樣陰鬱或是憂傷的口氣去回憶他，他與我嬉戲玩耍的美好回憶才是我要去追憶的。嗚呼！我之所以感到悲傷，是因為我無法對此感到悲傷。我親愛的兒子，對我來說實在是

太寶貴與太獨特的存在了，我無法忍受他就這樣離我遠去的事實。但是，他的音容笑貌依然在我的腦海裡長存著，他依然是那麼可愛，依然是那麼充滿希望，依然陪伴著我度過每一個快樂的時刻，始終是我最美好的回憶。我始終都會珍藏與他一起形成的美好友情。他是那麼的聰明睿智，偉大的造物主肯定會在另一個世界裡好好照顧他的，肯定會讓他過上沒有喧囂與打擾的生活。所謂太陽與月亮，玫瑰與橡子的存在意義，不正是與這個純真男孩的生命存在的意義是一樣的嗎？他那雙藍色的眼睛與清脆的聲音，足以融化世間的一切！

幾個月後，愛默生這樣寫道：

與此同時，人生顯然為你與我帶來了許多難以磨滅的教訓，感受到了人生那種無法控制且無盡的詩意，感受到了人生短暫而空洞的懷疑主義論調——這就像夜晚森林裡吹來的冰冷空氣，迅速將六月溫暖的氣息全部吞沒了——這能讓幼稚的判斷力得到持續了修正，改掉了之前的那種輕率與短視，讓我們能在原先看似廢墟的環境下進行一番修復。雖然我們都喜歡這份上帝賜給我們的禮物，認為如果最終不得不要面對毀滅的話，那麼也只能安然去面對。我們只能認為，如果全新的景象會出現的話，那麼我們也願意去等待。但是，這些全新的景象就像一顆星星出現在我們的背後，我們會愉悅的感受到這顆星星發出的光亮，知道它為你、我以及所有人帶來好處。

兩年後，在給富勒女士的一封信裡，愛默生這樣寫道：

西元 1844 年 1 月 30 日，康科特

在上個週六晚上，利迪安對我說：「就是在兩年前的今天。」我只聽到了再次敲響的鐘聲。在這段時間裡，我沒有獲得任何全新的人生經驗，沒有人任何進步，智慧層面沒有得到任何的提升，一切感覺還是與兩年前一樣的。最近，我在霍桑頓的德魯蒙德讀到了班·強生描述他兒子去世時

的文章，他的兒子在倫敦死於瘟疫。班·強生那時在鄉村地區，他彷彿從幻象中看到了自己的兒子。「他是一個具有男人氣概的孩子，擁有著不斷成長的力量。他認為兒子肯定能夠復活的。」在我的兒子去世之後，我也產生了相同的超自然感受，並且這樣的感受經常進入我的心靈，讓我感覺到自己身邊的世界是那麼的虛無。但是，上帝的至高力量以含糊其辭的方式表現出來，讓我們這些聽眾與觀察者都無法感到滿足，無法讓我們的內心得到釋懷。這樣一種幻覺只能滿足那些低水準之人的幻想。難道上帝會像人類這樣，始終都在找尋著無法達到完美的東西，始終都在以另一種東西去補償業已失去的東西嗎？在我的神性殿堂裡，原本是所有的天使都願意去建造的，卻在一夜之間全部坍塌了，我再也無法重建起來了：這種源於思想與友情的心靈感受，難道還可以進行修復嗎？這就像索姆努斯（Somnus）（睡眠之神）與摩墨斯（Momus）（冷笑與非難之神）端起來的酒杯。但是，事情的本質是超越所有表面現象以及任何特殊性的存在，最後肯定會為我們帶來永恆的幸福。但是，這些心靈的肯定是不言而喻且世俗的。要是我們說出來的話，肯定會顯得空洞或是偽善。因此，我親愛的朋友，我們的存在始終都會處於一種延期的狀態。我們需要的是耐心，耐心，持續的耐心！既然妳問起我來，我也會盡己所能將我所寫的一首輓歌寄給妳看看。

愛默生將很多時間與精力都投入到了教育孩子方面。在 40 多年前的新英格蘭地區，很多忙碌的父親通常都不會這樣做。愛默生在日記中寫道：

沒有比與孩子們在一起，更讓我充滿興趣的了。孩子們流下的每滴淚水與綻放出來的每一個笑容，都是值得我們去記錄的歷史，更別說孩子們在著急時候的跺腳或是尖叫了。

愛默生在日記中記錄著孩子們平時的行為與話語。他按照普魯塔克將奇聞異事記錄下來的方式，也將孩子們所說的「美妙的神諭」記錄下來

了。孩子們的玩耍，孩子們做的事情，他們的小夥伴以及他們在家忙碌的事情，這些都是他時常關心的。他從來不會忽視家庭自律方面的教育，雖然他總是以最柔和的方式去做。孩子們之間的爭吵，表現出暴躁或是做出愚蠢的行為，他都會馬上要求他們立即進行學習，或是讓他們看看爐火門是否已經關上了，或是讓他們走到前門的位置，對著天上的雲層看一分鐘。愛默生的一個孩子後來說：「他對孩子們在學校裡遇到的事情、學校制度或是在學校裡感受樂趣的事情都非常感興趣。總之，他所感興趣的事情似乎是無窮無盡的。我們會跟他說所有我們與玩伴說的事情。我認為他在聽這些事情的時候與我們一樣都非常享受。他認為，我們有責任去照顧在學校裡遇到的每一位陌生的同學。在他看來，我們應該每年都舉行一次茶話會，邀請所有不在城鎮居住的男生與女生都過來我家。當我跟他說起某位老師的時候，他經常會問我：『你有跟他說過話嗎？』『還沒有呢，我什麼也沒有跟他說過。』『你要勇敢的跟他說話啊。如果你實在沒有什麼可說的，那麼你可以問他，你是否喜歡我的這條鞋帶呢？』當其他同學過來喝茶的時候，他始終是那麼友善與和藹，想辦法讓他們無拘無束的說話，並且參與其中。在週六下午的時候，他會在四點鐘來到前門，吹著口哨說：『四點鐘了。』我們都會跟著他一起走出房門，接著走上四到八英里路，沿途欣賞很多鮮花，有時還會看到一些很罕見的花朵。我們有時會在一個山洞裡找到這些花朵，有時會在萊頓的沼澤地、科潘地區、科倫拜恩岩石或是科那圖姆等地發現這樣的花朵。錢寧博士經常告訴我們這些地方的名字，向孩子們講述充滿榮光的天父。接著，他會帶著我們去看表演，或是帶著我們去他在這週裡發現的美麗地方。我們所看到的地方都充滿了無限的詩意，這讓一切都具有濃重的神祕感。要是我真的表達出了自己的恐懼情感，他可能就會砍掉瓦爾登的果樹，或是將這個果園賣掉。他回答說：『不，這個果園就像是我的駝峰。當駱駝在沙漠中處於極度口渴且無法找到任何水源的時候，牠就會消化駝峰裡積蓄的能量。在我失去一切東西之前，都不會放棄這片森林的。』某天，當他看到煙霧從果園方向

吹過來，他用充滿憐愛且恐懼的聲音大聲說：『我的樹林啊！我美麗的樹林啊！』接著，他馬上跑過去救火。對他來說，無論孩子多麼小，他都會一把抱在懷裡的。只要他還有力氣去抱著孩子，都不會放過這樣的機會。即使在他年老的時候，他仍然會抱著孫子認真的端詳著。」

下面這段節選是來自愛默生寫給他妻子的一封信。這表示即使在那個時候，當他小心翼翼的避免任何打擾，專心進行研究的時候，他都沒有將照顧孩子排除在外：

西元 1838 年 2 月 19 日

小沃爾多就坐在我的身旁，旁邊是一個板球，他的手上拿著他媽媽那個深紅色的玻璃水瓶，正在進行著某些實驗。當時，我從托兒所那邊得到消息，知道希爾曼（Hillman）已經教他如何分辨字母卡上的字母 A 與 E 了。以前，他經常將這些字母說成是 T 的。他專心致志的做著自己的工作，似乎根本對任何文學作品都不感興趣，不過他的身體處於很健康的狀態，一直在哼唱著歌，這讓我感到很高興。我想妳也知道這樣的情況。

在新年到來的時候，他與孩子們計劃著送什麼禮物給在紐約的堂哥。在寫給威廉的一封信裡，愛默生這樣說：

西元 1845 年 2 月 3 日，康科特

堂弟堂妹送給堂哥們的禮物應該已經安全送達了，這是一個代表著吉祥的包裹，這是所有熱愛孩子們的天使將這些禮物送到了目的地。你與我的孩子都擁有著一個快樂的童年，我們不應該對孩子們的天性進行粗暴的干涉，而應該讓他們的心靈世界儲藏著許多快樂的時光！我們不能將目光看得太遠，而應該讓他們感受眼前這些在他們看來是極為自然的小小快樂與幸福，他們應該從中得到快樂與滿足，不應該陷入到任何恐懼與陰影當中。我們必須要想辦法讓他們與我們一樣具有良好的常識，讓他們習慣性的進行道德層面上的思考。

我想，你與蘇珊肯定也會為你們的孩子感到自豪的。我在自己的小屋裡度過了很長一段時間 —— 這讓我的內心感到無比愉悅 —— 但我們不能將孩子們從中分割出去。不過，幸運的是，這些興趣是我們難以割捨的，而我們對於孩子們所有讓人迷惑的行為或是品格的真誠研究，其實只是對自我了解另一種有趣的研究方式而已。這個過程可以幫助我們對早期經歷的記憶進行一定的修復。

　　在他的第一個孫子出生的時候，愛默生這樣寫道：

我親愛的：

　　你們都是幸福的父親與母親啊！孩子的誕生必然會讓這座老房子與附近的鄰居都感受到了無與倫比的歡樂。我希望孩子的父母的天賦與優雅將會遺傳到孩子身上，讓他能夠成長為一個身體健康且具有完美心智的人。在這個世界上，沒有比一個孩子的誕生更加重要的事情了。新生的嬰兒具有一切的潛能，遺傳了父母的智慧與心靈。祝願這個小男孩一切安好！他從一出生就會遇到許多好人。我不會對你表現出來的過分喜悅或是幸福感到不滿的。對這個嬰兒來說，這就好比是為他準備的一個柔軟的枕頭。他要長大成人還需要很長的一段時間，但我肯定相信，他在未來一定不會辜負這個國家所處的時代，他絕不會成為一個無聊輕佻之人，他會成為一個高尚且真誠的人，將會知道什麼東西是神聖不可侵犯的。

　　在與孩子們打交道的時候，愛默生始終懷著認真的心態，但他從來不會與孩子們進行嬉戲，不允許他們將早晨的時間 —— 即使是假日的早晨時間 —— 投入到娛樂活動當中。愛默生的孩子們回憶道：「他教育我們，在吃早餐的時候，我們必須要安靜下來，做一個乖孩子，不能有任何的吵鬧。我們絕對不能以無聊的閱讀或是遊戲作為一天的開始，我們應該將一天最好的時光都用於去做某些真正有意義的事情。」

　　在孩子們到了 13 歲或是 14 歲的時候，他認為他們應該開始要規範個人的行為了。他會向孩子們講述一些事例，然後讓他們對此進行思考，並

說出要採取的相應行為。即使當孩子們處於這個年齡階段了，他也從來不會忌諱使用諄諄教誨的方式，向他們講述自力更生的人生信條。在給他一位在外地讀書的女兒的一封信裡，愛默生這樣說：

今日事，今日畢。千萬不要拖延到第二天。妳必須要養成良好的舉止與健康的生活方式，這才是最重要的。妳可以去做自己認為有能力去做的事情，當然妳在這個過程中可能會犯下一些錯誤或是做出一些荒唐的事情。妳要做的就是儘快忘記這些錯誤。畢竟，明天又是全新的一天，妳應該懷著認真嚴肅而又愉悅的心情去面對全新的一天，妳應該懷著崇高的心智去面對，不要讓過去那些陳舊的胡說八道阻擋妳前進的道路。這個時代是美好的。對妳來說，每一天都是非常寶貴的，每一天都充滿了希望與前進的潛能。因此，妳千萬不要將眼前的寶貴時間浪費在對昨日的悔恨當中。

在愛默生的兒子去世沒多久，他就開始了前往普洛敦維士與紐約的演說之旅，並拜訪了當時住在紐約的哥哥威廉。

西元 1842 年 3 月 1 日，史泰登島

親愛的利迪安：

昨天，我與霍勒斯・格里利 [009]、社會主義者布里斯班 [010] 在格拉漢姆的公寓裡共進晚餐。布里斯班向我承諾，一旦我在環球酒店住下來了，就會跟我詳細講述傅立葉主義的原則以及聯盟。當時，我就知道當我在此地遇上這兩位朋友，我只能對他們的做法表示順從。他們很善於做一些受到大眾歡迎的事情。無論從我的思想、倫理道德或是政治傾向去看，我都只是一名詩人。我在紐約的作用，就好比雨後的彩虹或是螢火蟲，非常短暫。與此同時，他們還將我死死的釘在了「超驗主義」的世界裡，妳也知道我

009　霍勒斯・格里利（Horace Greeley，西元 1811 ～ 1872 年），美國著名報人，編輯，《紐約論壇報》的創辦者。自由共和黨的資助人之一，政治改革家。

010　布里斯班（Albert Brisbane，西元 1809 ～ 1890 年），美國作家、空想社會主義者。

其實對所謂超驗主義思潮的興起是毫無貢獻的。他們在談到超驗主義的時候，總是將這視為一種已知與固定的元素，就好比鹽與一頓飯一樣。因此，我只能不斷的說明自己與此是毫無關係的：「我並不是你們說的那種人。」在這個時代，難道我們不應該制定一些全新的法律，禁止一些人獨處，或是對所有獨立派與不合群的思想家進行重罰嗎？……告訴母親，蘇珊與威廉在今年冬天希望過來看她，但他們也知道，一路上的旅程對母親的身體是不好的，因此他們決定還是不將母親接到紐約去住了。他們說，當妳與我在夏天的時候過來時，應該將母親一道帶過來。蘇珊與威廉都是毫無瑕疵且充滿愛意的人。在他們充滿愛意與崇敬的殿堂裡，伊莉莎白（霍爾）始終是不容爭議的代表性例子。威廉不再是我之前所認為的那種孤獨的人了，他現在擁有了「法官」的頭銜，這似乎成為了他在史泰登島這座島上每天生活很重要的組成部分……在回信的時候，請向我講述家裡發生的一些有趣的事情，包括伊莉莎白的一些事情。無論對我還是對所有人來說，妳始終是那麼的祥和與美好。請將我的愛意傳遞給亨利，替我親吻每一個孩子。

永遠忠誠於妳的
拉爾夫·沃爾多·愛默生

西元 1842 年 3 月，紐約

親愛的利迪安：

　　妳的信件在今天早上送到了，我非常感謝妳在信中說了我最想要知道的事情……我們在演講廳裡有一些非常友好的人，雖然這個演講廳很小，我也不知道這個演講廳是如何能夠容納那麼多人去反駁我那些世俗的思想。妳與我在這個時候都肯定會明白這點的 —— 我們知道在一個房間裡，只能容納兩名聽眾，我謙虛的妻子，難道我所說的不正是妳的信條嗎？……這天下午，布里斯班跟我講了許多關於有吸引力行業的神祕之

處，我希望妳也能在場聆聽他所說的話。他表示「衷心希望」我能夠直接加入他的團體。這是多麼雄偉的宮殿，多麼美妙的音樂會，多麼優秀的畫作、演說，感受詩歌與鮮花啊！看來，傅立葉（Fourier）展現出來的君士坦丁堡是這個世界的天然資本。當地球上的民眾在種植莊稼、花園或是以 2,000 人在 6,000 畝地裡形成一個「團體」或是「社群」的時候，君士坦丁堡會變成一座大都市。我們這些詩人與形形色色的超驗主義者都不應該待在康科特或是紐約，而應該轉向當代人所無法描述出來的音樂、建築或是社交活動。明天，我將會聆聽他講述剩下的故事內容，我到時會告訴妳的。我對自己是否能從這次紐約之行獲得任何好處表示懷疑，不過，這次旅行打破了我之前沉悶的生活軌跡，這還是值得的。我已經想出了一個更好的方法，讓我可以繼續在家裡生活一、兩年。不過，3 月 15 日還沒有過去呢。感謝妳為我捎來了關於伊莉莎白的消息。也許，她也想寫信給我，雖然以我目前這種空虛、煩躁的情緒，即使她寫信給我，我也沒有時間進行回覆。還是說點別的吧。威廉與蘇珊是世界上最優秀的丈夫與妻子，哥哥與嫂子，主人與朋友，他們始終都走在正確的道路上，祝願他們永遠過著幸福快樂的生活。

拉爾夫・沃爾多・愛默生

正如我之前所說的，對愛默生一家來說，這些年是經濟比較拮据的時期。之所以陷入拮据的生活狀態，部分原因在於過大的家庭開銷，一些是不可避免的開銷，一些則是愛默生不願意去避免的開銷。比方說，他購買了一片土地，就是為了保住他最喜歡的一片林地，避免別人砍伐了這片林地的樹木。

給威廉・愛默生的一封信：

西元 1844 年 10 月 4 日，康科特

　　最近，我又增加了一、兩項沒必要的開銷，我想告訴你發生的事情。某天，我獨自一人在瓦爾登湖附近的樹叢裡散步，遇到了兩、三個人，他們對我說，他們準備賣掉這片林地，並且準備買一片土地。他們希望我能夠成為買家。這片林地就在瓦爾登湖的旁邊，我多年來每天都會在這裡散步的。我最後出價購買了這片土地。這片土地一共有 11 英畝，每英畝的價格為 8.1 美元。第二天，我就將自己積存下來的錢拿給他們。他們表示如果哈特維爾·畢格羅（Heartwell Bigelow）不砍掉這些松樹的話，那麼他們認為這片土地是毫無用處的。我又花了 125 美元購買了他這面積有 3 到 4 英畝的松樹林。因此，我現在成了這 14 英畝土地的地主與河流主人了。我可以在這裡種植黑莓了。

　　愛默生從這片樹林中獲得了極大的滿足感。他曾說：「每當我走進這片樹林，精神就會為之一振。要是我拿上短柄斧頭與修枝剪，可以在樹林裡待上一天。我可以在樹叢裡開闢一條小路，不會因為浪費時間而感到任何懊悔。我甚至認為，這裡的小鳥都認識我，即使是這裡的樹木都似乎在跟我竊竊私語或是向我暗示著什麼。」

　　愛默生對於購買與他家東邊相鄰的那片土地是存在疑惑的。但是，購買這片土地，是保全他在家門前一片美麗的風景不遭受破壞的唯一方式。不過，這是一片可耕種的土地，可以透過種植果樹或是做成果菜園。對他來說，建立一個果園的過程是充滿愉悅的，但他在農業方面投入的精力必然為他帶來額外的責任與憂慮，而他也只能透過不斷去進行演說來彌補這方面的開銷。愛默生在〈財富〉這篇演說裡，談到一位學者拆掉了自家的牆壁，在家門前增加一片土地的事情，其實只是想表達他個人的一些經歷而已。

　　也許，愛默生此時覺得自己需要更多演說的素材，而這樣的考量可能是他想要前往英國的一個重要原因。

西元 1846 年 12 月 29 日，愛默生在寫給哥哥威廉·愛默生的信件裡這樣說：

最近，我收到了英國不同地區的人發來的邀請，他們都邀請我前往那裡發表演說，並且表示要是我願意的話，可以在很多著名城鎮發表演說。我知道奎妮（Queenie）（不是維多利亞〔Victoria〕，而是利迪安）肯定會說我應該去的。

這份邀請來得恰是時候，因為愛默生當時也真的需要休息，換一個環境，所以他可以透過做一些全新的工作來實現這點。之前的工作方法已經讓他失去了往日的熱情，他感覺自己的人生似乎陷入了一種停滯狀態。他渴望一種定期的職業來帶動自己，而這樣的衝動則只能完全源於他內在的心靈。

此時，愛默生已經來到了人生的一個重要瓶頸。用他的話來說，就是「當所有的星星都達到了至點，在無垠的天空中處於停頓狀態。此時就需要一種外在的力量，需要一些轉變或是變化，才能防止這種停滯狀態持續下去。」他在寫給富勒女士的信件裡說：「正如我現在所做的一樣，我從未做過任何不該做的事情。」在寫給他另一位當時在歐洲的朋友的信件裡，愛默生這樣說：

國外沒有傳來任何消息或是音訊，聽不到獅子的吼叫，聽不到老鼠的吱吱叫聲。我們沒有發現任何新出版的書籍，依然像過去那樣陷入到一種空虛、死氣沉沉且空洞的狀態，並且以加速的方式不斷朝著這個深淵前進。在任何猛烈的狂風將我們吹入這個深淵之前，必須要加快逃離的腳步。

愛默生在日記中寫道：

除非我能夠重新煥發精神，否則我感覺自己與別人沒有任何區別。我以前希望能夠獲得教授職位，正如我以前希望成為布道牧師一樣。我也許可以透過去完成某項固定工作去調整自己。里普利在向我推薦廢奴運動的

時候，他也許說得比他本身知道的還要多。我不認為一群暴徒能夠為我帶來多大的好處。

愛默生認為：「英國聽眾也許能夠為我帶來某種精神層面上的刺激，讓我那反覆無常、倦怠且低落的精神重新煥發起來。美國這邊的聽眾是很容易取悅的。我們所接受的教育也僅僅局限於這個國家而已。當我們學會了如何閱讀、書寫或是認識了我們從學校裡沒有學到的東西，並且進行自我學習的時候，才能真正擁有屬於自己的觀點。我們才能不受任何限制的進行創作，才可以隨便的開玩笑，發洩自己的不滿情緒，做一些我們想做的事情，甚至還能感受到我們的志得意滿，明白我們的才華其實並不能帶來什麼。我們的才華都是受到局限的，正如置身於亞登森林裡的凱撒，也能想到當時所想到的一切辦法的，但他的辦法卻不一定是最埋想的。我們沒有看到任何人要我們去負責，於是就選擇了安逸。即使當卡西烏斯[011]失敗之後，一臉蒼白，也不能表示我們是低劣的。當我知道我的文章得到了這個時代很多有識之士的賞識之後，我不得不認為他們的閱讀面是狹隘的。如果他們像我那樣閱讀書籍，那就肯定不會有那麼誇張的讚美之情了。」

他想要找尋那些真正具有力量的人，那些學識淵博的學者，那些能讓他遠遠欣賞的人。他想要走近他們身旁，親身感受他們所散發出來的魅力。當然，他不是想要變成他們。他願意接受這樣的挑戰，卻沒有任何可給予的。他無法為卡萊爾提供任何有深度的思想，也不希望聽眾在聆聽他的演說中感到任何的不愉快。在這年冬天，他透過亞歷山大·愛爾蘭的辦公室，收到了來自蘭開夏郡與約克郡等地機械協會的演講邀請。他在第二年（西元 1847 年）秋天接受了這樣的提議。卡萊爾在得知了他的想法之後，也寫信向他承諾，為他在倫敦找到一群「貴族聽眾」。

第二年春天，在他乘船前往英國之前，他在家裡舉行了多次會議，

011　卡西烏斯（Gaius Cassius Longinus，約於西元前 85～前 42 年），羅馬元老院議員，謀殺凱撒的主謀，也是馬爾庫斯·尤利烏斯·布魯圖斯（Marcus Junius Brutus）的妻舅。

大家一起討論《季刊評論》是否要比當時的《北美評論》更好的探討當時所存在的問題。我認為，希歐多爾・帕克、塞繆爾・格德利・豪（Samuel Gridley Howe）等人都非常積極的參與進來。索姆奈（Sumner）也站出來，對這樣做表示贊同，但他同時對目前這樣做的時機是否成熟表達質疑。梭羅也在場，他提出的問題是，在場的每個人是否發現了現有的期刊所存在的問題。整體來說，在場的人都沒有展現出太高的熱情，都沒有明確表示一定要投稿。但是，大家都想當然的認為，他們應該創辦一份全新的評論，主要討論的問題則是關於編輯方面的。帕克希望愛默生能夠擔任編輯，但愛默生表示拒絕。其他人也就此進行了一番討論，但都沒有得出一致的結論。我記得，在一個由愛默生、帕克與豪組成的小型委員會裡，他們負責起草一份向公眾聲明的宣言。愛默生負責起草，他似乎認為完成了這項工作之後，也就卸下了自己的職責。但是，當《麻薩諸塞州季刊評論》的創刊號送到了當時身在英國的他的手上，他發現這份季刊的編輯上有自己與帕克的名字，還有「其他給予我們幫助的先生們」。愛默生不願意看到這些，但也只能忍受自己的名字掛在封面的事實。當他回國之後，也就是這一季刊出版到第四季的時候，他才「理所當然」的定期投稿。接著，他堅持表示要撤去自己的編輯頭銜。因此，帕克實際上成為了這本季刊的唯一編輯。愛默生除了偶爾寫一、兩篇編輯語之外，就再也沒有參與其中了。

這年春天，他前往南塔克特島發表演說。到那裡之後，在當地牧師的要求下，他在布道講臺上發表了一篇演說（我認為，這是他最後一次在這樣的場合發表演說）。他演說的主題是「崇拜」。他說，自己不是一位牧師了，已經很久沒有參與過教堂的事務了，並表示自己私底下也不願意繼續站在布道講臺上發表演說。但是，他不願意拒絕就這個主題發表演說，因為這個主題不僅關係到每一個神職人員，而且關係到每個人 —— 這是一個牽涉道德本性的核心問題。

在這年早些時候，他在新伯福發表了一篇演說。顯然，他在這裡遇到

了他的一些教友派信徒朋友。其中一位朋友（有可能是瑪麗·羅奇女士）向他寫了一封信。愛默生在回信時這樣說：

西元 1847 年 3 月 28 日，康科特

我親愛的朋友：

　　收到你的來信，不勝欣慰。你向我提出了一些哲學方面的問題。即使當我想到這個可能讓人感到恐懼的艱深的問題時，也不會阻擋我回信給你的念頭。不過，我可以非常肯定一點，我從未就你從格里斯沃爾德（Griswold）那裡聽說我的情況進行過評論。我認為，格里斯沃爾德可能認為自己可以對此進行解釋，如果他能夠做到的話，那麼他就能表達對我的看法是正確的。事實上，我從未談論過任何學術性的問題。當我聽到他們這樣說的時候，根本不知道自己該站在哪一邊。我從未以冷漠的口吻去談論與「上帝」相關的話題，雖然我認為當我們談論祖輩所說的「置身於高山之上」時，應該擁有正確的視野。有時，在談論關於謙卑或是節制的問題時，這樣的雲層似乎就會散開，讓我們知道上帝的光芒所指的方向。我們可以看到真理就存在於人們對此做出的每一個肯定的回答之上。與此同時，我們也能了解到他們的言論存在的狹隘與不公。就上帝的科學而言，我們根本無法使用語言去進行表達或是描述，我們的任何話語都只是一種只能觸及表面的東西：我們需要一種更為簡單普遍的信號，正如代數與算數之間的對比。只有這樣，我才能輕易的理解這兩者存在的差異，而我們那位格里斯沃爾德先生也能夠更好的看清楚事實的全貌。我的意思是，他能夠更好的了解泛神論與其他主義。

　　人格性或是非人格性，都有可能以各自的方式去證明上帝的存在。在我們的心智世界裡，有什麼是無法去確認的呢？當我們不斷用語言去進行堆積的時候，只是剛剛邁出了第一步而已，根本沒有表達出這個不能改變的簡單事實。

因此，我今天不會以所謂教授的身分去做些什麼，而願意等待 1,000
年，一直等到我能理解文學長久以來無法進行的定義。千萬不要認為過去
那些莊嚴的思想已經對我失去了強大的吸引力。

　　我衷心的希望 —— 或者說，我小心翼翼的希望 —— 與你談論我們對
一些重要體驗的看法。我永遠都不會忘記那些讓我感到有趣的話語。你跟
我說了你多年來一直所持的信仰以及你的朋友。難道我們不正是這些熱情
與希望所創造出來的偉大生物嗎？

永遠尊敬您的
拉爾夫·沃爾多·愛默生

▌第十四章　再赴英法

西元 1847 ～ 1848 年

西元 1847 年 10 月 5 日，愛默生搭乘華盛頓‧歐文號定期郵輪從波士頓出發，在同月 22 日抵達英國的利物浦，之後很快就出發前往倫敦。

給利迪安的信：

西元 1847 年 10 月 27 口，倫敦

親愛的利迪安：

我在利物浦等了幾天之後，才最終等到了一封寄給我的信件（在這封信送到我的手裡之前，還曾被送到了曼徹斯特地區）。這封信是卡萊爾寫給我的，他在信封上寫著「R.W.E，一旦他在英國上岸，請將這封信轉交給他」。卡萊爾在信中對我再次來到英國表達了熱情的歡迎，並邀請我前往他家做客，我根本無法拒絕卡萊爾表現出來的極大熱情。我也覺得在接下來的一個星期裡都沒有什麼演說安排，因此就在週一前去那裡。在晚上 10 點鐘的時候，珍‧卡萊爾（Jane Carlyle）為我敞開了大門，而站在她身後的正是一位手裡提著一盞煤油燈的卡萊爾。相比於 14 年前我在克雷甘帕托話別他們的時候，他們都沒有發生什麼變化。卡萊爾對我說：「我的老朋友，你終於來了，我們終於再見到面了！」卡萊爾的話匣子迅速打開了，就像一條洶湧的河流那樣不斷奔騰。那天晚上，我們進行了長時間的交談，一直聊到了凌晨 1 點鐘。在第二天吃早餐的時候，我們繼續進行交流。在中午或是下午的時候，卡萊爾與我一起前往海德公園與宮殿（距離他家只有 2 英里路），接著又前往英國倫敦國家美術館，接著前往河岸

街 —— 卡萊爾充當我的導遊，不斷向我講述西敏寺與倫敦城。我們在下午 5 點鐘的時候回來吃晚飯。吃完晚飯，卡萊爾又與我進行了交流，並一直持續到夜深。第二天早上，我們大約在 9 點鐘吃早飯。卡萊爾夫人說，卡萊爾平時如果沒有朋友來訪的話，一般都會睡到早上 10 點或是 11 點才起床。卡萊爾是一位非常健談的人，正如他非常擅長寫作一樣 —— 我認為他的口才甚至要比他的作品還要好。要是妳沒有親自見過他，與他進行交流的話，妳永遠都無法知道他所展現出來的熱情以及知識廣度，也不知道他真正做了哪些事情。14 年前，我在蘇格蘭與他進行幾個小時的交流，但那次交流根本無法讓我對他有足夠深入的了解，因此我對自己現在所了解到的事實感到震驚……卡萊爾與他的夫人都是非常友好善良的人。可以說，他們是世界上最恩愛的夫妻了。在卡萊爾夫人的書架上，卡萊爾創作的每一本書都是獻給妻子的，每一本書都寫著感激妻子的話語。

不過，妳肯定更想聽我說有趣的見聞，我也只能匆匆的記錄一番了。週三，在英國倫敦國家美術館裡，班克羅夫特非常熱情的接待了我，並堅持要將我介紹給羅傑斯（Rogers）先生，當時羅傑斯先生剛好與幾位女士一起前來這裡。羅傑斯先生邀請我與 B 女士在週五前往他家吃早餐……倫敦這座城市上空的煙霧遮蔽著整個天空，陽光根本無法穿透，因此倫敦西部的每棟建築都似乎籠罩在一片黯淡的壯美景色當中，讓我彷彿走在夢境裡面。馬丁（Martin）創作的關於巴比倫的畫作，都是關於倫敦西部城區的忠實描述，畫作中的光線與黑暗陰影，乃至建築的描述，都是恰到好處的。在週五早上九點半的時候，我來到了班克羅夫特在伊頓廣場 90 號的家門口，按了門鈴之後，出來開門的竟然是班克羅夫特本人！雖然他家裡有很多傭人，但他還是出於對我的尊重，親自為我開門。他是一位非常友善且健談的紳士……班克羅夫特夫人也出來了，我們一起乘坐她的馬車前往羅傑斯的家……羅傑斯先生非常友善的接待了我們，向我們講了許多讓我稍感興趣之人的奇聞異事，班克羅夫特女士也識趣的走開了。當我們坐

下來吃早餐的時候，談論著司各特、華茲渥斯、拜倫、威靈頓（Wellington）、塔列朗（Talleyrand）、德・斯塔爾（de Stael）夫人、拉斐特（La Fayette）、福克斯（Fox）、伯克以及很多著名的人物。羅傑斯家裡的客廳掛著許多珍貴的畫作……我認為這簡直就是倫敦的一場私人展覽會。好了，我不會再向妳說太多這樣無聊的細節。離開羅傑斯家之後，班克羅夫特夫人帶我參觀了西敏寺的迴廊與修道院，接著堅持要用馬車將我送到卡萊爾在倫敦切爾西地區的家門口。要知道，這可是一段很長的路啊……大約在昨天下午 5 點鐘，在與我的朋友一起度過了 4 天之後，我乘坐一班快速火車前往利物浦。這列火車在 6 小時內行進了 212 英里，火車的速度幾乎是美國火車速度的兩倍之多。上週六晚上，我在利物浦與詹姆斯・馬蒂諾[012]一起喝茶，並在禮拜日聆聽他發表布道演說。馬蒂諾先生是一位真誠、善良且理智之人，雖然世人只看到他作為牧師所具有的價值，但我認為，他的才華與能力要遠遠超過他所寫的書籍或是他的布道演說。在出發前往倫敦的路上，我在曼徹斯特遇到了愛爾蘭與他的朋友。看來，在接下來的三週時間裡，我要在這座城鎮發表六篇演說，並在每週的某個晚上在曼徹斯特發表 3 篇演說。當這項工作完成之後，我可能還會有一些我喜歡做的工作，他們到時候也會告訴我的。從下個週二晚上開始，我就在曼徹斯特發表演說了。

11 月 1 日，週二晚上。我已經對利物浦這座城市感到厭倦了。我所看到的人都讓我的內心感到無比壓抑：這裡大街上的路人都顯得非常強壯，當地人的體格很健碩，每個男人都像接受過嚴格訓練的士兵。無論是男人還是女人，都顯得那麼健壯結實，同時每個人都散發出堅定與決心的力量。美國人無論是走路的姿勢還是徘徊的眼神，都與這些人形成了鮮明的對比。在美國，我們會直接看著別人的眼睛。但在這裡，人們卻沒有直接進行眼神交流。英國人的眼睛似乎都集中於他們的脊椎上了……昨天早

012　詹姆斯・馬蒂諾（James Martineau，西元 1805 ~ 1900 年），英國哲學家、神學家。

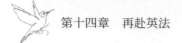

上，我收到了妳的來信（愛爾蘭先生為我送來的）。我很高興知道你們在家一切安好。

永遠愛妳的
拉爾夫・沃爾多・愛默生

下面這段話，是愛默生在這個時期寫的一封信的部分手稿：

昨晚，我與卡萊爾進行了非常深入的交流。這麼多年來，他一直都在談論著相同的事情。不過，指引他前進的才華其實就是他的道德感，他對真理與正義具有的重要性的感知是非常深刻的。他還說，英國這個國家沒有真正意義上的宗教。他對於德國、英國或是美國那些所謂的「孔斯特」（德語 Kunst，英語為藝術之意）都非常鄙視……他幾乎對所有人都表達出鄙視或是輕蔑的態度。他總是會用嘲笑般的笑聲去插話 —— 使用諸如「饒舌之人」、「猴子」、「說個不停的人」去進行描述。讓他描述任何一個人，他都會用「可憐的傢伙」一詞作為開頭的。我說：「那你肯定是一個非常優秀的人了，因為你總是用這樣尖刻的話語去詆毀世界上的其他人。」「不是的，先生，」卡萊爾回答說，「請跟我說實話。」我說：「你可以看到很多朋友都聆聽你的話語，並且非常崇拜你啊。」「是的，他們的確會過來聽我說一些道理。他們會閱讀我寫的書，但他們之中沒有一個人想著要去做這些事情。」

西元 1847 年 12 月 1 日，曼徹斯特

親愛的利迪安：

剛剛到港的這艘「加勒多尼亞號」輪船，怎麼會沒有向我送來妳的來信呢？我認為，妳的來信有可能是送到了倫敦，接著又送到了利物浦，並可能在今晚送到我手上。妳要記住，收信人仍是曼徹斯特的海關檢查員亞歷山大・愛爾蘭先生。妳也不要過於頻繁的寫信給我，或是寄來太厚的信件，從明年 1 月 1 日開始，每週都會有一班蒸汽船出發的，如果妳將需

要寄送的東西都裝好拿給阿貝爾·亞當斯，他肯定會幫妳找到適合的郵件袋。我相信妳與孩子們都一切安好 —— 妳很好，孩子們也很好 —— 這是兩個事實，而不是簡單的同一件事。對於我這樣一個身在國外的人來說，這兩件事都極為重要的，妳必須要相信這點。啊！也許妳應該看看這裡街道的悲慘景象 —— 無論在曼徹斯特還是利物浦的街道，無論是白天還是晚上 —— 那些最美妙的地方，那些安全感、尊嚴感以及機會都是屬於我們這些人的，但這些東西其實都是從民眾身上剝奪過來的。英國這裡的女人顯得那麼低賤與卑微，看到這些情景真是讓人心生涼意。這裡的孩子也是過著悲慘的生活。我經常在大街上看到許多食不果腹、衣衫襤褸的乞丐。我最親愛的小艾迪（Edie），告訴妳實情吧，我有時為了給這些乞丐一些錢，每天都損失了一些錢。我真的不願意在大街上看到這樣的情景，不願意看到那些衣衫襤褸的女人，還有些與小艾迪身高一樣、年齡相仿的孩子，他們都穿著破爛的衣服，赤腳走路，走在他們的母親身後。我有時會好奇的看著這些孩子的臉，內心竟然產生了一種恐懼心理，生怕這些孩子中有一個是我的孩子。這些窮苦的孩子最終還是讓我掏出了半便士。感謝上帝，艾迪與艾倫（Ellen）幸好是出生在新英格蘭地區，希望他們永遠勇於說出真理，永遠去做正確正義的事情。我希望他們永遠都不要像這些乞丐孩子一樣，在整天下雨的時候，赤腳走在泥濘的路上。不過，我所見到的這些乞丐，只是這裡隱藏的邪惡冰山的一角而已。

我要告訴妳一個好消息，來到這裡之後，我的健康狀況與工作情況都處於良好狀況。在上兩週，我已經發表了兩場演說，這是我主要做的工作。一篇演說是關於書籍的，或者說關於閱讀的。另一篇演說則是關於最高級的精神問題，我在演說中談到了哈菲茲與我的波斯語讀物。在接下來的一篇演說裡，我會談論天然的貴族，或是類似的話題。

我在利物浦附近的西佛斯之家拜訪了保萊特（Paulet）女士，我住在一座城堡裡屬於坎寧（Canning）的房間裡。我還前往格林班克拜訪了拉斯波恩（Rathbone）先生。

西元 1847 年 12 月 16 日，伯明罕

親愛的利迪安：

　　我在這裡認識了許多友善的朋友。我甚至放棄了之前要去拜訪別人的念頭，現在幾乎沒有這樣做了。在諾丁漢，我在四位朋友那裡分別住了一晚。在德比郡的時候，我與奧爾柯特的朋友伯奇（Birch）先生一起度過了兩個晚上。我受到了他們熱情的招待。在一些城鎮，我收到了來自我不認識的人的邀請，希望我能過去拜訪他們……這裡的報紙報導了我的演說情況（倫敦的一些報紙也對此進行轉載），因此這些報紙也不再對我的演說進行重複的報導了。我必須要從過去累積的素材裡繼續找尋演說的內容，要麼創作一篇全新的演說稿，要麼就停止繼續演說的活動。對我來說，這樣的旅行方式還帶來了一個很大的好處。我可以看到許多不同的房子、工廠、教堂、美麗的風景以及不同的人。當然，這樣的旅行有時也為我帶來了許多苦惱。一有機會的話，我就要返回倫敦。如果現在不是冬天的話，我可能就搭乘輪船回家了。妳要記得將我的愛意傳遞給母親 ── 妳一定要將我寄給妳的信件拿給母親看，因為我一直沒有寫信給母親 ── 我現在對於是否要前往法國都不敢確定。記得將我的愛意傳遞給家裡每個孩子，我每天每夜都在思念著他們。我對運送信件的蒸汽船沒有將我的信件及時送到妳手上感到失望。這可能已經遲到了一天、兩天或是三天了。我不想在這裡將我所想念的朋友的名字都列舉出來，因為這個名單實在太長了。不過，我還沒有收到伊莉莎白·霍爾的來信，也沒有收到喬治·布拉德福德（George Bradford）的來信。請妳幫我轉告喬治，我非常尊重英國人，告訴他我認為英國人是一個強大、理性且友善的民族，這個國家有很多領主，要是國王意外死了，那麼大街上也有上千人可以接替他的位置。不過，我相信明天就能收到妳的來信了。親愛的，晚安。

拉爾夫·沃爾多·愛默生

亞歷山大‧愛爾蘭與所有人都能成為朋友，並總是給予別人一些幫助。同時，他是一個充滿活力、永不疲憊且冷靜的人……英國是一個偉大的國家，這個國家在機械領域展現出來的威力與組織能力讓世界其他國家都為之汗顏。無論去什麼地方，我都感覺自己像是坐在一顆砲彈上（雖然，這顆「砲彈」上還有軟墊，比較舒適）前進，讓我可以穿越河流與城鎮，高山與低谷。火車每小時的速度是美國的兩倍之多。我們可以在火車上安靜的閱讀《泰晤士報》。在我看來，整個世界似乎都已經被機械化取代了。

西元 1847 年 12 月 25 日，曼徹斯特

親愛的利迪安：

　　上一班輪船到來之後，我沒有收到妳的來信，我知道妳肯定已經回信給我了。因此，我不能向里普利夫人或是妳寫一些較短的信件。我會寫一封信給她，連同這封信一起寄出去 [013]。里普利先生的突然去世，為我的內心帶來極大的痛苦，也擊碎了許多之前設想好的計畫。但在我們的眼中，他始終是一位身體健康、充滿陽光氣息與活力的人，因此任何痛苦或是悲傷的記憶都絕不會與他的名字相連在一起。我們肯定會懷念他這位服務他人，做出過許多貢獻的人。我為自己此時此刻沒有在家而感到遺憾。對里普利這樣的人來說，前來悼念他的隊伍應該是排成長龍的。我有時會想，他的去世會對母親造成多大的打擊呢。每當我想起母親，就會想起他。從我小時候父親去世以來，他始終是母親的重要朋友與弟弟。妳知道的，在我與我的兄弟年輕的時候，他是多麼慷慨的幫助我們，讓我們能夠讀完大學，並在之後的生活給予了我們許多關照。他總是力所能及的給予別人一些幫助。無論是在我們眼中，還是在別人眼中，他都是一位值得尊重的朋友。我認為我們並沒有給予他足夠的敬意。對他來說，關注別人的需求，給予他們一些幫助，這是他的天性。無論何時何地，每當我們想起他的時

013　薩繆爾‧里普利牧師在搬到康科特居住後沒多久，突然就去世了。

候，就應該學習他那樣做……妳應該立即過去安慰里普利夫人。我們絕不能對此不聞不問……我是這個島嶼國家上的一個流浪者，每天都因為有演說的任務而感到焦慮煩躁 —— 如果我選擇接受這樣的任務，就不應該有這樣的負面情緒 —— 在接下來兩週或三週裡，我不會有時間去寫任何無聊八卦的事情了，這點妳是知道的。在每天喧囂且無聊的生活中，唯一讓我內心有所安慰的是，我有很好的機會去感受英國這個國家。我可以用一種親密且家常的方式去了解每個城鎮的人們與一些事情。我可以看到這些民眾最好的一面（至今為止，我沒有看到所謂的貴族，也沒有看到這個社會階層。在日常生活中也沒有這樣的概念）—— 我認識了許多商人、製造商、學者、思想家、男人與女人 —— 與他們進行了真誠坦率的對話。無論我去到哪裡，都受到了他們熱情的招待。因此，請別將我說成是孤獨人士或是放逐者。一開始，我是拒絕他們邀請我前去他們的私人住宅，但我現在每到一座城鎮，就能收到這樣的邀請，我也很樂意接受他們這樣的邀請。從諾丁漢與德比郡回來向妳寫信到現在，我已經參觀了普雷斯頓、萊斯特、切斯特菲爾德、伯明罕等城市。無論在哪個城市，我都受到當地人的熱情款待。我對英國民眾的感激之情與愛意與日俱增。我還收到了許多人的來信，他們在信中表示要是我到之前從未到過的地方參觀，他們願意為我提供住所。妳絕不能認為我因此發生了改變，認為英國這邊的空氣會改變我一直以來笨拙的行為。但是，英國這邊的禮節很容易欺騙到作家，因為這已經欺騙了許多前來旅行的年輕人。當這些人回到家之後，他們還認為自己能夠做到這樣……今天是耶誕節，我昨天下午剛剛從一次長途旅行回來，我準備待在家裡度過耶誕節了。愛爾蘭與卡麥隆（Cameron）也將會過來與我一起吃晚餐。在週三，我又再次回到了伍斯特，接著前往約克郡參加一些聚會，我還是第一次聽說這些聚會。此時，英國議會正處於休假期，要到明年 2 月分才開會，因此整個倫敦城似乎都空蕩蕩的。不過，我覺得在 3 月分之前，我不應該回到這裡找尋任何住所。在這裡，我時常受到一些讓我脫離本職工作的誘惑，因此我總是希望能夠用最為簡單

的方法離開倫敦，讓內心處於一種平和狀態……在萊斯特，我剛好見到了加德納（Gardiner）先生，他是《自然的音樂》一書的作者。在切斯特菲爾德，我與史蒂芬生（Stephenson）一起共進午餐，史蒂芬生是一位享譽世界的工程師，發明了世界上第一部火車引擎。無論從哪個方面來看，他都是我在英國見到的最傑出人物。我不知道是否應該接受他之前多次邀請我「前往他家做客，待上幾天，然後到查茨沃斯莊園去看看」的提議，我最後還是同意了……妳在來信裡談到關於孩子們的消息真是太好了。我們那個既勇敢又充滿仁愛之心的亨利（Henry）簡直就是我這個做父親的驕傲。當我想到他現在每天與妳在一起的時候，我的內心就感到無比欣慰……妳問我要這邊的報紙，但妳肯定不想看到關於我發表演說的報導，因為這裡的報紙幾乎都在對這件事進行過度渲染。他們沒有對牧師進行任何攻擊，我的一些朋友也勇敢的站出來，為我的演說進行辯護：報紙上的確有這方面的報導，但我從來不去閱讀這些新聞。如果我真的在報紙上發現了不錯的報導，我會寄給妳看的。但是，我首先要透過自身的演說去建立名聲。唉，我在這方面可能做得還不夠啊！伊莉莎白向我寄了一些不錯的來信，我不敢說自己寫給她的信件能趕在這班貨輪出發前送出去。告訴艾倫，我可能不會去拜會丁尼生（Tennyson）了，雖然約翰·卡萊爾（John Carlyle）博士昨天為我帶來書信，說他剛好在哥哥湯瑪斯·卡萊爾的家裡見到了丁尼生。但是，丁尼生已經出發前往羅馬了，我不認為自己應該追隨他的腳步前往羅馬。丁尼生沒有三個小孩，而我還想要讓我妻子跟我講三個孩子的有趣事情呢……伊莉莎白說，瑪麗姑姑打算回到康科特居住。無論怎樣，妳都要想辦法讓她回到我家來住，盡可能讓她忘記她那些荒唐的決心以及嫉妒之情……雖然這裡已經進入十一月了，但還沒有任何冬天的跡象。我的身體狀況很好，精神狀態與我在家的時候沒有什麼區別。不過，只要是凡人，肯定都有很多不如意的事，我必須要順從我的命運。

給伊莉莎白‧霍爾的一封信

西元 1847 年 12 月 28 日，曼徹斯特

親愛的伊莉莎白：

　　妳始終表現得那麼溫和，不會激怒任何人……妳始終給予我無限期的信任，實在是太慷慨了！妳要知道，我非常感謝妳表現出來的寬宏大量，雖然刻意表現出這樣的情感是非常沉重的。最終，我們都會以之前從未有過的方式去看待與評價自己，我們都會成為真正的兄妹……當我看到身邊那些身強體壯的鄰居，就會對自己說，要是我出生在英國，那麼我孱弱的體質應該也不會好到多少！……我在這裡認識了許多善良、傑出與有權勢的人，但沒有熱愛上任何男人或是女人。不過，我與一些來自英國不同地區的年輕人進行通信，妳也知道我其實並不擅長這樣做。我保留著他們的來信，有機會的話我會拿給妳看。在愛丁堡，我受到了薩繆爾‧布朗[014]博士的熱情邀請，我覺得妳對他應該也有所耳聞。布朗博士在紐卡索見到了瑪格麗特‧富勒女士。而克勞謝（Crawshay）先生在閱讀了我的文章之後，拒絕參加在劍橋大學進行的考試！這些都是克勞謝寫信跟我說的事情。看來，雖然這個世界在不斷的轉動，但人的智慧還是像以往一樣啊！因為每天都要處理很多繁瑣的事情，因此我沒有寫信給卡萊爾了，也沒有收到他的任何來信。妳可以在《弗雷澤雜誌》[015]裡讀到他的信件嗎？當我在他家做客的時候，卡萊爾跟我講了相同的故事，但是閱讀他寫的文章卻是另一番不可思議的感受，每個人都能感受到那種神祕感 —— 一些人認為卡萊爾正在嘗試那樣創作。但卡萊爾在內心卻對克倫威爾有一種悲憫的情懷。當我對他說，不能期望我這樣年齡的人像他那樣去看待克倫威爾的時候，他用安靜的口吻對我進行了反駁……如果我找不到時間繼續寫信給妳，難道我還能稱得上是妳的哥哥嗎？

拉爾夫‧沃爾多‧愛默生

014　薩繆爾‧布朗（Samuel Brown，西元 1799 ～ 1849 年），英國工程師、發明家。內燃機的最早發明者。
015　西元 1847 年 12 月，出版了《奧立佛‧克倫威爾未發表的三十五封信件》，湯瑪斯‧卡萊爾著。

西元 1848 年 1 月 8 日，曼徹斯特

親愛的利迪安：

　　我有足夠的機會繼續發表那些過時落伍的演說。當我面對一群全新的聽眾時，要是我繼續發表那些刊登在許多報紙上的演說內容，這就是一種粗野的行為。讓我講一些英國媒體從沒有發表過的內容吧。但是，一些負責人卻始終對此表示反對。「我們已經聽你說過這些了，並且為此做了廣告，因此不能換成其他的內容。」他們的做法有點像中國與日本。但是，吟遊詩人與敘事詩人這一職業的神祕性質，在我身上的確是遭受了一些損害。我擔心，如果我繼續這樣做，倫敦那些體面人士都不願意與我進行交流，更別說我的創作會因為這種按部就班陷入停頓所帶來的嚴重後果了。因此，無論付出多大的代價，我必須要結束這樣的局面。我收到了喬治·布拉德福德寄來的一封信件，但我從未收到帕克或是《麻薩諸塞州季刊》那邊任何人的來信。他們的期刊代表著一種正直的精神，有一種阿加西（Agassiz）式的味道。要是沒有比其他雜誌更高趣味的定位，那麼這本期刊很快會淪落到與《北美評論》一樣的地位。再過一、兩天，我應該就能再次收到妳的來信，收到來自托兒所或是學校那邊的來信，我始終滿心歡喜的等待著這樣的來信……我希望妳 —— 妳務必要 —— 在這個冬天將客廳的壁爐點燃，並在之後的每個冬天都這樣做，因為我們去年就沒有做。我可能會讓一位來自里茲的商人斯坦斯菲爾德（Stansfield）向妳捎去我的這封信，此人是哈利法克斯地區斯坦斯菲爾德的侄子，他在這裡非常熱情的招待了我。要是我在冬天回到新英格蘭地區的家裡，壁爐卻沒有生火的話，這會讓我冷得渾身發抖的，因為這些英國人的生活習慣根本不適應美國那邊的氣候。也許，我要對斯坦斯菲爾德先生說，如果他想去鄉村地區看看，妳要大方的為他提供晚上睡覺的地方。如果他過來 —— 或是任何英國人 —— 前來拜訪，都要在他們上床睡覺之前，為他們提供麵包與酒水，因為這些英國人通常都是在晚上九點或是十點鐘才吃晚飯的。因此，

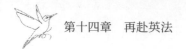

要是他們到了康科特，肯定會在入睡的時候覺得非常飢餓。他們在這邊非常周到的照顧了我，我們也應該有所回報。先說到這裡吧，再見！

拉爾夫・沃爾多・愛默生

西元 1848 年 1 月 26 日，曼徹斯特

親愛的利迪安：

　　從上次寫信給妳到現在，我已經去了約克與弗蘭伯勒角等地。關於這些地方的風景以及所見到的人，我沒有特別要說的。這裡的人都像天空的星星，似乎始終與你保持著一定的距離。在我的生活圈裡，沒有任何天使的降臨 —— 但我始終等待著天使的到來。不過，我要告訴妳的是，我準備回曼徹斯特過幾天平靜的日子，因為我上幾個星期在約克郡的生活真是太疲憊了。我厭倦了發表演說，已經寫信給各個邀請方，表示我不再發表演說了，但收效甚微。一些機構的負責人可能誤解了我的意思，紛紛表示要繼續邀請我，說我之前沒有反對發表演說，並說我忘記了之前做出過的承諾之類的話。最後，我只得同意在這平靜的兩週之後，繼續這樣疲憊的工作。我會在 2 月 7 日來到愛丁堡，在 25 日結束我在英國北部的旅程。接著，我會返回倫敦，度過 3 月與 4 月，（如果我不去巴黎的話）還會在這裡待到 5 月分。在這段時間，我創作了一篇關於貴族的演說稿子，準備在愛丁堡發表。在謝菲爾德的某個晚上，我只能盡力從一些老舊的報紙或是阿加西教授的報告中收集一些有用的科學素材。昨晚，我聆聽了卡麥隆發表的一篇演說，演說的主題是關於詩歌與文學的。在演說過程中，他沒有使用任何筆記或是提詞的輔助工具，非常流暢的談論著關於讀者與閱讀的事情。他的演說給人一種輕鬆愉悅的感覺，但缺乏足夠的思想深度 —— 不過，他這樣的演說沒必要追求深度 —— 為什麼要為難自己去找尋這樣一種能力呢？「做好自己就行了。」發揮自己的全部能力，追求自己熱愛的事業，這就是英國人展現自身天才的方式。我認為，他們沒有以

美國人那種特殊的敏感度去做某些工作，但這裡的每個人都具有人的氣度。無論是在他或是其他人看來，這都是非常昂貴且值得尊重的創作。明天晚上，我要出席一個所謂的「自由貿易晚宴」，科布登（Cobden）、布萊特（Bright）、福克斯與一些主張自由貿易的商人屆時都會發表演說……願妳在家裡一切安好，家裡的孩子們都一切平安。請將我的愛意與親吻傳遞給孩子們。我很高興看到孩子們在波士頓與羅克斯伯里的旅程中感到了開心快樂，但我還是希望他們在冬天的時候乖乖的待在家裡。妳談論了艾倫的信件，我一定也會寫一封信給艾迪的，前提是艾迪願意等待的話，或是他已經學會閱讀自己的名字，那麼他肯定會有我寄給他的一封信，或是我寄給他的一張照片。祝願你們一切安好！

永遠愛妳的
拉爾夫·沃爾多·愛默生

西元 1848 年 2 月 10 日，蓝茨黑德煉鐵廠

我寫了一篇主題為「天然的貴族」的演說稿，明天準備在愛丁堡發表。在這篇演說裡，除了一些與古老制度相悖的新思想之外，還加入了一些過去的思想。在離開曼徹斯特的前一天，我的一些朋友聚集在霍奇森（Hodgson）博士家裡與我所在的地方：其中，紐伯格（Neuberg）與薩頓（Sutton）來自諾丁漢，吉爾（Gill）來自伯明罕，一人來自哈特斯菲爾德，還有來自曼徹斯特的愛爾蘭、卡麥隆、埃斯皮納斯（Espinasse）與巴蘭坦（Ballantyne）等人。在週末，我邀請他們過來吃晚餐。這些都是具有才華的人，每個人都有屬於自己的天賦與能力。我再次來到了哈利法克斯地區斯坦斯菲爾德家裡。就在昨天，我來到了巴納德城堡，發現自己彷彿置身於司各特所說的倫敦地區……我在紐卡索發現了一位最有成就的人，他就是克勞謝先生。現在，我就坐在他的煉鐵廠的帳房裡，與他談論著關於藝術方面的話題……在這裡，我經常是以著名作家的身分受到熱情招待的。

如果亨利（梭羅）想要在某一天過來英國旅行的話，記得讓他快點出版自己的書。或者如果他沒有錢，也要想辦法去印刷出來。

西元 1848 年 2 月 21 日，伯斯

親愛的利迪安：

　　妳跟我說的關於孩子們的有趣事情，以及他們寄給我的一些圖畫與信件都收到了。這為我帶來了極大的樂趣。我真的很想跟你們詳細的介紹這裡的情況，但因為時間所限，我無法一一為你們說清楚。不過，我肯定會在接下來的旅程中詳細跟你們慢慢說的。我從紐卡索去到了愛丁堡（遭遇了一些阻滯之後，耽誤了一些時間，最後到達演講廳的時候遲到了 15 分鐘）。在場的人都非常友善。我後來發現，他們都是非常優秀的男女。在演說結束之後，我與薩繆爾‧布朗博士回到了他的家。我在愛丁堡這段時間裡，他都非常熱情的招待我。在這裡，我認識了畫家大衛‧斯科特 016，他是那種面對畫架，手拿著畫筆的畫家，他是一個真誠傑出的人。有時，他的表情相當嚴肅、安靜，有時則是陷入了沉思狀態……第二天，我受人引薦認識了威爾遜 017（即克里斯多夫‧諾斯〔Christopher North〕）、傑佛瑞（Jeffrey）夫人以及克勞（Crowe）夫人，克勞夫人是一位非常優秀的人……我欣賞了這座城市美麗的風光。在晚上，我與羅伯特‧錢伯斯 018 會面（他是《創造的遺跡》一書的作者），接著又在愛爾蘭先生的邀請下，一起共進晚餐。第二天中午 12 點時，我見到了傑弗利勛爵（Lord Jeffrey）……在下午五點半的時候，我與克勞夫人、德‧昆西 019、大衛‧斯科特與布朗博士會面。德‧昆西是一位年近七旬的瘦小老人，有著一副英俊的面容，臉上散發出最高雅的氣質。他是一位柔和的老人，說話時相當溫和與沉穩，

016　大衛‧斯科特（David Scott，西元 1806 ～ 1849 年），蘇格蘭畫家。以歷史題材作品而聞名。

017　威爾遜（John Wilson，西元 1785 ～ 1854 年），蘇格蘭作家、哲學家、文藝評論家。

018　羅伯特‧錢伯斯（Robert Chambers，西元 1802 ～ 1871 年），蘇格蘭作家、出版家、地理學家、思想家、編輯。

019　德‧昆西（Thomas De Quincey，西元 1785 ～ 1859 年），英國散文家、文學批評家。代表作：《一個英國鴉片服用者的自白》、《論康德》、《貞女》、《來自深處的嘆息》、《英國郵車》等。

說話的方式與語氣都非常優雅。他根本不在乎自己過著樸素的生活或是穿著樸素的衣服。在週六晚上，克勞夫人召集我們一起共進晚餐，他就在泥濘路上走了 10 英里路，從拉斯瓦德過來。因為他就住在這個村莊，而當時的道路還沒有乾燥。克勞夫人充分展現了好客之情，但她家裡卻沒有男式馬褲。在一群朋友中，我發現德．昆西始終保持著安靜愉悅的神色。多年來，他遭受了許多痛苦，過著淒苦的生活。但是，薩繆爾．布朗與克勞女士以及一、兩個朋友都會給予他一些協助，為他在地方長官那裡求情。德．昆西不願意回想這些痛苦的回憶，也不願意回想起之前抽鴉片成癮的生活狀態。現在，他已經戒掉了抽鴉片，有著良好的心智狀態……他非常從容的談論著許多事情，主要還是關於社交與文學方面的，並沒有談論任何關於音樂方面的事情。在我的要求下，他們第一次同意邀請他前來共進晚餐，我想像會有類似約克人教堂管風琴一樣的人物出現。在聊天的時候，有人跟我說，他喜歡獨自一人生活，並不經常與人來往。他邀請我在下個週六前往拉斯瓦德村莊共進晚餐，他與 3 個女兒住在那裡。對此，我欣然應允。第二天，我與大衛．斯科特共進早餐，大衛堅持要求我坐下來，要幫我畫一幅肖像。我也只能一動不動的坐了一、兩個小時……大衛是一位具有堅忍精神的人，雖然他有時會說一些寓意深刻的話，但還是會保持自己的獨立性，因此他受到了上層人士的尊敬。關於他，我還有很多要說的話。在下午 1 點的時候，我出發前往格拉斯哥，在那裡面對兩、三千名聽眾發表了演說，是地形有點凹陷的市政廳……第二天，我在愛丁堡與羅伯特．錢伯斯共進晚餐，還認識了他的哥哥威廉（William）……這天，我來到這裡的大學去拜會威爾遜教授，聆聽他向學生發表關於道德哲學方面的演說。班克羅夫特博士與我來到了他的私人休息室，然後與他進行了長時間的交流。威爾遜教授是一個身材魁梧的人，面容與某人一樣粗獷。他留著長髮，蓄著鬍子，穿著寬鬆的衣服，有點駝背。說實在的，他的演說沒有什麼深刻的思想，只是將許多思想串聯起來而已。可以說，這是一篇非常沉悶的演說，沒有任何實質性的內容，但他在演說中展現出了

充沛的身體能量，講到激動處甚至會滿嘴唾液。他一邊說，學生們一邊作筆記。最後，我等得有點不耐煩了，希望這場演說快點結束。我沒有看到克里斯多夫‧諾斯身上展現出的任何一個特點。之後，我們前去聆聽威廉‧哈密頓[020]發表關於邏輯方面的演說。哈密頓是這所大學的著名教授，也是一名科學家，在每個方面都值得人們的尊敬……這天晚上，在史多達爾（Stoddart）的家裡，我看到了喬治‧康比[021]。他過來拜訪我，並邀請我第二天與他共進早餐……第二天早上，我與康比一起共進早餐。康比夫人是西登斯（Siddons）的女兒，她們母女倆很相像。康比非常健談，他對美國的評價非常中肯。不過，我感覺他在說話的時候，都缺乏蘇格蘭人那種真正意義上的靈活性。他的說話方式顯然是經過計算的，顯得非常精確，卻沒有透露出任何關於未來的想法。之後，我出發前往格拉斯哥，並在尼克爾（Nichol）博士的觀測臺度過了一個晚上。這個觀測臺的裝備非常齊全。不過，這天晚上比較多雲，因此沒有看到月亮與星星。第二天早上，我來到了薩特市場。啊！這裡有很多女人（主要是賣魚婦女與其他人）以及赤腳露腿的孩子，此時還是天氣非常寒冷的 2 月 18 日，孩子們就光著腳在大街上走來走去……在愛丁堡，我再次與尼克爾教授一起吃飯。晚上，我受邀與克勞夫人一起去拜訪傑弗利爵士……傑弗利爵士始終是那麼健談，喜歡爭辯，身上散發出法國人的氣息。傑弗利爵士說的每一句話，都會夾雜著一些法國語句，用自己特有的口音來說，而這樣的口音既不像英國口音，也不像是蘇格蘭口音。有些人可能會說，他這樣的說話方式顯得相當小氣，或是帶有明顯矯揉造作的虛偽。我喜歡看到他同年齡的朋友 —— 諸如威爾遜、哈勒姆或是麥考利等人 —— 與他鬥嘴的時候。但不管怎麼說，他都是一個卓有成就的人，有自己獨特的行為方式……第二天，我與德‧昆西以及他幾個有趣的女兒一起共進晚餐。我們進行了深入的交談，談論了許多事情。在此，我無法一一詳細的跟妳描述。我們與主

020　威廉‧哈密頓（Sir William Hamilton, 9th Baronet，西元 1788 ～ 1856 年），蘇格蘭哲學家。
021　喬治‧康比（George Combe，西元 1788 ～ 1858 年），蘇格蘭律師、顱相學運動的先驅。

人一起回到了愛丁堡，到了克勞夫人的家裡，然後一起聆聽我的演說。想像一下德·昆西前來聆聽我的演說！在這裡，有人引薦我認識海倫娜·福西特女士[022]，她是一位美麗的女演員，接著我認識了威廉·艾倫（William Allan）爵士，他是一位畫家，也是華特·司各特（Walter Scott）的朋友。我還認識了辛普森（Simpson）教授，他是一名著名的醫生。我還認識了其他人。第二天，我與司各特在一起交談，在此與克勞女士共進晚餐，德·昆西與海倫娜·福西特過來喝茶。我們可以輕鬆看《安蒂岡妮》。在愛丁堡停留期間，讓我感到遺憾的一件事，就是沒有與羅伯特·錢伯斯好好的進行交流。羅伯特·錢伯斯是當地的一名古文物研究者，比其他人都更加了解「古代城鎮」的歷史。他騰出了一個小時，特地為我講解這座城鎮的一些歷史遺跡和地下室。但是，因為我有演說任務在身，需要回去進行寫作，只能抱歉的對他說自己沒有時間了……真正讓我感到遺憾的是，我無法對這裡的帕拉塞爾蘇斯（Paracelsus）進行詳細的編年史紀錄。薩繆爾·布朗是最讓我感興趣的人之一，每個人都對他充滿了期望[023]……週六，我離開了蘇格蘭。我想，我會在安布賽德停留一天。如果可能的話，我會與哈里特·馬提紐在前往曼徹斯特的路上，一道拜訪華茲渥斯。之後，我會再次收拾行李，從曼徹斯特出發，前往倫敦……請原諒我沒有回信給許多關心我的人，這一切只是因為我沒有時間！唉！請原諒我沒有回信給家裡的孩子們……告訴他們，爸爸永遠將他們記在心裡，每時每刻都盼望著能夠見到他們，並希望現在就立刻離開英國或是法國，回到家裡好好的擁抱他們……記得將我的愛意傳遞給所有愛我的人。也希望妳始終能包容待我。

永遠愛妳的
拉爾夫·沃爾多·愛默生

022　海倫娜·福西特女士（Helena Faucit，西元 1817 ～ 1898 年），英國著名女演員。
023　布朗博士希望將多種不同的化學元素（也許是所有的物質）都變成一種物質。這樣一種實驗始終讓愛默生感到驚奇。

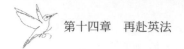

在前往倫敦的路上，他在一封寫給富勒女士的信中這樣說：

我與哈里特·馬提紐一起度過了兩天，並與華茲渥斯聊了一個半小時。華茲渥斯總是在談論法國那邊的新聞。他看上去是一位言語鋒利的英國老人。他對蘇格蘭人似乎懷有一種鄙視的態度；關於吉朋（Gibbon），他認為吉朋根本就不知道如何用英文去進行創作；關於卡萊爾，他認為卡萊爾是英國文學的害蟲；他認為丁尼生是一位充滿才華的詩歌天才，雖然丁尼生帶有某種程度的矯揉造作；華茲渥斯認為托馬斯·泰勒代表著英國這個國家的國民品格。我們還談論了詩歌與其他的話題。雖然華茲渥斯不斷談論著一些事情，我認為我可以輕易的為報紙創作任何關於他的席間談話。這不會為我帶來任何的不便，每個人都會認為我寫的內容正是出自於他。不過，華茲渥斯是一個友善健康的老人，有著一張飽經風霜的臉。我認為，當我們說英國人的教養如此之高，反而顯得華茲渥斯的教養不是那麼突出的時候，這絕對是讚美之詞……在今天聽了這麼多人與電報所討論的法國新聞之後，我會在明天前往倫敦。

返回倫敦之後，愛默生收到了許多要他在這裡發表演說的邀請，但邀請方指定的演說主題顯然不能讓他感到滿意。在他的內心深處，他不願意接受這些邀請，雖然他收到家裡那邊的來信，得知家裡的經濟狀況吃緊。因此如果他有機會的話，還是要想辦法多賺點錢。在他回到倫敦的六週裡，他依然對是否發表演說一事沒有下定決心。與此同時，他非常善於利用自己在社交活動中所獲得的機會。在回到倫敦之後的一、兩天，他向妻子寫了一封信：

西元 1848 年 3 月 8 日，倫敦，河岸街 142 號

親愛的利迪安：

妳還在問我為什麼沒有及時回信給妳。這麼多年來，看來我寫給妳的回信似乎都沒有及時送到。我擔心妳所指責我的並不只這些 —— 我寫給

每個兄弟姐妹的信件都沒有送到。我只能說，我每天都為追求同一個目標而感到悲哀。我無法寫出這封信，我沒有充沛的活力與體能，可以同時去照顧「六翼天使」或是「小天使」這兩件事——哦，我真的做不到啊！還是讓我不要使用這麼感傷的詞語吧。我應該說，自己目前的狀態就像一個光度計無法變成一個火爐。好吧。過不了多久，我就要回家了，拿出自己的最好表現。只是，我依然明白，孤獨的情感沒有離我遠去。我的個人追求與目標就像那些皇家天文學家——他們的職責就是要準確的記錄天體的運行，記錄著宇宙在天空上的痕跡——但是，在我們這一輩子裡，這樣的努力似乎顯得無足輕重。

我與卡萊爾吃過一次晚餐，再次感受到了班克羅夫特對我表現出來的善意。班克羅夫特先生為我提供了接觸國會議員的機會。班克羅夫特夫人則向我送來了一張卡片，邀請我參加摩根（Morgan）女士舉辦的社交晚會。班克羅夫特女士向我保證，我能在這次社交晚會上遇到很多著名人士。當然，班克羅夫特對法國那邊發生的事情表現出了極大的熱情。卡萊爾在這方面也是如此，並在人生中第一次閱讀了《泰晤士報》……我同樣每天都在閱讀《泰晤士報》上的內容。一天晚上，我前往上議院，聆聽了整個開會的過程，還看到了威靈頓。我還去了下議院、英國博物館，看到了一個長久以來讓我充滿興趣的東西……昨天晚上，在卡萊爾的建議下，我參加了憲章運動者舉辦的會議，他們聚集在一起收到了委任代表的報告，對法國共和國的形勢表示祝賀。當時參加的人很多，每個人都顯得非常熱情。正如我們在廢奴會議上會歌唱一樣，他們也在歌唱《馬賽曲》。在這些日子裡，整個倫敦城遭到一群暴徒的侵擾，這讓當地的許多商店老闆都感到非常不安，因為這些暴徒打破窗戶，進去商店偷竊。不過，倫敦有太多這樣的玻璃門了，暴徒永遠都砸不完。……不過，雖然整個英國都有很多飢餓的工人，但和平的環境不會因為他們而受到影響。在接下來的幾個月裡，他們會屈服於科布登與布萊特所煽動的中產階級。當這些勢力的要求得到滿足之後，關於普選權與共和國的討論就會出現。但是，我說

的這些可能都不是妳想要聽的。我在倫敦看到最讓我感到驚奇的，就是這座城市被視為中心，有很多擁有權勢與財富的人，他們每天都在為這部龐大機器的正常運轉而奔走。他們每天都過著緊張而安靜的生活，每個人都在想辦法做好自己的事情。我可以向妳保證，這些情景是非常有趣的。有時，我會認為自己應該在這裡待一段時間，好好的研究倫敦這座城市。這座城市裡的許多階層就像很多處於不同發展階段的國家，但身在不同階層的人們卻能在這座城市裡共處……

　　3月23日，我已經認識了許多人，其中很多都是優秀之人，其中就包括班克羅夫特夫婦、卡萊爾與米爾恩斯（Milnes）都非常友善的向別人介紹我。在班克羅夫特家裡，我與麥考利、本生（Bunsen）、莫珀斯爵士、米爾曼（Milman）、米爾恩斯以及其他人共進晚餐。卡萊爾、萊爾（Lyell）夫婦、巴特勒女士以及其他人也在晚上過來。在米爾曼家裡，我與麥考利[024]、哈勒姆[025]、莫珀斯爵士[026]以及著名的查爾斯·奧斯丁[027]一起共進早餐……在普克特[028]（巴里·康沃爾〔Barry Cornwall〕）家裡，我與福斯特[029]、金萊克[030]以及其他人共進晚餐……卡萊爾引薦我認識哈里特·巴林女士[031]，巴林女士一位非常傑出的女性。第二天，我認識了阿什伯頓（Ashburton）女士以及她的母親。之後，我與她們共進晚餐……我經常見到詹姆森（Jameson）女士。除此之外，我還認識了科學界的一些重要人物。在當時的英國，歐文（Owen）在科學界的地位就相當於阿加西在美國的地位。歐文給了一張卡片，邀請我前往醫科大學聆聽他的演說，並帶領

024　麥考利（Thomas Babington Macaulay，西元 1800 ～ 1859 年），英國詩人，歷史學家，輝格黨政治家，曾擔任陸軍大臣（西元 1839 ～ 1841 年）和財政部主計長（西元 1846 ～ 1848 年）。

025　哈勒姆（Henry Hallam，西元 1777 ～ 1859 年），英國歷史學家。

026　莫珀斯爵士（Lord Morpeth，西元 1802 ～ 1864 年），英國政治家、演說家、作家。

027　查爾斯·奧斯丁（Charles Austen，西元 1779 ～ 1852 年），英國海軍將領，著名小說家珍·奧斯丁（Jane Austen）的弟弟。

028　普克特（Bryan Procter，西元 1787 ～ 1874 年），英國詩人。

029　福斯特（John Forster，西元 1812 ～ 1876 年），英國傳記作家、文藝評論家，查爾斯·狄更斯（Charles Dickens）的摯友。

030　金萊克（Alexander William Kinglake，西元 1809 ～ 1891 年），英國旅行作家、歷史學家。

031　哈里特·巴林女士（Lady Harriet Baring，西元 1805 ～ 1857 年），英國社交名媛。

我參觀了亨特博物館。他的演說讓我獲益匪淺。因為，他與阿加西一樣，在生理學方面也同樣是一位理想主義者。哈里特·馬提紐引薦我認識了赫頓（Hutton）先生，赫頓先生帶著我前去地理協會。在這裡，我聆聽了來到英國之後最好的一場辯論，即使是英國國會辯論以及曼徹斯特宴會上的交流都無法與之相比。布克蘭（Buckland）（《布里奇沃特條約》）是一個具有偉大智慧與科學精神的人。卡朋特（Carpenter）、福布斯（Forbes）、萊爾與道班尼（Daubeny）都是當時的發言人。之後，別人引薦我認識北安普敦侯爵（Marquis of Northampton）。這位侯爵邀請我參加他舉辦的社交晚會。這些人都是他們所研究的科學領域的創新者，都有著淵博的科學知識。因此，新聞報導上一些沉悶的科學術語，在他們口中則變成了流暢與美妙的語言。我在上面所提到的這些朋友都想辦法以最好的方式向我講解一些科學知識，讓我能夠在倫敦短暫的停留期間，選舉我加入文學協會，這是我感到驕傲的一項殊榮……米爾恩斯與其他好朋友也都屬於這個協會。可以說，米爾恩斯是整個英國性情最溫和的人，他似乎就是糖果做成的，說的話總是讓人感到那麼舒適。他似乎是無處不在，也無所不曉。某天，他一時激動，談到了關於蘭德的事情，說蘭德將他的廚師扔出了窗外，接著大聲的說：「我的上帝啊，我從未想過這個世界上還有這麼可憐的羞澀之人！」在他最後看到蘭德的時候，他發現蘭德正在詳細講述大家在一起吃飯時應該要注意的禮節，而蘭德認為這是非常粗魯的。蘭德都是一個人吃東西的，吃飯時窗戶半關著，因為他認為光線會影響他的味覺。最近，他聽說克里米亞汗國的一些部落也實行單獨吃東西的行為，他馬上稱讚這些部落要比英國更加文明……麥考利可以說一個應酬最多的人。我之前從未見過一個如此精力充沛的人。麥考利似乎擁有十個人的能量，有著強大的記憶力，為人風趣，充滿熱情、學識淵博，有著政治的政治洞察力，為人驕傲，在說話的時候口若懸河。妳要是認識他，可能也會認為他是最為典型的英國人……

　　3 月 24 日，昨天，或者是昨晚，我與巴林（Baring）先生在八點鐘的

時候共進晚餐。當時在場的人還有阿什伯頓爵士與夫人、奧克蘭（Auck-land）爵士、卡萊爾、米爾恩斯、薩克萊（Thackeray）、卡斯爾雷（Castlereagh）爵士與夫人、牛津地區大主教（威伯福斯〔Wilberforce〕）。晚上，查爾斯·布勒（Charles Buller）也過來了，大家都向我介紹他：「在他嘗試成為一名商人之前，他是英國最聰明的人。」……大家都在討論著法國政局的問題，在這次晚餐也不例外。除了這些人本身對政治事件的興趣，以及他們認識的一些好朋友都是法國的著名人士，他們顯然對於他們在倫敦這裡的好日子是否已經到頭了感到焦慮……卡萊爾以那些掠奪者的口吻大聲的說：「耶路撒冷實在太悲傷了！」不過，卡萊爾還是得到了這些人的包容，其中很多人都是他的好朋友。他所提到的犯法行為就包括殺戮，但他也不清楚自己到底應該怎麼做。一些貴族會說：「將他放到下議院去，那麼你就再也聽不到他了。」這是一種非常有效的策略，能讓所有的爭端或是議論都平息下來。在那裡，他只能被允許發表一次演說，只有一次而已。如果他想要提出什麼措施，都需要遭受審議的。如果他沒有什麼要說的，就只能乖乖的坐在那裡。有一件事是可以肯定的：如果英國目前的和平狀況被打破的話，那麼這裡的貴族階層——或者我應該說，這裡的富人階層——都是非常堅毅的，他們與那些窮人一樣願意投身到戰鬥當中，他們不可能因此而逃跑……妳肯定想知道我接下來的計畫，唉，但我其實沒有什麼計畫。只要我在這裡還能夠獲得一些機會，那麼我還是願意去抓住這些機會，並留在這裡。就目前來說，我沒有前往法國的管道，所有熱愛和平的人都不願意去那裡。因此，我可能不會去那裡。但是，如果我還留在這裡的話，那麼我就要花光所有的錢了。在倫敦這段時間裡，我還沒有想到其他辦法去賺錢。我該怎麼做呢？我必須要儘快做出一些決定。我已經拒絕了別人邀請我發表演說的機會，妳也不希望我在一些早早關門的機構裡發表演說吧？某天晚上，我將麥克雷迪當成了李爾（Lear），將巴特勒女士當成了科迪莉亞（Cordelia）。班克羅夫特女士是一位快樂的女性，深受大家的喜愛。她認識每個圈子裡那些最優秀的人，她

身上所具有的美德與優雅氣質，讓她更適合待在倫敦而不是波士頓。她顯然愛著自己過去的朋友，但她以這裡為家的想法是顯而易見的。她的朋友莫瑞（Murray）小姐與詹姆森女士都準備將我引薦給拜倫（Byron）女士，她過著隱居的生活！不過，毋庸置疑的是，我仍記得自己在家裡附近的森林所感受到的那種巴比倫夢想具有的特點與色彩。

4月2日，昨天晚上，我前去參加北安普敦侯爵的社交晚會。在這次社交晚會上，我見到了倫敦這座城市幾乎所有的學者。在這裡，我看到了艾伯特親王（Prince Albert），布克蘭為他講述了一些透過顯微鏡所看到的現象。艾伯特親王是一個容貌英俊且非常有禮貌的人，我在餐桌對面觀察了他幾分鐘，將他看成一位具有歷史象徵意義的人物。我還見到了曼特爾（Mantell）、薩賓（Sabine）上校、著名植物學家布朗（Brown）、兌拉布·羅賓遜（Crabb Robinson）（他認識所有文學界的名人，包括蘭姆〔Lamb〕、騷塞、華茲渥斯、德·斯塔爾夫人與歌德）、查爾斯·費洛斯（Charles Fellows）爵士，他講解了關於呂基亞地區大理石等情況，在場還有其他很多名人。接著，我接到米爾恩斯發來的邀請，來到帕默斯頓（Palmerston）女士的家裡，看到了豐富的藏書。如此豐富的藏書應該只有在倫敦這樣的地方，並且像帕默斯頓爵士這樣的人物才能擁有。也許，只有王孫貴族或是非常富有的外國人才能擁有。之後，別人引薦我認識了本生、「傳說中」的羅斯柴爾德（Rothschild）與迪斯雷利（Disraeli）。其中，我與迪斯雷利進行了一番交流。我還見到了麥考利與考珀（Cowper），考珀是一位非常得體的紳士，是帕默斯頓女士的兒子，我與他進行了一番交流。在場還有很多著名的夫人，其中一些夫人非常美麗……帕默斯頓爵士是一位坦率可親的人，給人一種力量感，笑臉待人，在說話的時候聲音洪亮。不過，我應該告訴妳，在這天早上，當我見到這些人的時候，我其實已經從牛津回來了，我之前在那裡過了幾天快樂的生活。我收到了克拉夫（Clough）的邀請，他是奧里爾（Oriel）的朋友。上週，植物學教授道班尼引薦我認識了一些朋友。在週四的時候，我也認識了一些朋友。我所住的地方與奧里

爾很近，每天都受到這些大學教授的熱情招待。第二天早上，我與帕爾格雷夫（Palgrave）、弗勞德（Froude）以及其他人在埃克塞特學院共進午餐，而在之後一天早上則與克拉夫與道班尼一起在奧里爾家裡共進早餐。他們都非常友善的對待我……不過，更重要的是，他們都非常真誠的對待我，其中很多人是認真、忠誠且重視感情的人，其中一些人是非常具有天賦的，其中一些人則願意為了內心的良知去做出犧牲。弗勞德是一位高尚的年輕人，他的言行時常讓我的內心感到溫暖。我很快應該就能見到他。說實話，我已經喜歡上了牛津大學這裡的師生了。上個週日，我與摩根夫人與詹姆森女士在班克羅夫特家裡共進晚餐，之後接受摩根夫人的邀請在第二天晚上前去她家一起喝茶。在她的家裡，我發現除了她之外（她有點類似於追求時尚或是倫敦版本的瑪麗姑姑，充滿了活力、智慧與優雅的社交能力，但她的道德天賦似乎被遺忘了），還有戈爾（Gore）夫人，她是一位追求時尚的人，還有漂亮的莫爾斯沃斯（Molesworth）女士、美麗且通情達理的路易莎·丁尼生（Louisa Tennyson）夫人、金萊克先生、科寧厄姆（Conyngham）先生（他是約翰·斯特林〔John Sterling〕的朋友）以及其他人。

　　在跟妳介紹了這麼多我所認識的時尚人士之後，請千萬不要認為我的鄉村氣息已經被抹去了。事實上，這根本沒有抹去我對田園生活的渴望。我始終都學不來這些人，我也不願意這樣做。但是，我不願意拒絕這樣的機會，因為他們對我來說都是相當重要的人。至少，透過這樣的接觸，我可以了解到「地球另一半」的人的生活方式，雖然我不會長久的與他們在一起生活。在這些人身上，我感覺到他們說話與行為方式是非常簡練的。不過，我認為妳同樣可以在波士頓的時尚圈子裡發現這些說話直接的人，但他們都缺乏深刻的思想。不過，我知道這些人都是相當膚淺的。我還沒有跟妳說，我在阿什伯頓爵士那裡吃晚餐的情況。當時，我坐在哈勒姆先生與北安普敦爵士之間，見到了洛克哈特（Lockhart）、布克蘭、克羅克（Croker）、戴維（Davy）女士、蒙蒂格（Monteagle）爵士等人。在另一天

裡，我前去阿什伯頓的家裡拜訪，他向我展示了他收藏的圖畫，這些都是最為珍貴與著名的畫作。哈勒姆是一位非常有禮貌且健談的人，他也會過來拜訪我。明天，我要與萊爾共進晚餐，後天我要與地理俱樂部的人一起吃飯，這是受到了查爾斯‧T‧傑克遜（Charles T. Jackson）的邀請。傑克遜是一位地理學家與從事科學研究的人 —— 亨利‧德拉‧貝切（Henry De la Beche）是這個俱樂部的負責人……我通常都是在書桌前度過自己的早晨時光，準備一些全新的演說稿子，替換之前那些過時的稿子。至於是否要前往法國，我現在還沒有做出決定：我想，一切還是謹慎為好。雖然我現在身上沒有什麼錢，也沒有賺取金錢的明確途徑。

西元 1848 年 4 月 20 日，倫敦

親愛的利迪安：

蒸汽船到了，每個人都拿到了別人寄給他們的信件，但我卻沒有，沒有收到妳與親愛的小艾倫寄來的信件。希望他一切安好！這可能是因為人用手所寫的信件要比輪船走的速度更快的原因所導致的吧……在上兩週裡，我一直都非常忙碌，但沒有什麼著名人物要去見的。我的很多時間都浪費在他們的政治鬥爭上了。我每天都閱讀報紙，了解這場變革。在 10 日的報紙上，我看到憲章派人士的訴求已經被送到了議會，每個人都在等待接下來的結果。還有，這裡每天幾乎都在下雨 —— 我只能徒步走過幾英里長的大街，或是乘坐公共汽車或出租馬車出門。妳也知道，每當我勉為其難的參加社交活動時，其實是相當心虛的。某天，我與萊爾夫婦共進晚餐，之後還與福布斯博士共進晚餐，他帶我前往皇家學院聆聽法拉第（Faraday）的演說。當時，法拉第被稱為整個倫敦最優秀的演說家。我對自己是否繼續發表演說表示懷疑。不過，查普曼（Chapman）似乎為此張羅得非常忙碌，還有一些人也認為我有非常好的機會。不過，我認為自己還沒有準備好，而且認為這簡直是看運氣的事情，因此我傾向於拒絕 —— 關於其中的理由，我只能在回到家之後跟妳說 —— 之後，我可能

要去巴黎待幾個星期,去上幾堂法語課,然後身無分文的回家,繼續為我的研究去努力賺錢。在這裡,我每天都在用書籍與鋼筆等古老的工具來工作,最後應該也能做出一點成績來。

我最近看到最壯美的地方就是大英博物館。我是與班克羅夫特在某天一起去欣賞的,當時查爾斯·費洛斯爵士 [032] 擔任我們的導遊。費洛斯爵士向我們講解了克桑托斯地區的大理石,對古希臘時代的遺跡進行了深入透澈的講解與敘述,很多內容都是我第一次聽到的……接著,我們去了國王圖書館,圖書管理員潘尼茲 [033] 擔任我們的講解員,他本人也是一名詩人,當時擔任的職務是助理館長。某天晚上,我聽到格里西(Grisi)在柯芬園的戲院歌唱 —— 格里西與阿波尼(Alboni)當時是歌劇舞臺上的競爭對手。我準備成為改革俱樂部的榮譽成員,我與菲爾德(Field)先生一起來到這座雄偉的建築,經過了這裡的廚房。我認為這裡廚藝是整個歐洲最好的,索耶爾(Soyer)曾向我展示過,他在深平底鍋與煲湯的文學方面享有盛譽。另一天,我來到英國國會參觀……很多英國人都為他們所花的錢所能帶來的快樂感到高興。最近,卡萊爾因為患上了咽喉痛,身體不適,都坐在椅子上沒有怎麼說話。卡萊爾是一位很難伺候的病人,不過,他的妻子與兄弟們讓他躺在床上或是待在家裡卻沒有任何問題。當我去拜訪他的時候,當然有機會與他聊些事情。在最近這段緊張的日子裡,他都顯得相當嚴肅,因為他認為英國正面臨著一些危險的狀況。

我得知查普曼急著要創辦一份在英國與新英格蘭地區都廣受歡迎的期刊,因為他早就有這樣的想法了。弗勞德、克拉夫、牛津大學的一些學生以及一些人都願意對此進行討論。讓《麻薩諸塞州期刊》退出歷史舞臺吧。這樣的話,我們就彷彿擁有兩條腿,迅速的跨越寬闊的大西洋了。但是,我與我那些在美國的朋友們,又怎麼會在乎他們去創辦一份期刊的事情呢?我所擔心的是,他們沒有足夠的精力投入到這方面的事情上……可以肯定的是,如果亨利·梭羅、奧爾柯特、錢寧、查爾斯·紐科姆(Charles

---

032　查爾斯·費洛斯爵士(Sir Charles Fellows,西元 1799 ~ 1860 年),英國考古學家、探險家。
033　潘尼茲(Anthony Panizzi,西元 1797 ~ 1879 年),英國詩人、圖書館員,曾任大英博物館圖書館館長。

Newcomb）等人不去幫忙的話，那麼《麻薩諸塞州期刊》肯定會失敗的。我很遺憾的發現，能夠取代奧爾柯特擔任編輯的那些人，比如邊沁或是耶利米（Jeremiah）等人都還沒有出生呢⋯⋯年輕的帕爾格雷夫在牛津的時候交給我一封信，讓我轉交給威廉·胡克（William Hooker）爵士，胡克爵士當時負責管理英國皇家植物館的工作。班克羅大特夫婦都想過去那裡參觀一番，並且與胡克爵士很熟了。於是，就在昨天，我就乘坐他們的馬車，與他們一道前去參觀皇家植物館。這一天可以說是一年中最美好的一天了，花園裡的花朵與植物正處於一年中最美好的季節，顯得非常美麗。我當時就心想，亞當應該可以在這裡找到他心愛的夏娃（Eve）。我在倫敦停留期間，沒有賺到一分錢。這裡的民眾對政治或是社會危險等問題感受到了一種普遍不安的情緒，因此他們不願意再花錢去聆聽什麼演說。那些可憐的書商在上個月幾乎一本書都賣不出去。我眼下沒有寫好演說稿了可以去發表演說。不過，所有這些問題必然會在短時間內得到解決的。我要麼在倫敦裡做些其他工作，要麼就前往利物浦或是布里斯托爾，或是完全放棄這樣的想法，只是想著在回國之後透過出版我的全新文集來賺錢。我最近創作的文章（除了每天不斷變厚的日記之外），就是《智慧的自然歷史》。這不是一個很能吸引人的書名吧？妳可能會說，書名起得越好，賣得就越差。昨天，我與地理俱樂部的成員一起用餐。晚上的時候，我參加了文學協會的聚會，有機會聽到塞奇威克（Sedgwick）、拉姆齊（Ramsay）、朱克斯（Jukes）、福布斯、布克蘭以及其他人的演說。今天，我聆聽了卡朋特博士在皇家學院裡發表的演說⋯⋯請將我的愛意傳遞給家裡的三個孩子，我不敢在此向我親愛的朋友們表達祝福，我生怕會遺漏某個朋友。每當我想要這樣做的時候，都會擔心自己做得不夠公平，因為我需要感謝的人實在太多了。我現在是一個既快樂，又不是很快樂的人。祝願你們在家裡一切安好！

永遠愛妳的
拉爾夫·沃爾多·愛默生

西元 1848 年 5 月 4 日，週六

　　我就要出發前往巴黎了。我想在倫敦發表六場演說，並已經在報紙上刊登了廣告，演說將會從下週二之後的三週。期間，我會在法國度過這段時間。我原本決定不在倫敦發表這些演說的，但因為受到各方面的壓力，最後還是認為，倘若我不這樣做的話，其實就是在逃避責任。直到現在，我都還沒有想到每場演說的題目。在創作這些演說稿子的時候，我在倫敦過著豐富多彩的生活，經常與不同的人物一起用餐，觀看過門票只需要一先令的表演，參加了科學協會或是其他團體，參觀了畫廊、歌劇院以及戲院。某天，我在福斯特家裡遇到了狄更斯，我非常喜歡他。當時，卡萊爾也過來用餐。這樣的生活習慣似乎讓卡萊爾感到非常滿意，大家一起聊得非常開心。這些人私人收藏的許多畫作是價值連城的。就在前天，我與古文物研究協會的人一起共進晚餐，坐在了著名的科利爾（Collier）旁邊（他是一位莎士比亞文學的批判者），與他談論起了十四行詩。在大家祝敬酒詞的時候，該協會的主席馬洪（Mahon）爵士讓大家為我的健康乾杯，我對此也進行相應的回覆。不過，這件事還是讓我感到相當驚訝。明天，我要在考文垂·帕特莫爾家裡與丁尼生共進晚餐。正如我所想的，馬提紐女士在辛勤勞作之後，不會想著嬉戲玩耍的，而是在接下來的一年時間裡，繼續為價格一便士的期刊《民眾之音》進行撰稿。在這個不穩定的時代，政府已經決定收購這些期刊，用來控制輿論。不過，在我看來，這就好比將一顆小糖果扔向一頭瘋狂的公牛，是徒勞無益的。

　　愛默生在日記中寫道：

　　在考文垂·帕特莫爾[034] 的家裡，我第一次見到了丁尼生，我們一起共進晚餐。我馬上就感覺與他聊得非常投機。丁尼生個子很高，長著一副學者應有的臉龐，他沒有任何紈褲子弟的舉止，散發出一種普通尋常的力量。雖然他是一個接受過良好教育的人，卻沒有顯露出任何矯揉造作。他

034　考文垂·帕特莫爾（Coventry Patmore，西元 1823 ～ 1896 年），英國詩人、文藝評論家。

的性情相當安靜，給人一種懶散的感覺，但是他的思想卻非常深刻。與所有英國人一樣，他是一個非常具有幽默感的人。他身上散發出一種不卑不亢的優越感，這讓每個與他相處的人都感到非常自在。他與他的大學師生們生活在一起……他已經習慣了所處的生活環境，習慣了沉浸在自己的生活天地裡。要是我們將霍桑身上的羞澀靦腆去掉的話，並讓他從容自在的進行交流，那麼你就能看到一個真正意義上的丁尼生了。我對他說，他的朋友與我都理解到一點，前往巴黎旅行，這對他的健康來說是很重要的，並表示如果他準備好的話，我可以在週一與他一道前往巴黎。丁尼生對此進行了幽默的回答，他認為我可能無法活著離開巴黎，認為這次前往巴黎是死路一條。不過，在過去兩年裡，他一直找人與他一道前往義大利，並準備馬上動身，如果我願意去的話，可以與他一道前往……他真誠的邀請我前往他的住所（在白金漢宮附近），我答應他，在出發前往巴黎之前一定會去拜訪他的……我來到他的住所，發現他在家裡。不過，當時他家還來了一位牧師，這位牧師的名字我不記得了，大家也沒有進行多少交流。丁尼生再次向我表達了要與我說道別的意思，因為他認為我此次前往巴黎會挨子彈的，但他向我保證，如果我能夠活著離開巴黎的話，就會為我提供住所……卡萊爾認為他是整個英國抽菸斗最優秀的人，我也經常看到他抽菸。在丁尼生家裡後面的小花園的一面牆壁上，他的菸斗就放在那裡。

給妻子的一封信

1848 年 5 月 17 日，巴黎

親愛的利迪安：

　　5 月 6 日晚上，我經過法國北部城市布洛涅來到了巴黎。之後，就住在巴黎奧古斯丁大街的一棟房子裡。在這裡，我過著相對舒適的生活。在週一（也就是前天），妳可能也從美國那邊的報紙上得知，巴黎發生了一場叛亂，不過很快就被平息了。我們都認為，在當時的一、兩個小時之

內，一個新政府宣告成立，而之前的政府則遭到了解散。當時，巴黎的民眾都處於恐慌狀態，大家似乎也只能默認這樣的結果。但是，巴黎國民警衛隊——這支全部由巴黎的男性公民組成的武裝力量——最後找到了某位領袖，並在這位領袖的帶領下，迅速平息了叛亂。據我所知，布朗基（Blanqui）與巴貝斯（Barbes）就是當時警衛隊的兩名首領，因為在週六與週日晚上，我來到了布朗基俱樂部，聽到了他向山嶽黨下達的命令。在上週，我也在巴貝斯俱樂部聽到了巴貝斯下達了命令。我由衷為這兩位領導者的勝利而感到高興。叛亂平息之後，我看到大街上出現了軍隊閱兵的盛況。當時大街上全是持槍的士兵，還有一些士兵鞭打著拉著加農炮的馬匹前去國民大會。他們準備宣布成立新政府，並在每條大街每個角落的牆壁上張貼告示，民眾則迅速圍上去閱讀。那些張貼告示的人的手腳也非常靈活，張貼得非常快，很快就在一條街上張貼完了。太陽下山了，月亮爬上來了，河面上的大橋來了很多人，顯得非常擁擠，他們都在碼頭上等待著。在杜樂麗花園，法國的三色旗正在飄揚。這似乎向民眾發出了不容置疑的信號，即新政府已經成立了。但在入夜之前，每個人都是安全的。這個新政府的內閣成員在 15 分鐘前還手握大權，但此時此刻卻已經被送到監獄了……我在《費爾德》看到了瑞秋（Rachel），聽著她歌唱《馬賽曲》。她的歌聲的確對得起她的名聲，她也是我在這裡唯一認識的一名法國歌手。之後，我前往索邦大學，聆聽了勒威耶（Leverrier）就數學問題發表的演說。當時，他主要是在黑板上寫下代數方程式，但我卻感受到了他的學識。我也聆聽了米什萊（Michelet）教授就印度哲學發表的演說。雖然我去過了很多地方，但我發現這裡的俱樂部是最有趣的地方。這裡的俱樂部成員都是非常嚴肅的。當他們在說話時被人打斷或是反駁時，表現出來的激動或是憤怒，是習慣了新英格蘭地區生活的人們所無法想像的。這裡的人非常注重衣著。所有的法國男人幾乎都留著像山羊或是獅子那樣的鬍鬚，大部分巴黎人似乎都穿著同樣的衣服——戴著紅色的帽子、佩戴著一條紅色的飾帶、用紅色飾帶綁起來的寬鬆上衣，還帶有銅盔、佩著寶

劍，每個人的口袋裡可能都放著一把手槍。但是，面對民眾發表演說的人卻非常真誠，他在演說中就一些社會問題煽動民眾的情緒，沒有談論任何政治問題。在演說中，他談到了要如何才能確保每個人都能夠獲得麵包，都能夠在這片土地上享受到上帝賜給每個人的公平。總之，他的演說讓在場的民眾做出了非常熱烈的反應……我在牛津大學認識的朋友克拉夫也在這裡，我們經常在這裡共進晚餐……我剛剛將我的演說稿子寄回倫敦了，只能在 6 月 6 日之後才能開始演說。因此，我還有幾個星期的閒暇時間。我可能在 7 月 1 日才會返程回到波士頓。到那個時候，妳必須要狠下決心，一定要讓我回家啊！我已經好幾個月沒有見到我最親愛的孩子了，這是我每天都感到無比遺憾的事情。當我回家時，已經在許多方面獲得了足夠多的經驗，我應該對自己的餘生都感到知足了。事實上，我到歐洲大陸這邊，並不是為了要獲得這些經驗的，因為我始終都沒有覺得有什麼不習慣的地方。但是，在拜訪了這麼多當代名人之後，這證實了我的觀點。

我認為，我們已經陷入了膚淺的狀態。難道妳的一位醫生不是將所有的疾病都當成皮膚疾病來醫治嗎？所有身穿寬鬆上衣或是絨面布料服裝的演說者，在我看來都會以文學的角度去看待這些事情，最後才會對此指手畫腳。他們都是一些充滿熱情的認真之人，但他們對全新的方法或是充滿創新精神的機械卻沒有足夠的熱情。

巴黎是文明世界裡最自由的城市。我為此心存感激，因為我感覺自己每時每刻都置身於一種被麻醉的狀態，正如那些可怕的手術醫生要麻醉我一樣。因此，處於緊張狀態下的巴黎，依然能夠為我的消遣以及獨立的生活提供一個不錯的環境。這座城市可以說是我最好的「備用大錨」。過去整個冬天，我一直在讚美英國，貶低法國。但透過這幾週的觀察，我了解到需要修正之前的成見，法國人在很多方面都要比英國人做得更好。幾乎每個法國人都具有良好的教養，因此與他們打交道是非常愉悅的事情。英國人與美國人對於絨面布料衣服的迷信似乎正在慢慢消失，但在這裡卻還沒有消失。可以在大街的每個地方看到人們在聊天，人們穿著寬鬆的上衣

或是帶有袖子的襯衫，這很容易成為大家討論的話題。那些之前從不認識的人，也會因為別人所穿的優質衣服而進行聊天，並且他們是以一種認真且恭敬的態度去做的。這樣的情況是不可能發生在英國的。法國人是一個最為歡愉的民族，喜歡展現出最好的一面。可以肯定的是，巴黎這座城市就是他們展現這種精神的主要地方。不過，人們也可以說這裡的人們比較虛榮或是驕傲，但誰也不能否認這是一座相當美好的城市。塞納河環繞著巴黎，倫敦人卻對泰晤士河視而不見。塞納河的沿岸都設有碼頭，還有許多美觀的大橋，橋上有很多裝飾品，每當陽光或是月亮的光線照在橋上，都會反射著光。在倫敦，我不記得是否見過一條河。這裡還有許多極為美麗的花園，花園的面積既不是很大，也不是很小，適合所有人過來欣賞，每個人都可以在晚上過來這裡欣賞。這裡的宮殿充滿了皇家氣息。如果說之前的人們為建造這些宮殿耗費了許多錢財，那麼他們現在至少可以拿出來炫耀一下。還有，這裡的巴黎聖母院也是極其雄偉的。但是，英國人雖然耗費了許多錢，卻沒有建造出這樣的宮殿。在上個週日，我親眼看到了民眾慶祝國家節日。當時，有 12 萬人聚集在巴黎的戰神廣場，這些人就像一個大家庭，每個人似乎都習慣了這樣一種親善與友好的狀態……妳肯定想知道，我今天在俱樂部聆聽了拉馬丁（Lamartine）發表的演說。但是，報紙上卻說他是在波蘭發表演說的。拉什（Rush）將他的票給了我。拉馬丁在演說中沒有展現出過多的身體能量，卻展現出了男人氣概。他是一位面容英俊、一頭白髮的紳士，沒有展現出任何遲鈍的跡象，以相當從容的方式發表了這篇演說……克拉夫還在這裡。在晚餐以及晚餐後的時光裡，我都是與他一起度過的。今晚，我要前往德·托克維爾（De Tocqueville）家裡參加一個社交晚會。我的法語遠遠沒有德·斯塔爾夫人那麼好。

西元 1848 年 6 月 8 日，倫敦

在巴黎逗留了 25 天，了解了當地的風土人情之後，我在上週六回到

了巴黎。我與德古爾特（d'Agout）女士相處得很融洽……一位名叫利曼（Lehmann）的藝術家熱情的向別人介紹我，我見到了基內[035]、德拉梅內[036] 以及其他人，但我還是拒絕了他們的挽留，選擇回到倫敦。不過，要是對倫敦與巴黎這兩座城市進行比較的話，我認為巴黎要更具吸引力，因為巴黎這座城市完全符合我本人的氣質與性情。我完全忘記了之前已經向妳介紹過關於巴黎的事情了，因此我沒有必要繼續重複自己的觀點，因為我現在的觀點還是與之前的一樣，因此我肯定會說出同樣的話來。除此之外，我親愛的妻子，我現在每天都在寫作，因此我其實沒有時間寫信給妳的。今天，我已經發表了第二篇演說了，明天晚上準備週六要發表演說的稿子。過來聆聽演說的聽眾並不多，這也只是證實了我一開始不願意這樣做的原因。因為我不得不要在很短的時間內完成這些演說稿子，這嚴重影響到了稿子的品質。對我來說，失去這個夏天是非常失望的。在倫敦這座城市，每天與每個季節都是相似的，我從沒有看到比較正常的一天……卡萊爾談論著一份報紙，他對於邪惡的時代有太多的說法。妳可能已經讀過了他所寫的文章。我已經將卡萊爾為《觀察者報》所寫的兩篇文章寄給妳了……沒有時間寫信給孩子們，這實在讓我感到非常悲傷：艾迪寫給我的那封信，我時刻收藏著。至於艾倫，她簡直可以當我的小祕書啊！我沒有聽說鐵路橋要修建的消息。在我從波士頓到康科特之前，難道妳不願意讓我回家嗎？難道我這些信件沒有告訴妳一個讓人悲傷的祕密，即我現在的大腦相當混沌，無法做好明日的工作嗎？

我最後一次演說定在明天（6 月 17 日），但我還沒有準備好演說稿子。千萬不要認為我會在兩週之後離開英國，因為我還要在愛德華大街那裡，對我那些貴族朋友發表演說。我必須要遠離所有的公眾人物，在埃克塞特大廳面對一些人發表我之前說的三篇演說。在馬里波恩，我們的聽眾每天都在不斷增加，他們都是非常優秀的聽眾，我可以從中找到一些非常傑

---

035 基內（Edgar Quinet，西元 1803 ～ 1875 年），法國歷史學家。
036 德拉梅內（Hugues Félicité Robert de Lamennais，西元 1782 ～ 1854 年），法國哲學家、神學家、政治理論學家。

出的男女……卡萊爾對我的演說非常感興趣，特別對第三篇演說（主題是「人類思想的傾向與責任」），他是一位具有洞察力的聽眾，這是顯而易見的。薩瑟蘭郡公爵夫人（The Duchess of Sutherland）是一位非常優雅的女性，她也過來聆聽我的演說。阿什伯頓夫人與洛夫萊斯（Lovelace）爵士也過來了。詹姆森女士與斯賓塞、巴里·康維爾、萊爾以及很多其他人也過來了。但是，最讓我感到歡喜的聽眾還是珍·卡萊爾與班克羅夫特女士，她們也來了。祝願我家裡的小天使們都一切安好……

西元 1848 年 6 月 21 日，倫敦

　　上週六下午，我結束了在馬里波恩的演說。我的演說讓各方都感到非常滿意。很多好奇的聽眾都過來聆聽我這位來自麻薩諸塞州的人演說。用卡萊爾的話來說，許多聽眾是每場演說都過來聆聽的。其中一些聽眾可能是過來聆聽其他人的演說，因為除了薩瑟蘭郡公爵夫人以及她的妹妹過來之外，莫珀斯爵士與阿蓋爾公爵（Duke of Argyle）也過來了，還有其他貴族階層的人也來了。大家對於我要演說的內容都無法預測，即使是卡萊爾與米爾恩斯，他們都只有聽了我的演說之後，才知道我要表達的思想。卡萊爾讓很多蘇格蘭的契約者們都發出了讚美之聲，或是至少讓他們去思考我的演說內容。不管怎樣，最後沒有造成任何傷害，大家都沒有話裡藏刀，整個過程是相當正規的，這實在是有點遺憾。很多問題 —— 一些人認為是非常重要的問題 —— 卻因為他們的判斷出現了偏差沒有提出來，而整個大會最後也沒有提出任何具有變革的思想。莫珀斯爵士向我送來了一張表達祝賀的卡片，我與他在 28 日共進晚餐。薩瑟蘭郡公爵夫人也邀請我在週一與她共進午餐，帶領我參觀她的房子。洛夫萊斯爵士在週六過來拜訪我，我將與他在明天共進晚餐，同時去探望拜倫的女兒。上週某個晚上，我在詹姆森女士家裡見到了拜倫女士，她是一位恬靜且通情達理的女士，她從不提起拜倫爵士或是自己與他之間的關係，而是讓世人在沉默中去感受她所經歷的悲傷或是歡樂。昨晚，我拜訪了利·亨特（Leigh

Hunt），他是一位非常友善的健談之人，總有很多奇聞異事可以與人分享。總之，我似乎總有數不完的倫敦人要去拜訪。我有沒有告訴妳，卡萊爾曾用嚴肅的口吻說要為一份報紙撰稿，或是至少寫一些臨時的傳單，專門討論當代的一些政治問題？在週日晚上，我與他進行了詳談，更多的只是專注於他想要實現的目標。他是一位孤獨且缺乏耐心的人，是一位沒有什麼缺點的人，值得所有人的尊重，同時也是一個貧窮的人。我也想不出自己該怎麼幫助他……我之前因為前往倫敦西區發表演說，忽視了這裡的中產階級，現在必須要在埃克塞特廳發表演說，而且還是發表 3 篇演說。

給霍爾女士的一封信

西元 1848 年 6 月 21 日，倫敦

親愛的伊莉莎白：

　　自從上次收到妳的來信，我已經讓兩、三班郵輪離開了這裡，都沒有向妳寫信，我對此表示抱歉。不過，我也是沒有辦法。現在，我在倫敦這邊的演說任務已經結束了，我才終於有時間寫信給我這位妹妹，因此我馬上就寫信給妳了。我認為，妳肯定對我這麼久遲遲沒有回家感到不耐煩了，但與所有人一樣，我的樂趣就在於我的工作之上。我在康科特所度過的快樂時光要比我在倫敦這裡的更多。這些年來，我的工作已經逐漸累積了一些創作方面的工具，讓我可以在創作時稍微輕鬆一些。但是，我在英國這裡卻缺乏這樣的條件。是的，即使是這裡藏書豐富的圖書館或是大英博物館的收藏品，都無法為我帶來任何的便利。如果說我的這段旅程為我帶來了什麼全新的創作素材，我只能希望這有助於增加我的素材。可以肯定的是，我們每個人都有一些缺點 —— 我的意思是，只有我 —— 從來都沒有處於一種良好的狀態，總是讓自己在不舒服的狀態下去展現自己。因此，妳肯定不會覺得我所經歷的這些困苦都是一些無關痛癢的事情。但是，妳必須要知道，我希望儘快回到家，見到妳與其他人。我非常感謝妳

的來信，帶給我真摯的問候。要是我能像妳那樣為我帶來如此豐富的人生感受去影響別人，那該多好啊！有時，我真的希望自己能擁有像妳那樣的洞察力與流暢的演說能力，但我卻始終都無法做到。薩瑟蘭郡公爵夫人前天邀請我在下午兩點與她一起共進午餐。之後，她帶我參觀了她在斯塔福德郡的房子。妳肯定知道，這位著名的夫人住在整個英國最好的房子裡，即使是大英帝國的女王也無法與她相比。我欣然赴約，受到了公爵夫人熱情的接待，她以最友善的方式迎接我。她向我介紹了其他人，其中就包括阿蓋爾公爵 —— 他的女婿，介紹了她的姐妹們，還有霍華德（Howard）女士。在離開餐桌之後，我們來到了這座雄偉壯觀的宮殿裡。年輕且友善的阿蓋爾公爵則作為我的嚮導。他對我說，他之前從未見過如此雄偉的宴會廳。這裡的畫廊、大廳與前廳都散發出一種皇家氣派，到處都有雕塑與繪畫。我們在畫廊裡發現了公爵夫人，她向我介紹了她最珍貴的畫作……我問她是否會在陽光明媚的早上獨自一人過來欣賞這麼美麗的圖畫時，她表示經常會這樣做。她小心翼翼的向我指出一些最著名的畫作，並且在我提出疑問的時候，耐心的向我解答。我可以向妳保證，藉由這次參觀，公爵夫人與這座宮殿的搭配實在是相得益彰……我之前還從來沒有見過如此豪華的地方。在參觀這個豪華的地方之後，一個人很容易忘記他在英國是否還見到過類似豪華的內廷或是如此優雅的人物！希望革命的形勢仍然在這些人掌控的範圍之內吧 —— 如果革命肯定要爆發的話，就讓它遲一點波及斯塔福德郡的這棟房子吧，並以溫柔的方式對待住在這裡面的人吧！……

永遠忠於您的哥哥
拉爾夫·沃爾多·愛默生

給妻子的一封信

西元 1848 年 6 月 28 日，倫敦

　　週五晚上，在埃克塞特大廳發表完最後一場演說，我在倫敦這裡的任務全部結束了。之後，我想在英國看看之前從未看過的景觀。我還沒有看過巨石陣，沒有到過查茨沃斯莊園、坎特伯雷與劍橋等地方 —— 我也沒有去過伊頓與溫莎，這些地方距離倫敦都不是很遠。我的一些好朋友都寫信表示希望我能夠過去看看，但我不願意繼續認識更多人或是去更多地方。正如伯克所說的：「我終於有屬於自己的一天了！我可以將我的書合上。」在接下來的一年時間裡，我真的不願意再認識什麼人了 —— 除非這些人能讓我對事物的看法發生改觀。這次英國與法國之旅讓我了解到自己還有許多知識是需要學習的。這兩個國家有很多相似之處，卻又那麼的不同。要想對這兩個國家的民族、行為方式以及特點進行分析，我們就需要像對動物或是化學物質進行詳細分析那樣去研究，然後用瑞典人的眼睛進行詳細的端詳。我在這裡經常遇到一些充滿智慧的人，這些人似乎無所不知，嘗試過很多事情，並擁有一切，他們在文學與科學方面都處於領先地位。如果他們想要做某些事情的話，難道他們不能去做嗎？就在昨天，我就看到了這樣一個人，此人有著一個古怪的名字，亞瑟·海普斯（Arthur Helps）。在週日的時候，我與菲爾德先生在漢普斯特德一起用餐，認識了一位名叫夏普（Sharpe）的埃及學者、羅蘭·希爾（Rowland Hill）、畫家斯坦菲爾德（Stanfield）以及其他優秀人物。第二天早上，我與斯坦菲爾德共進早餐，然後與他一起前往托特納姆，欣賞特納（Turner）的著名畫展。在那天，我與斯賓塞一起用餐，認識了解剖學家理察·歐文（Richard Owen）。明天，歐文要帶我去參觀他的博物館。我認為他是整個英國最有智慧的人物之一。昨晚，我與莫珀斯爵士共進晚餐，見到了優雅的薩瑟蘭郡公爵夫人、阿蓋爾公爵夫婦、霍華德夫人、格拉漢姆夫人以及海普斯先生，正如我所說的，他就是無所不知的海普斯先生……今天早上，我與

海普斯以及洛夫萊斯女士共進早餐。洛夫萊斯公爵希望我能夠朗讀他在凱特勒（Quetelet）創作的一本書上寫的序言。總之，我們一起探討了關於科學的問題，我也了解了一些關於科學的知識。明天晚上，我還要再次去那裡，與薩默維爾女士見面。

愛默生在倫敦期間，每天都有這樣的應酬。我詳細的列舉了愛默生平時的生活細節（雖然這還遠遠不夠），其中包括早餐、晚餐與宴會的情況，只是為了表達愛默生要為他在倫敦裡學到的教訓付出一定的代價。在這裡，他有很多需要學習的知識，他不願意浪費這樣的機會。但對他來說，整個過程卻不是那麼讓他感到開心的。在寫給瑪格麗特·富勒女士的一封信裡，他說道：「我認為，無論是在城市還是鄉村，只要一提到『聚會』一詞，我就感覺自己似乎缺乏了氧氣，無法呼吸。」不過，愛默生喜歡看到任何事物最好的一面。愛默生在日記裡寫道：「看到這個成功的國家，我也希望自己能夠帶著成功的想法離開這裡。」在寫給一位朋友的信件裡，愛默生寫道：

西元 1848 年 3 月 20 日，倫敦

我該怎麼跟你講述巴比倫的事情呢？我認真觀察所見到的事物，留神別人所說的話。每當我去到一處地方，就能長一些見識。在某些時候，我更願意像蓮花那樣出汙泥而不染，忘記自己的家與充滿自私情感的孤獨，漸漸的認識英國這邊的人。世界上很難找到第二個像英國這樣的國家了，因為這個國家擁有太多具有才華、品格與社會成就的人了，每個人的成就都有可能被另一個成就更大的人發出的光芒所掩蓋，你每次總能看到一些人閃耀出更加強烈的光芒。我認為，我已經在這裡見到了一些很優秀的人物，他們主要是文學界方面的，而不是時尚界方面的……他們將讓人愉悅的情感提升到了一個全新的高度，他們無所不知，無所不有，他們是富有的、簡樸的、禮貌的、驕傲的且受人尊重的。雖然他們擁有這一切，但最終還是要利用這些方面展現自身的價值。要是我能更早了解這些東西就好

了。有時，刺激你靈感或是影響思維的種子就在其他地方……也許，這不是英國的錯 —— 毋庸置疑，這是因為我的年齡逐漸增大，對很多事情都以一種冷漠的態度去看待 —— 但這裡的每個人都似乎激發著你的想像力。我認為即使如此，我都可以從英國人身上獲得更多的智慧與資訊。但是，我希望能夠從這些為我帶來恩惠的人身上獲得更多 —— 擁有更為寬廣的人生視野，可以用另一種方式去對待人生。

愛默生在寫給瑪格麗特·富勒女士的一封信裡寫道：

在離開英國時，我對英國人懷著更高的敬意。英國人所擁有的物質財富或是生活條件應該是世界上最好的。我原諒英國人展現出來的所有驕傲之情。我的這種尊重更多的是出於一種寬容大度，因為我對英國人沒有任何同情心，有的只是尊敬。

回國之後，愛默生在一篇演說中說，英國人在面對事實的時候，總是會表現得非常敬畏，似乎這是不可逆轉的東西，然後將他們的思想與希望都專注於利用這個事實，更好的為他們所用上面。他們不會試圖去了解其中的原理，只是想辦法去加以利用，使之能夠為他們帶來歡樂或是進行展示炫耀，英國人在面對一些事實的時候，會想辦法去適應。他們只重視那些讓他們有能力去這樣做的能力，他們非常重視才能，比較輕視思想。在英國人看來，最高的天堂就是命運，即使是他們目前在世最有能力的作家，一個透過自身洞察力獲得目前位置的人，在政治層面上都是不可救藥的宿命主義者。在他們年輕的時候，會宣稱自己是理論上的無套褲漢（對大革命時期共和黨人的莢稱），之後很快就會變成一位務實主義者。此時，他們會以務實的態度去看待英國的政治體制，這類似於梵蒂岡的統治，並私底下表示自己更加喜歡那些具有大才的人。挪威人所處的自然環境，讓他們覺得必須要充分調度自己的雙手、雙腳、聲音、眼睛、耳朵或是身體每個器官的功能。英國人也是如此。每一個英國人都像下議院的議員，他們都希望在結束演說的時候提出一項解決問題的方案。他們對《自

然之歌》之類的演說沒有什麼興趣，他們並不看重智力活動帶來的廣泛陶冶情操的影響，不願意專心去找尋真理，而是想著得出一個輕率的結論。

也許，正是因為懷著這樣的情感，愛默生之前去英國發表演說的事情才感到猶豫不決。當他完成之後，又覺得自己的工作沒有獲得什麼成效。他在馬里波恩的演說並沒有吸引多少人的關注。倫敦那邊的文學報紙也根本沒有對此有任何報導。愛默生在信件裡的措詞非常謹慎，小心翼翼避免談到他的英國朋友是懶散的，或是他們對自己所相信的事情過分自信等事情。不過，在一封寫給哥哥威廉的信中，愛默生表達了自己的看法，他原本以為在 6 場演說結束之後，自己能夠存下 200 英鎊，但在支付所有開銷之後，他只剩下 80 英鎊。

在演說行將結束的時候，他在一封信裡表示，因為他有了新的出發點，他更加感受到自己的演說缺乏聽眾的共鳴。根據長久以來制定的計畫，他原本希望就哲學的初始原則發表一系列的演說。在寫給瑪格麗特・富勒女士的一封信裡，他這樣說：

這些天的早上，我都在認真創作一些演說稿子。如果我在這裡演說不準備稿子的話，肯定會讓我創作出一本形上學思想的書籍，等回家之後就可以出版了。難道詹姆斯・沃克（哈佛學院的道德哲學教授）不希望卸下沉重的包袱，讓我擔任他一個學期的助手嗎？

就一般意義的形上學來說，他感覺到了一種對非教條主義近乎鄙視之情。在他的一篇介紹性演說裡，他問：「誰沒有認真讀過一本形上學的書籍呢？又有哪一個理智的人會讀第二遍呢？」他認為，這樣一種排斥的厭惡感不在於主題本身，而是在於人們對待這個主題的方式。「為什麼這要與生命或是自然相連在一起呢？為什麼心智的法則與能量就不能像物質法則那樣，由歐文或是法拉第等人那樣以簡明扼要的方式闡述出來呢？這些只是代表著事實而已，需要人們像記錄雄蕊與椎骨那樣去進行記錄。但是，他們對探尋萬物創造這一神祕的主題有著更強烈的興趣。當這超越了

其特定的物體，並轉變成為一種普遍的密碼之後，我們這些理智之人可以對此進行理解與道德實踐的時候，那麼這種物理科學的最高價值，才能被人們感受到。正是這種不斷超越且普遍的部分才是吸引我們的東西，因為這能讓我們在一天之內彷彿看到一個王國在 1,000 年間所經歷的真正歷史。智慧的自然歷史，將會變成對世界法則的一種闡述 —— 這些法則適用於化學、解剖學、幾何學、道德與社會科學。在人類的大腦裡，宇宙可以在所有這些紛繁複雜的關係中不斷產生。因此，我們有必要以大眾都能接受的人性方式呈現出來，將智慧的《摩西十誡》寫下來。」愛默生說，他並不認為每一個孤獨的觀察者能夠完成這個使命，他也無法做到。但是，他希望能為此貢獻自己的一點微薄力量。

如果任何人在這個主題想說真實的話，那麼所有人都會願意找他的。去問問任何具有人生經驗的嚴肅之人，他的最好經驗是什麼。他都會說：與睿智之人進行簡單的交流。我要向我的朋友提出的問題是：你知道你崇拜什麼嗎？西元 1848 年的宗教是什麼？西元 1848 年的神話集是什麼？雖然這些問題會讓人們產生興趣，但是能夠對此進行回答的人卻少之又少！當然，我們有牧師與長老會的信徒，但當我見到他們的時候，這些問題會浮現在我的腦海裡嗎？這些都是學術問題，他們無論如何都不會提出這些問題的。去找尋文學圈裡的人，那些擁有名聲的人，那些具有榮譽的人 —— 難道他們能夠為你帶來滿意的答案嗎？即使是將所有最具智慧的人都聚集在一起，他們也會對彼此的存在感到不耐煩，都會展現出庸俗的一面。除了他們擁有的智慧之外，其實還有很多方面的。一個簡樸之人會覺得這些人是毫無生趣、沉悶且讓人壓抑的，因為這些人會用他們那些無聊的笑話、自負展現出讓人目瞪口呆的自我主義。遠離那些認為身邊的人都是不如自己的人吧。這樣的研究要麼讓學者變成自我主義者，要麼就讓他們變得世俗或是詼諧。哦，傑出的忒耳西忒斯（Thersites）（為《伊利亞德》一書中一名希臘士兵，喜歡罵人）！當你過來看我的時候，請將你的狗留在門外！是否存在一位預言家身上背負著要傳遞給民眾的話，卻因為

個人的愚蠢對公眾的智慧造成的困惑，從而讓我們對他失去感激之心的情況嗎？雖然其他人不需要遭受這些久坐之人所感受到的困擾，但他們卻可以透過適應這樣的方式與對世界進行評估，從而逃避這一切。因為他們可以打撞球度過休閒時間。誰能抵抗才華所帶來的魅力呢？對真理的熱愛同樣會讓人喜歡權力。在那些擁有智慧與學識的人中，他無法放棄對快樂的追求，無法放棄回憶的力量、運氣或是壯觀的場景。這些就是很多人在演說中談論的豐功偉績，就是他們在社會上炫耀的成就！這代表著一種全新的力量，也是全新的財富之源。但是，當他回家之後，他身上閃光的亮片卻已經變成了乾燥的葉子。一些人有著強烈的自我主義，另一些人則有著輕浮的態度，我們不應該去談論什麼天國。不過，英國人的確有著深刻的洞察力。英國人的思維是非常務實的，能將所有帶有個人情感的思想都排除在外。但是，星星與宇宙為我們帶來的印象，肯定要比地面上的水桶或是桌子給我們的印象更加深刻。

愛默生在《英國人的特質》一書裡，就談到了英國的貴族。他說，英國的貴族階層始終沒有沉浸於任何沉思裡。因此，愛默生以唐突方式表達出來的理想主義，並不能讓他們對此進行思考。在他的〈智慧的自然歷史〉一文裡，形上學的概念被視為一種詩意的形象，而對這些形象進行解釋是毫無意義且不恰當的。我應該回到這個話題，因為愛默生多年後也同樣談到了這個話題。顯然，這是因為英國人看待這些問題的看法與我們的不一樣。我們只能埋怨說，英國人對精神功能的影響視而不見，只是利用他們的感覺去進行判斷。英國那邊的人肯定會認為我們是在做夢。愛默生在倫敦的那些聽眾肯定也是不怎麼關心他所要表達的思想。真正吸引他們的，並不是愛默生所表達的思想，而是他這個人。克拉布‧羅賓遜[037] 這樣寫道：

正是懷著這種先入為主的不滿情緒，我在兩週前滿懷興趣的聆聽著愛默生在北安普敦爵士那裡的演說情況。與他見面之後，我的不滿情緒都立

037　克拉布‧羅賓遜（Henry Crabb Robinson，西元 1775 ～ 1867 年），英國律師、日記作家。

即消失了。他的容貌散發出某種魅力 ── 糅合著智慧與友善 ── 一下子讓我卸下了心防。在此，我只能引用哈里特‧馬提紐對愛默生的評價，我認為其評價充分展示了愛默生的品格：「他是一位自成一格的人，難怪人們只有在與他見面之後，才能真正的了解他。他所散發出來的影響力是相當難以捕捉的。他身上散發出某種朦朧的高貴氣質與友善的親切感，能讓身邊的人無法進行任何解釋。很多邏輯學家都能在邏輯層面戰勝他，但他們的勝利卻沒有任何作用。無論他前去那裡，都能征服人們的心靈，而不需要向他們講述任何事情的道理，彷彿就能提升他們的理智，讓他們比之前擁有更加寬廣的心靈。」

愛默生似乎沒有熱情繼續《自然之歌》的創作。在他的 6 篇演說裡，有 3 篇是關於智慧的自然歷史，其餘 3 篇主題不同的演說都是他在英國北部地方發表的。在埃克塞特演說大廳，他重複了這 3 篇演說。之後，他似乎在馬里波恩又發表了一篇演說。

愛默生在寫給妻子的信裡說：

在埃克塞特演說大廳，卡萊爾在週二晚上過來，坐在一群歡樂的聽眾當中。當我演說的時候，他的位置就背對著我，這讓我感覺挺不滿的。也許，他下週還會跟我一起去巨石陣那裡看看吧，因為我們之前已經商量過這件事了。

卡萊爾在這個時候所處的情緒狀態，用愛默生的話來說就是，面對所有事情與人都「說著尖酸刻薄的話」。他們沒有經常見面，即使見面也沒有為對方帶來多少歡愉。但是，他們對彼此的尊重與情感卻沒有消失。當愛默生離開英國的日期漸漸臨近，他們同意一起到愛默生之前從未去過的一些名勝古蹟去看看。他們最終選擇參觀巨石陣。愛默生在《英國人的特質》一書裡詳細記錄了這次旅行。

7 月 15 日，愛默生從利物浦搭乘郵輪回國，在月底回到家。

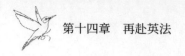

第十五章
前往西部發表演說，反奴隸制的衝突

西元 1848 ～ 1865 年

　　回到美國之後，愛默生就「英國」這一議題發表了一系列演說 —— 並在七年後將這些演說集結起來，出版了《英國人的特質》一書 —— 同時，他還在很多地方談論關於「法國」的議題，漸漸將自己的演說向西部拓展。到了西元 1850 年，他去到最西的地方是聖路易斯與加利納。從那時開始，接下來將近 20 年的時間裡，愛默生每年冬天都會前往西部發表演說。有時，在西部演說甚至占據了他大部分時間。在某年冬季演說期間，他這樣寫道：

　　這裡的氣候與民眾對從事文學創作的人來說，是一個不小的考驗。這裡幾乎所有溫和的物質都凍結起來了，而最好的東西要數酒精了。在演說講臺上，一位身體結實的伊利諾州人走出了演說大廳。安排演說的人對你說，聽眾希望從演說中感受到快樂，希望能發出笑聲。塞克（Saxe）與帕克·本傑明（Park Benjamin）以這樣的方式進行演說，得到了聽眾們的笑聲。我認為，雷諾茲（Reynolds）州長與這裡的民眾在某種程度上是對的，每一位站在講臺上發表演說的人都應該如此。這是我必須要正視的一些全新狀況。那些原本建造房子的建築師卻出海航行了，因此他是不可能建造出帕德嫩神廟這樣的建築，而只能建造船隻。而諸如莎士比亞、富蘭克林或是易索普（Esop）等人在來到伊利諾州之後，肯定也會說，我應該以滑稽的方式去表達自己的智慧，清楚怎樣才能做好。那些不懂得靈活變通或是在最不利情況下無法獲得勝利的人，絕對不能稱得上是大師。

愛默生根本沒有嘗試以滑稽的方式去表現自己的智慧，雖然他不得不用一些奇聞異事或是有趣的講解，讓聽眾更好的理解他想要表達的思想。不過，若是我們將愛默生在這個時期的演說，與他在《自然》系列的演說以及早期的演說進行比較，就會發現愛默生不再像以往那樣用極為肯定的口氣去發表演說了。當然，愛默生在 10 年前所懷抱的那種理想主義依然存在，但他對現實情況有了更加清晰的認知。西元 1850 年，愛默生在〈時代的精神〉這篇演說裡，就這樣談到「理想主義」：「我將理想主義視為我們生活的這個時代的一種影響，這與其他很多重要的事實都是一致的，這是某個時期開花結果呈現出來的最終形象。這代表著成熟的果實，而不是他們所相信的那種造物主。兄弟之間愛意的契約是相當荒唐的，雖然它們代表著情感對重要性或是傾向性的反抗。最終，這會漸漸的摧毀你所想像的空中樓閣。我相信一個平等的未來，但我們對不平等現象缺乏了解的狀況依然會存在。這樣的希望是重要的，但未來的歲月是遙遠的。正如島嶼與大陸都是由珊瑚礁建成的，因此更公正的國家也只能建立在文化的基礎之上。我們必須要努力工作，確保沒有任何一絲光亮或是任何一個脈搏會就這樣消失。」

　　整體來說，愛默生在西部還是受歡迎的，有時他甚至能在這樣一片荒涼的地方找到與他思想以及情感都有共鳴的人。這裡的民眾是非常有趣的，他可以看到他們休閒的生活。這就是一個英雄時代再次來臨的階段：「這是漸漸成形的美國，是一個處於雛形狀態的美國。但這個地方的民眾對於聆聽演說不是太感興趣，要是逼迫他們這樣做的話，這是非常不好的。我們可以發現年輕人往往是最友好的人。」在這裡，愛默生受到了許多人的邀請，他也願意這樣做。無論怎麼說，他當時的生活狀況都需要他去賺錢，而他當時出版的書籍並沒有為他帶來多少收入。與他的朋友阿加西一樣，他無法專門騰出時間去做事賺錢，但他又無法承擔經濟拮据所帶

來的後果。如果他需要付出合理的努力就能賺到錢，那麼他是樂意的。在他從某年冬季演說回來之後，在日記中這樣寫道：

這是一次非常無聊、沉悶、充滿阻礙與悲慘的旅行。邀請我前去演說的人給予我報酬，這讓我不得不這樣做。簡而言之，這就好比將一位有禮貌的年老紳士從他的家趕出去了，離開了原先的地方，然後讓他去做一些幼稚的事情 —— 這就等同於：「我每天打賭五十塊，你在接下來 3 週時間內不會離開圖書館，不要在西部地區跋涉，不需要騎馬或是奔走，不需要忍受各種輕蔑的舉止，而只是需要在每天晚上花一個小時去閱讀書籍。」我回答說：「我認為我可以做到。」我最終做到了，並賺到了 900 美元。

給妻子的信

西元 1851 年 3 月 21 日，匹茲堡

親愛的利迪安：

從費城出發，經過鐵路與河道，我度過了一段無聊且苦悶的旅程之後，終於在昨晚來到了這裡，身上只帶有少量食物，我也沒有怎麼睡覺。我已經連續在軌道車上度過了兩個晚上，還在運河船上度過了第三個晚上。船上的軟墊讓我可以在床上睡一晚，但我無法伸開四肢，只能盤著雙腳來睡覺。晚上的時候，我們真的十分疲倦了，即使是站著，我們都能馬上入睡。邀請我前去演說的人表示，如果有可能的話，我可以在晚上發表演說。而只想上床睡覺的我則回答說，我必須要做一些初期的準備，才能開始第一場演說，而我需要時間與一些思考才能做好準備，但我現在則沒有這樣的準備時間。不過，如果他們讓我發表過去講過的演說，我肯定會馬上去演講大廳發表的。最後，我們決定，我可以再講一次「英國」主題的演說，我也照做了。因為委員會成員與所有邀請我前去演說的人一樣，都認為我是一個古怪的人，因此只希望我就一些保險的話題發表演說。

西元 1853 年 1 月 11 日，伊利諾州春田市

親愛的利迪安：

　　此時，我深陷荒原的泥濘裡。我認為我們是誤進了沼澤地帶。引領我們進入這個地方的，不是鬼火，而是新罕布夏州一位年輕的編輯，他過分高估了我們所具有的能力，認為我在荒原裡也可以發光發亮，然後將這裡的小鳥與其他跋涉者都趕走。天不停的下著雨。如果我們想要走出離開這裡，就必須要相互拉扯。我住在一個客艙裡，與我同行的人都是立法議員……兩、三名州長或是前州長住在房子裡。但在荒原裡，我們都是第一次來到這裡的人，因此不能計較一些瑣碎的事情。就我而言，要是誇大我的遭遇，這是毫無必要的。但是，我無法延長白天的時間，也無法真正的投入到寫作的狀態，只能草草寫下自己的想法。我認為我在這裡停留的時間無法讓我獲得什麼有用的東西。

西元 1856 年 1 月 3 日

親愛的利迪安：

　　這是一個寒冷且偏僻的鄉村。這裡有很多夜行的旅客，他們在凌晨四點鐘來到這裡，然後在一家環境惡劣的旅店裡住下來。此時，我感到了上天還是眷顧我的，但我無法入睡……目前的氣溫是攝氏零下 15 度。不過，在我出發之前，我還是收集了一些資料，準備創作關於英美兩國主題的文章，我真希望能儘快完成這篇文章。我希望妳在家裡不會像我現在感受到的這麼寒冷，也不會像我現在這樣處於如此困頓的狀態。在這些肌肉發達的北方農民身上，我遇到了很多友善的人。當然，若是按照所謂的教養標準去評判的話，他們可能也只有十歲小孩的水準。因此，要想透過演說提高他們的水準，彌補他們與東部民眾在知識水準上的鴻溝，單純透過演說是不可能實現的。這裡的民眾真正感興趣的是商品的價格，在於每個人能分到多少沼澤地。

西元 1860 年，愛默生在日記中這樣寫道：

西元 1860 年 2 月 13 日

昨天，我一直在威斯康辛州乘坐馬車前行，無法找到可以讓馬匹喝水的地方。這裡的水井一點水都沒有了，這裡的民眾也說他們現在缺水。但是，他們的屋頂上卻覆蓋著大雪。這裡的牲畜都被趕到一英里之外的湖泊那裡喝水去了。

西元 1860 年 2 月 17 日，馬歇爾

我在卡拉馬祖市的旅行非常有趣，認識了一位朋友。透過這位朋友，我發現很多人雖然不認識我，但他們都認為我是一位學界的權威。甚至一、兩位教授也跟隨我前去馬歇爾，聆聽我發表的一場演說。我乘坐雙輪輕馬車，走了 48 英里路，終於來到了大急流城。演說結束之後，再走 20 多英里路回來。第二天早上，我再次回到卡拉馬祖市，剛好可以趕上 12 點鐘出發的火車。因此，我欣賞了沿途的密西根州森林風景，看到了密西根狼獾。

愛默生在西元 1867 年寫的日記中說：

早上，天氣非常寒冷，我有幸與某某先生乘坐小艇穿越密西西比河。小艇上只有我們兩人，一個男人與一位男孩作為我們的划槳手。我可以肯定，他們划船的水準要超越哈佛大學划艇六人組的水準。他們幾乎就是在堅硬的冰面上航行，不願意讓小艇接觸到水面。但是，我們平安的渡過了。接下來，我們又走了很長一段路才來到特普菲·豪斯地區，這裡主人與其他人都熱情歡迎我們到來。在屋內坐下之後，壁爐的熊熊烈火讓我們重新恢復了生氣。

在這個時期，愛默生發表了一些新演說，內容是關於「生活的行為」，這些演說文章都收錄在西元 1860 年出版的前 6 篇文章裡面。這些文

章主要包括愛默生在這個時間階段的演說稿子，特別是關於一些奇聞異事與引述內容的文章。很多之前從未公布的內容都首次公開了。在重複這些演說的時候，愛默生習慣用一個比較特別的題目，去表達在某些特定場合下的用意。即使是完全一樣的演說稿子，在內容上也會出現一些出入。愛默生會加入一些他想要表達某種思想的內容。這樣做加上他反對新聞報紙的報導，以及他不願意保存這些印刷文字的想法，都很難將愛默生在西元 1848 年回國後所寫文章的精確日期定下來。

　　愛默生開始抱怨自己的作品越來越少了。愛默生在寫給卡萊爾的信件裡這樣寫道 [038]：「我總是潦草的寫下一些文字 —— 不再像之前那樣文思泉湧了。」。不過，他當時正在創作〈命運的篇章〉一文以及〈生活的行為〉等其他文章。卡萊爾認為，這些文章是愛默生最優秀的作品。此時，愛默生作為演說家的名聲達到了頂峰。即使是 N・P・威利斯（N. P. Willis）也說：「愛默生從來不會對別人將他視為預言家而感到煩惱。他為當時波士頓的文學圈注入了活力。」他就是慕名前來聆聽愛默生發表的〈英國〉演說，並對愛默生的演說聲音以及形象進行了一番描述。我們有必要節選他的這一段描述：「愛默生的聲音與他的名聲是相符的。他的演說具有某種奇妙的反差，這是我們無法去進行解釋的。但是，他給人一種高尚的感覺。真正有趣的是，這樣的聲音竟然出於這樣一個人身上。他的聲音是充滿力量的，但他本人看上去似乎沒有這樣的力量。他的肺部功能似乎要比他更具有力量，他走路的方式也是公眾之前從未見過的。他的拳頭似乎根本就不屬於他的身體。他表現出來的紳士風度，根本不像一個心靈狹隘或是『單純為了生計』之人能夠做出來的。我們只能想像（這看上去符合所有的特徵）愛默生給聽眾的是一種視覺感受，而不是一種聽覺的刺激……他就像一株釋放出芳香的木蘭花，在整個曠野裡散發出香氣，一陣狂風吹過去，最後落到了山楊樹的樹枝上，消失得無影無蹤了，彷彿愛默生的聲音根本就不屬於他的這個身體一樣。事實上（就他的某個相似之處

038　出自《卡萊爾與愛默生的通信錄》。

來看），他的身體似乎『永遠都無法切斷與波士頓之間的臍帶，而他的靈魂則像成熟的宇宙之子，他的聲音只是他靈魂的一種回音而已』。」

西元 1849 年，愛默生將他的多篇文章以及〈自然〉等文章收錄在一卷裡。在西元 1850 年 7 月，愛默生的《代表性人物》出版了。同一個月，瑪格麗特·富勒女士在從義大利返航的途中，遭遇海難罹難了，她的丈夫與孩子都葬身於火燒島附近海域。

無論他與富勒女士之間有什麼「隔閡」，她都算得上超驗主義思潮最鼎盛時期表現出無限希望與樂觀精神的人。愛默生為能與她成為朋友而感到高興。威廉·亨利·錢寧與詹姆斯·弗里曼·克拉克在西元 1852 年出版了一本關於富勒女士的回憶錄，愛默生也為此撰寫了稿子。他在日記裡這樣寫道：

很多人都說她是美國文學界一位非常有趣的人物，代表著她所處的那個時代。她是一位非常優雅、充滿激勵精神的談話者，從來不會想著個人的影響力。她展現出來的正義感值得我們每一個人學習，雖然很多庸俗之人都嘲笑她沒有獲得任何地位。

富勒女士許多親密的朋友都為她鳴不平，這讓愛默生感到欣慰。

西元 1853 年，愛默生的母親在家裡溘然長逝。愛默生在寫給哥哥威廉的信中說：

西元 1853 年 11 月 19 日，康科特

她最後離世的時候是那麼的平靜安詳，所有加在她身上的痛苦都消失了。她是一位友善親切之人，這讓她成為了許多人的朋友。即使在她人生的最後階段，所有關於死亡的陰鬱思想都沒有讓她感到沮喪。可以肯定的是，母親的離世會為這個家庭帶來永遠無法彌補的損失，我們這棟房子可能不再是一個完整的家了。我會在她的葬禮儀式上進行誦讀，這是否是可行的辦法。因為她一輩子都是喬治國王的臣民，從她的童年時期開始就已

經熟悉了這套流程。雖然她一輩子都生活在這個國家，但這樣的意識對她來說似乎是極為自然的。她平時使用的祈禱書就放在她的桌面上。

在創作完《人生的舉止》一書之後，愛默生將主要精力都投入到了《英國人的特質》一書上，這本書也在西元 1856 年出版了。而收錄在《社交與孤獨》一書裡的文章都是他在西元 1860 年前完成的，雖然這本書直到西元 1870 年才出版。

在我從事寫作的時候，愛默生也沒有展現出任何老年的跡象。但他很早就開始以老人來自居了。因為按照他的說法，在早上學習的時候，他無法再像年輕時期那樣文思泉湧了。西元 1847 年（當時他只有 44 歲），他在寫給卡萊爾的一封信裡這樣說：「在我年老的時候，我就過去看你。」就在 10 年前，他在日記裡寫道：「過了 30 歲之後，人就開始感覺到身體機能對自身的限制了，這就好比一條小溪能觸碰到河岸，忘記了要繼續奔流或是流向牧場。」西元 1850 年，愛默生在日記裡這樣寫道：「除非我有什麼任務需要完成，否則我沒有任何想法。」至於做一些固定的工作是否可以為他帶來更好的結果，這個問題依然沒有得到解決。有時，他似乎也有這樣的打算。我認為，愛默生的英國之行就有這樣的考量。平時注重收集素材的習慣，讓他在某種程度能在接下來六到七年的工作裡帶來許多便利。

與此同時，愛默生對自己感興趣的主題進行的安靜思考，經常會受到外部事務的喧囂所影響。一直以來，他都在認真思考著一個重要的問題，但在那時，這個問題似乎沒有特別引起他的關注 —— 這個問題就是奴隸制的侵蝕問題。在南方地區，奴隸制問題所引發的風暴早就像沉悶的雷聲那樣不時響起，並有可能會在未來的某個階段，對新英格蘭地區的和平與尊嚴帶來嚴重的威脅。他沒有立即意識到這場危機的到來。在西元 1845 年 1 月，愛默生作為康科特的一名演說家，就已經在溫·菲利普斯的敦促下，允許發表關於奴隸制的演說，主要有兩個原因：

第一個原因，因為演說講臺沒有吸引多少聽眾，因此應該透過各種方式帶動聽眾的情緒，特別是如果有最優秀的演說家自願去做的話。第二個原因。我認為，就目前的國家狀態來看，奴隸制這個特定話題在新英格蘭每個地區都能吸引民眾的關注。民眾的內心都對這個問題充滿了困惑，希望能採取一些措施去解決這個問題。

同一個月，一場公共會議在康科特法院大樓舉行（時間是西元 1845 年 1 月 26 日），大家都討論來自康科特的薩繆爾‧霍爾提出的問題，霍爾之前去了南卡羅來納州，在麻薩諸塞州的經紀人的要求下，保護那些黑人的權利，卻遭到了一些暴徒的驅趕。他們還要談論關於兼併德州的問題。愛默生是商業委員會的成員（約翰‧高哈姆‧帕弗里〔John Gorham Palfrey〕是該委員會的主席）。根據該委員會的報告，《解放報》的一名撰稿人曾說，應該採取相當溫和的方式去解決這些問題，拒絕支持任何有可能會導致聯邦分裂的事情。9 月 22 日，他們在康科特舉行了一次會議，與會人員都反對兼併德州。我認為，愛默生當時也在場，並發表了一篇演說。至少，我在他的文稿裡找到了一篇似乎就是他那個時候的演說稿子。雖然愛默生在稿子裡沒有提到《解放報》的報導，也許是因為他認為那篇報導實在是太溫和了。之後，也許是在他的朋友威廉‧亨利‧錢寧的說服下，他最終決定反對兼併德州。西元 1844 年，他在日記裡寫道：

兼併德州的問題，是屬於那些只有在幾個世紀後才能做出真實評判的問題。可以肯定的是，強大的英國民族目前擁有著許多殖民地，他們必須要想辦法去管理好這些土地。隨著時代的變遷，在某個特定時期採用什麼辦法，最終會變得沒有那麼重要。

在西元 1845 年的日記裡，愛默生這樣寫道：

麻薩諸塞州大多數民眾都是持反對兼併立場的，但他們卻任由自己的聲音被壓制，因此他們的民意無法得到表現。這就造成了我們現在所面臨的境地 —— 我們做出了膽怯且愚蠢的行為，根本沒有顧忌公眾的想法。

這個事件沒有任何重要性，麻薩諸塞州的民眾在這個過程中根本沒有發出任何聲音。將德州兼併到聯邦裡，這不是一件小事情。同樣多的人口必然會帶來同樣的問題。事實上，一個正直的社會必須要堅守正直的道德——這才是最為重要的事情。我希望這個社群、這個城鎮與這個州的每一個民眾，都能夠在這件事上發出自己的聲音。如果麻薩諸塞州的民眾重視我們國家與墨西哥之前簽訂的協定，那麼我們就不要違背這樣的協議。如果民眾贊成兼併，但又不喜歡政府這樣做的話，那麼他們也應該說出來。如果民眾認同這樣的行為，卻不願意與一個野蠻國家合作，因為這個野蠻國家裡的某些人甚至會吃人或是偷人。如果在思考了這些理由之後，民眾仍然反對這樣的兼併行為，那麼他們就應該理直氣壯的表示反對，而不是像現在這樣不知所措，或是不敢說出自己的想法。

西元 1851 年，危機已經越來越迫近了，每個走在大街上的人，每個站在家門口的人都可以感受得到。美國國會在西元 1850 年通過的《逃奴追緝法》[039]，讓麻薩諸塞州每一個公民都有責任幫助政府去逮捕那些逃跑出來的黑奴。在國會的投票中，麻薩諸塞州的國會議員也投了贊成票，麻薩諸塞州一些著名人士宣揚這樣做是對的。韋伯斯特先生甚至到處宣揚通過這部法律的正當性，宣稱他認為北方地區的民眾不會反對這部法律的通過。事實上，這部法律當時並沒有遭到許多北方民眾的憎惡或是抵抗，即使他們也沒有站出來表示贊同，但該州許多有地位有影響力的人都默認了這個事實。此時，愛默生感覺到，他無法繼續逃避這個話題了。在西元 1851 年 5 月 3 日，週日晚上，他向康科特的民眾發表了一篇演說。「在我們這個時代所面臨的重要問題，」他演說的口吻肯定會讓他那些宣揚廢奴主義的朋友們感到滿意。他接受了發表演說的邀請。按照他的想法，解決這個問題沒有其他選擇：

---

039 《逃奴追緝法案》，規定各州司法機構及地方政府必須竭力協助奴隸主人追捕逃亡奴隸；任何白人透過宣誓即可確定某個黑人為其逃亡奴隸；凡以任何方式阻撓追緝或庇護逃奴者可處以 1,000 美元以下的罰金，或 6 個月以下的徒刑。

去年發生的事情，讓我們每個人都不得不要參與到政治事務當中。這是一部聲名狼藉的法案。我每天早上醒來的時候，都會痛苦的意識到，這是我不得不要背起的沉重負擔。不過，我也意識到，麻薩諸塞州每一位公民也同樣承受著這樣的痛苦。我一輩子都生活在這個州，在此之前從未體驗過一部法律會為我帶來如此多的不便。我之前也從未意識到一部法律的通過會對我的身心帶來如此之多的困擾。但是，西元 1850 年 9 月 18 日，國會通過的這部法律卻讓每個人都不得不要面臨這樣的困境 —— 這部法律會讓每一個遵守的人都失去他們的自尊，或是放棄他們的紳士名聲。

　　愛默生公開表達對這部「骯髒法律」的反感，曾一度讓他遭到許多人的譴責，但他也成為了很多人尊敬的對象。從他的童年時期開始，他就是韋伯斯特忠實的聽眾，他羨慕韋伯斯特所展現出來的氣質，希望能擁有像他一樣的嗓音。在西元 1843 年，韋伯斯特來到康科特商討一個重要的問題，就曾來到愛默生家裡做客，當時還有很多人都等著要見到他呢。

　　愛默生在日記中寫道：

　　韋伯斯特是薩福兌律師學會裡最好的律師，他就像一位面對著學生的校長。他充分理解語言所帶來的功能，知道如何更好的加以使用。他既能表現得自己很渺小，也能讓自己顯得很偉大。當他展現出憤怒情感時，他的雙眼似乎著了火一樣，每個人都能感受到他的智慧 —— 他所闡明的事實以及他所支持的事業，都是他內心支持的。人們會認為，他每時每刻都在關注著現實世界，從來不會在乎什麼理想。也許，事實就是如此，也許這就是我不回首過去那些單純樂趣的原因。今天下午，我不願意回到法庭大樓。韋伯斯特在社交場合上表現得非常從容，這些村莊聚會對於他來說肯定是規模太小了，但他依然表現得非常友善，雖然我一眼就能看出他的冷漠態度。但是他擁有自己的行事方式，不希望冒犯任何人或是失去自己的立場。他以安靜的方式影響我們這座小城鎮，我認為在他離開這個地方之前，我是無法靜下心來進行寫作的。他天生就是一位具有魅力的人。人

們評價他在精確記錄每個人的問題上，擁有著無與倫比的天賦。在我看來，要是與韋伯斯特進行爭吵，這簡直是不切實際的想法，因為他並不願意與別人爭吵。他不是一位聖人，而像一棵野生棕櫚樹，有一種天然的優雅，成為一個真正意義上值得尊重的人。他為人見多識廣。倘若他作為一個美國人顯得謹小慎微的話，這肯定會嚴重影響他的氣度。我只是希望他不要做出任何屈從討好的行為，我不在乎他為此要付出多大代價。

在西元 1851 年，這樣的屈從諂媚已經達到了讓人無法容忍的地步。韋伯斯特的表態似乎讓愛默生所在城鎮民眾的良知都陷入了一種墮落的境地。他心愛的波士頓地區「已經被富足的生活所寵壞，因此必須要像過去那些塵埃低頭」。這樣的說法是毫無道理的。每個人都捲入了這樣一場充滿恐懼的狀態當中——無論是大學校長還是教授，無論是牧師還是經紀人、律師還是製造商，每個人都似乎不再像以往那樣歌唱著自由之歌，每個人都不願意對此反抗，只是無可奈何的順服著。某天，我遇到了一位聖公會牧師，提到了韋伯斯特的背叛行為。他立即對我說：「為什麼你要這樣說？我認為這是他這一輩子做的最偉大的事情。」我本人與其他人一樣，對韋伯斯特先生都是充滿了敬意。誰能不去讚美他呢？他是我們這個時代最偉大的美國人之一，也是自然界所能創造出來最完美的產物。我們為他的身材與臉龐而感到自豪，為他的聲音與演說能力感到驕傲，為他那些堂而皇之的聲明發出讚美之聲。但是，這位我們曾經引以為豪的人，卻將自己與南方莊園主人捆綁在一起。韋伯斯特對總統說，他來到北方，沒有發現哪一個重要人物對這部法律的通過表達任何不滿之情。唉！總統先生，請千萬不要相信他所說的話！這種所謂的「最終解決方案」，這種所謂「為了實現和平與聯盟穩定的手段」已經讓每個家庭的餐桌變成了一個辯論俱樂部，讓奴隸制的話題成為了人們討論的唯一話題。韋伯斯特先生肯定會發現，那些曾經尊重且敬佩他的人已經疏遠他了。這位曾經為新英格蘭地區的高山與森林增添光彩的人物，已經變成了眾矢之的。也許，韋伯斯特只是在遵循著自身體系與本能的法則吧。他是一個活在記憶裡的人

物，是一個沉湎於過去的人，而不是一個擁有堅強信念與希望的人。他身上流淌的血液具有一種後退的傾向，他的理解能力已經與那些本能的思維處於同一起跑線上，唯一關心的只是財產問題。他將整個聯邦看成是一份資產，是一座大農場，而他認為自己的做法就是在保證這樣的財產免遭傷害。他之前說過什麼，就會想辦法去捍衛。幸運的是，他之前說過不少正確的話語。但是，他對於民眾的自我管理能力是沒有任何信心的。即使是最簡單的市政規定，只要這樣的規定是剛剛制定的，都不可能得到他的認同。在西元 1776 年的麻薩諸塞州，他肯定會成為一名難民。他讚美亞當斯（Adams）與傑佛遜（Jefferson），但這是屬於過去時代的亞當斯與傑佛遜了，而他還在譴責當代的亞當斯與傑佛遜等人物。這個國家的前途是偉大且自由的，能夠得到最完善的管理。這一切都應該根據這個時代的發展與需求，而不是根據已經過去的成規或是已經做過的事情。在韋伯斯特的想像世界裡，美國聯邦就好比魯珀特王子（Prince Rupert）所說的，如果整個聯盟的某個部分出現問題，那麼整個聯盟都會陷入到分裂狀態。但是，現在的狀況與以前是完全不同的。現在的人民更加忠誠與遵紀守法。由民眾組成的聯邦是真實存在的。這裡的人民都分享著同樣的血統、操著同一種語言、信仰著同一種宗教，有著他們的行為方式與思想。因此，這其實是不需要有任何顧慮的。美國法律也表達了對聯邦制國家的要求。至於出現反對聯邦制的聲音，美國法律也有著專門的規定。關於北方與南方之間的問題 —— 我願意用事實去說話。如果雙方都有著一致的利益，那麼他們就能夠找到一致的利益共同點。如果他們不能找到一致的利益點，那麼他們至少會想辦法維持和平的現狀。在我看來，有一件事是可以肯定的，只要類似於《逃奴追緝法》這樣不道德的法律得到國會的通過，那麼這個聯邦制國家就肯定會走向盡頭。那些在立法工作上犯下罪行的人，其實就是在嚴重動搖美國的建國基礎，我們必然要為這樣的行為付出代價。即使是在陽光猛烈的大白天，我們都能看到這些不道德法律所發出的刺眼光芒。這展現出了每個人都能了解的事實。無論在 4 月 19 日，6 月 17 日還是 7

月 4 日的活動裡，我們都明白很多支持這部法律的人其實就是胡說八道。
這顯示了我們的社會結構存在著不穩定的因素……要是黨派紛爭與基於金
錢方面利益的動機大於一切的話，那麼無論多麼好的法律形式或是政治體
制，又有什麼用處呢？……那些可憐的黑人男孩，在歷經千辛萬苦來到了
北方的水稻田或是薩凡納的小巷裡，想要好好休息一下的時候，卻發現等
待他的全是準備逮捕他的人。波士頓這座著名城市則像他那些殘暴的莊園
主人的獵犬一樣……30 年前，約翰‧倫道夫（John Randolph）所說的話不
幸言中了：「我們並不是透過黑奴來管理北方的民眾，而是讓他們的白人
努力來做。」……這些話語就像不可逃避的命運一樣出現了。

　　我們該怎麼做呢？首先，我們應該想盡一切辦法廢除這部法律，然後
將奴隸制局限在允許蓄奴的州，然後幫助這些州有效的解決蓄奴問題。
兩黨內每一個有理智的人都一致認同一點，即奴隸制是邪惡的，為什麼
南部各州從來就沒有想過要解決這個問題呢？在過去 20 年裡，除了克雷
（Clay）對此進行過一番努力之外，我沒有聽說過任何人這樣做過。讓我們
懷著坦率與尊敬的態度來討論這個問題。這是我們國家必須要深入思考且
努力去解決的問題。根據一些人的估算，要為這些奴隸贖身，至少需要 10
億美元，這看上去是一個天文數字。但是如果這些價格是合理的話，那麼
我認為這個數字絕不是像 10 億美元那樣不可控制的。對這個國家來說，
倘若我們真的想要解決某些問題的話，就必然沒有什麼事情是做不到的。
難道我們的民眾不是有智慧的民族，難道我們不是處於一個正義的位置或
是擁有武裝的國家嗎？民眾的能量就在於每個人都做好各自的工作。透過
創造的全新藝術以及改變世界的能力，我們正處於面對全新奇蹟時代的邊
緣。陽光灑落在每個角落，我們應該遠離陰影，積極回應每一種積極的回
音。聯邦的三十多個州都應該以平等的方式相處，但它們只有在聯合起
來之後才能變得更加強大。在未來的 25 年裡，這個國家的人口將會達到
5,000 萬人，難道現在不是我們去做除了開溝與排水之外的其他工作嗎？
讓我們勇敢的面對橫亙在面前的高山，將高山夷為平地吧。就我們的民眾

所具有的潛能而言，10 億美元也只是一個小數目。

　　不過，即使那些金融家在看到這個龐大數目之後為之一驚，認為這必然會讓問題變得更加複雜，那麼這些邪惡就只能透過上帝賜給我們每個人的智慧在時代的進程中慢慢解決。至於使用哪一種方式去解決，誰都不知道。但是，有一件事是可以肯定的，我們不能確保聯邦其他州怎麼做，但我們必須要確保麻薩諸塞州堅持站在事實的一邊。我們必須要讓麻薩諸塞州保持堅定的立場。麻薩諸塞州是一個面積不大的州，但一個州是否具有影響力，從來都不是看哪個州的面積較大，而是看哪個州具有更強大的思想。若是與非洲或是亞洲相比，歐洲的面積是很小的。而古希臘的面積則是歐洲各國裡最小的。阿提卡是其中的一部分，其面積只有麻薩諸塞州的十分之一，但這個地區的民眾卻在智慧上統治著比其領土大得多的地方。猶地亞是一個很小的地方。但是希臘與猶地亞卻在過去數千年裡為全世界的文明發展提供了強大的智慧動力。麻薩諸塞州的面積也很小，因此我們必須要透過每個人都堅持事實與真理，讓這個州變得偉大起來，讓我們尊重聯邦政府努力去實現每一個誠實的目標，但我們同樣要尊重一個古老且更加龐大的聯邦，這就是自然與正直的法則。當麻薩諸塞州的人民能做到這點，那麼他們就與宇宙一樣強大。我們絕對不會摻和到奴隸制的問題，但你們也絕對不能讓其影響到鱈魚角或是伯克郡。這部法律必須要失去法律效應。這部法律必須要遭到廢除，必須要從法令全書裡消失。即使這部法律現在依然在生效，但我們必須要反抗這部法律。讓我們不要因此去說謊或是偷竊，也不要幫助別人去這樣做，我們不要在諸如捍衛聯邦統一或是愛國主義的口號下，做一些助紂為虐的事情。

　　帕弗里博士是愛默生所在選區的議員候選人。愛默生在密德薩克斯郡的多個地方重複自己的這篇演說。按照他的說法，他希望這樣做能為他的朋友爭取多一些選票。在諸如劍橋等地方，他經常會受到一些「年輕的大學生」發出的喧鬧聲或是起鬨聲。按照當時的報導，這些都是來自南部的學生，但一位來自南方的學生卻否認了這個事實。這位學生在一篇文章表

示，南方的學生們對自身有著很高的要求，對於其他人反對南部的蓄奴制也有著寬容之心，並說這些鬧事者其實就是那些北方人，這些人想要表達對聯邦的忠誠，從而迎合了南部人的利益。惠普爾在他所撰寫的《愛默生回憶錄》裡表示，愛默生並沒有因為人群發出的嘲笑聲或是起鬨聲而受到任何影響，相反，他非常享受這些人做出的舉動。相比於衝突所帶來的樂趣，愛默生更樂意看到這種直觀的表達方式。他不會因此受到影響，但他肯定對看到這些國家的未來 —— 這一群年輕人，這些他希望施加影響的年輕人 —— 竟然有著如此錯誤的觀點 —— 感到無比痛心。詹姆斯‧B‧賽耶（James B. Thayer）當時也在場，他就曾這樣對我說：「當時人群發出的喊叫聲、噓聲讓愛默生無法繼續演說下去。在面臨這樣的情況，他展現出了強大的尊嚴與冷靜。他依然面不改色的站在講臺上，直到人群的喧譁停止下來，才接著繼續說。愛默生的應對方式，彷彿這一切都沒有發生過：他沒有對之前說過的話進行重複，也沒有暗示當時發生了什麼。總之，他沒有表現出任何他似乎受到影響的信號。我認為，他在這之後說出的每一句話都具有額外的分量。」

大學權威似乎也站在南方那一邊。在另一個場合下，賀拉斯‧曼（Horace Mann）在劍橋地區發表演說時，也同樣因為人群發出的陣陣喧囂聲而打斷。聽眾大聲叫著「某某教授與喬治亞州的波特（Potter）先生」，這些人的說話方式雖然沒有清楚的表達出什麼意思，卻同樣飽含著某種南方人的情感。事實上，幾乎所有的「大學權威」都是當時重要的學者與牧師，還有一些著名商人，他們都站在南方人一邊，或是他們對南方人的做法沒有怎麼反對。對愛默生來說，這是最讓他感到壓抑的事情了。按照他的說法，這似乎顯示我們的文明在尚未開花結果之前就已經枯萎凋謝了。他不會積極的煽動這個問題，但他毫不隱藏自己的觀點。《波士頓日報》就曾發表社評，說當愛默生參加反蓄奴集會時，所有人都將他視為一名堅定的廢奴主義者時，他看上去感到更加悲傷而不是憤怒。

西元 1854 年 3 月 7 日，也就是韋伯斯特在西元 1850 年發表那篇著名

演說的 4 週年紀念日，愛默生在紐約發表了關於《逃奴追緝法》的演說，這篇演說後來也收錄在他的文稿裡。在西元 1855 年 1 月，他在波士頓翠蒙堂發表了一篇關於奴隸制的演說，當時來自全美各地，對此有著不同觀點的人都參加了這次集會。在寫給哥哥威廉的信中，他這樣說：

康科特，西元 1855 年 1 月 17 日

在這段時間，我努力的向民眾講述關於奴隸制的黑暗歷史，希望能讓他們對此有更多的了解。我準備下週繼續在波士頓發表相關演說。不過，無論對我還是對很多人來說，這就像當年哈姆雷特（Hamlet）所面對的使命一樣，哈姆雷特根本不是完成這個使命的合適人選。棉花與糖果累積起來的利益集團，是根本無法用任何言語去打破的。但是，如果我們只能去擊鼓的話，那麼我們就必須要擊得更好。

愛默生在他的演說裡這樣說：

這個話題似乎已經說得夠多了。也許，我們最好還是將關於奴隸制的討論完全留給這些贊助人或是他們自然的領主。但是，他們之中一、兩位受人尊重的人，卻拒絕出席，也許他們認為關於這方面沒有什麼可說的。即使是對我們而言，關於奴隸制也是沒有更多要說的。一個誠實之人很快就會對經常說出『小偷』的事感到厭倦。我們不能將這僅僅當成一件事來對待，而是應該堅持我們的體系。任何一個健康發展的國家都不可能與任何一個存在致命疾病的部分共存的。蓄奴制是邪惡的，正如瘧疾與傷寒一樣致命。因此，我們這個國家的機體要想保持健康，就必須要剷除這些病根。我們知道奴隸制不符合自然規律且違背國家的發展方向，我們知道奴隸制最終會遭到廢除的，因為奴隸制與人吃人的野蠻社會以及祕密鎮壓的恐怖行為是相伴的。正如我們無法拒絕與紐西蘭人共用這個世界，那麼我們必須要與南方這些莊園主人和平相處。比方說，你是你，我是我，上帝則讓你們過早的改變了信仰。但是，在我們這片土地上，在光天化日之下，在這個講究清教徒傳統的地方，在這一片居住著世界上最為勤勞且努

力的民眾的土地上，我們的信仰卻因為奴隸制問題陷入了停滯，這表示了我們是缺乏信仰、缺乏目標的人民，只能在袖手旁觀中死去。貧窮的懷疑主義會透過我們的思想，傳播出貧窮、疾病還有陰謀詭計，然後透過我們的行為加以證實。年輕人希望擁有目標與基礎，他們很願意去做某些事情，從而感受到自身擁有的力量，去做一些充滿愛意的事情，從而感受到一種超乎自身的偉大。他們不應該感覺自己屈居人後，應該努力在帳房、鐵路或是其他有用的職位上勇敢的爭取，而不是將自己的追求隱藏起來。在那些充滿智慧的人當中，你肯定能夠找到屬於自己的位置，找到自己的追求以及讓你感到滿意的知識。人們一般認為，心智會隨著身體的成熟而不斷成熟，正是思想驅動著我們做出具有力量的行為。無論是在個人還是國家層面上，展現出來的外在能力都是自身內在心智的表現。但在美國這個國度裡，很多充滿想像力的人，與很多具有包容心的人，卻沒有在那些具有思想之人與讀者、缺乏信仰或是宣稱具有信仰之人身上找到這樣一種勤勉的力量。每個人都似乎對膚淺的表面現象著迷，大家都成為了批判家而不是思考者，成為了愛說俏皮話的人，而不是成為詩人。是的，很多嚴肅之人甚至認為，基督教以及宗教本身已經變得非常虛弱了，而原本屬於人類的形式與情感已經變得脆弱不堪。

　　我只談到了那些具有智慧的人，難道就只有他們嗎？你可以在休息室裡看到很多優秀的年輕人，與優秀的男女進行交流。他們都是我們這個國家的棟梁之才。未來的成就或是創造都必然是出自他們手上。你能在這些優秀的男女身上發現具有才華與勇氣的人嗎？或者說，他們的美麗只是掩蓋他們世故圓滑的面具嗎？我們千萬不要對年輕人有太多的幻想。一些人會珍視他們早年的夢想，反抗這個社會強加給他們的一些東西。但是，他們可能已經厭倦了這樣的抵抗與他人的嘲笑，他們成為了芸芸眾生中普通的一員，早已經對社會上一些看似合理的觀念或是行為採取了默認的態度。上帝透過人的想像力教導人類。思想的匱乏會讓這片土地上的法律、宗教與教育陷入困境。看看我們所面臨的政治局面吧——現在的主要政

黨依然擁抱著過去的思想，他們能以更加崇高的希望去激勵我們嗎？難道民主制度真的為我們當中的多數人帶來好處嗎？為窮人帶來了好處嗎？向全人類做出了良好的示範嗎？那些口口聲聲說要捍衛私人財產權與公民教育權利的政黨，卻在時刻反對著每一項進步的政策。他們想著將星星死死的釘在天空上。他們總是向後看，讚美著他們的祖先，讚美著創造憲法的人。這種總是抓住過去不放的行為到底意味著什麼呢？這意味著他們的耐心沒有任何行為法則、沒有原則、沒有希望。也沒有對自身未來的思考。我們必須要堅持其中的一些基礎，如果我們看不到前方的任何希望，那就會拚命的抓住我們自己所相信的東西。

當心靈的光芒慢慢從國家與個人上消失的時候，就陷入了一個停滯的狀態。法國大革命時期，巴黎人某天從大街上找到了一名妓女，然後讓她坐在一輪戰車上，帶著她參加遊行，大聲的說：「這就是理智的女神！」在西元 1850 年，美國國會通過了一部法律，讓每一個追求正義與仁慈的人都會因此遭受懲罰與監禁。在這個宇宙裡，沒有哪一部法律像這部法律這樣，嚴重動搖了國民的正直本性，否認了上帝的存在。這部法律的通過就好比遮蔽了光芒。即使目前本應照在我們身上的光線被遮擋，但終究還是會照在我們身上的。這個邪惡政府會帶來什麼後果呢？讓政府失去公信力。當國家無法履行自身的職責，那麼個人就會取而代之。我們必須要感謝那些勇敢忠誠的人，他們在這個充滿邪惡行為的時代，勇敢的站出來反抗，用自身的行為與言論捍衛這個國家的自由。當美國政府與法院都違背了他們的信任，那麼他們必然會反抗政府的行為，將其斥之為錯誤。

雖然愛國主義與輿論在很多時候就像美國國內外出現的假幣一樣，但還是代表著許多真正的意義。讓大眾為了一個重要的目標一起努力，這是非常美好的一件事。國家代表著一個事實，社會有其存在的真正功能，而我們的種族最終也必然要朝著自由的方向前進。這是一項高尚的事業，因為對自由的追求是對一個政府最為嚴苛的考驗。過往的歷史顯示，這才是一個偉大國家的象徵。讓人感到萬分遺憾的是，這種普遍為世人所接受的

責任以及情感卻因為南部的蓄奴制帶來的惡果遭受到了破壞。我必須要說，南方人民憑藉著他們堅強的個性以及對政治事務的熱忱，已經熟練的讓他們與聯邦政府聯合起來，阻礙與扭曲了民眾對於法律與法令的天然情感。但終有一天，我們一定能讓政府與每一位公民聯合起來，共同消滅奴隸制。為什麼常識與人類和平等話題是一個可以談判或是妥協的問題呢？為什麼不在對一方進行公平補償的情況下，消除這種危險的爭端，讓南方各州的民眾也能感到滿意，同時也讓自由州民眾的良知得到寬慰呢？對我們的國家而言，這是一項極其艱鉅的使命，購買莊園主人的財產，正如英國當年購買西印度群島的奴隸一樣。我說的是購買 —— 這樣說絕對不是向莊園主人的利益妥協，而是我們了解到他們所處的位置會帶來災難，因為整個國家的國民都要為他們的行為付出代價，還因為這是唯一可行的辦法。這是一種正確的社會或是公眾功能，不是一個人能夠做到的，而是所有人都必須去做的。有人說，這需要花費 20 億美元。是否有人會滿懷熱情的站出來支付這一筆錢呢？看來，我們只能透過徵收煙囪稅才能籌集那麼多錢。我們需要放棄馬車、美酒以及各種娛樂表演活動。教堂需要將他們的銀盤融化掉，鄉村的農民需要滿心歡喜的等待別人過來徵稅。富蘭克林願意為此做出犧牲，朝聖的神父願意為此做出犧牲，耐心的哥倫布也願意做出犧牲，商人要願意做出犧牲，從事縫紉工作的女性要做出犧牲，孩子們只能過上一種有一頓沒一頓的生活。這片土地的每個人都必須要將一週的收入貢獻出來，用來支付給莊園主人，從而一勞永逸的解決這個世界存在的毒瘤。

　　從西元 1850 年的《逃奴追緝法》通過到西元 1861 年矛盾最終激化的這幾年裡，政治形勢在愛默生的日記裡占據著不同尋常的地位，有時甚至影響到了他的許多重要思想。他在發表一篇關於藝術的演說裡，還特別提到了這個國家所處的狀況。在發表關於道德方面的演說時，他對北方民眾就南方各州的蓄奴情況所持的溫和態度感到不滿。

　　我想要聽到充滿力量的演說。只要他們談論史威夫特（Swift）表現出

來的惡意，我們就會豎起耳朵來聽。我認為，美國民眾沒有展現出足夠的力量去應對這種撲面而來的惡意。我認為美國人民缺乏熱情！唉！他們有的只是欲望！

顯然，愛默生從來沒有懷疑過正義終將獲得勝利，但他從沒有天真的認為勝利會來得輕鬆容易。

我們獲得最終的勝利，這是毫無疑問的。勝利的根基在於我們的貧窮、我們的喀爾文教派、我們的學校、我們節約的生活習慣，在於我們這邊的大雪、東風與農場生活。但是，任何人都不需要像布朗（Brown）或是其他人那樣告訴我，說南方人打起仗來不如北方人。我親眼看到少數南方人在國會裡獲得了勝利，並通過了這部臭名昭著的法律。為什麼會這樣呢？因為南方人是充滿戰鬥精神的人，難道我們北方人就沒有這樣的戰鬥精神嗎？

在大學階段，南方學生表現出來的剛強個性就讓他留下了深刻印象。他說自己總會輕易相信南方人所說的話，他也看到不少北方人也會這樣。在西元 1843 年發表的一篇名為〈新英格蘭〉的演說裡，愛默生這樣說：

南方人活在當下，自力更生，憑藉自身的方式去征服別人。他們固守自己的觀點，不願意做出任何改變。北方人則喜歡思考未來，不願意自力更生，卻喜歡使用各種方法去實現自己的觀點。當北方人親自做某事的時候，往往沒有用盡全力，而是將一大部分能量儲備起來。因此，他們的行為方式也與此類似。南方人則是傲慢、任性且做事不考慮後果，喜歡按照自身的方式去做，不會考慮別人的感受。北方人則會思前想後，良知與常識會讓他認為與自己的目標之間存在著許多障礙，這讓他在做決定的時候感到困惑，無法當機立斷。但是，若在十年後對他們進行比較的話，北方人往往會有非常大的優勢，而南方人則只在當下有一定的優勢。

北方民眾這種反思性的脾性以及習慣思考另一方的思考方式，與南方人那種不需要計較後果的衝動性習慣以及選擇立即採取行動的做法，在很

大程度上可以從北方民眾在二十年後的行為得到展現。愛默生本人就是其中的典型例子。他不希望民眾認為南方蓄奴制的存在是一種暴行，而是認為蓄奴制應該遭到反抗以及在不需要任何談判的情況下加以廢除。與此同時，愛默生也會為奴隸主人的一些行為找尋一些相對合理的理由。正是這樣一種情感讓他始終沒有完全認同許多廢奴主義者的觀點。他讚賞這些廢奴主義者表現出來的勇氣與堅忍不拔的精神，但他卻不能與他們一起採取相關的行動——正如這些廢奴主義者也不贊同他提出要用錢為這些奴隸贖身的想法，或是當他談論到莊園主人所處的「災難性」位置時，他們所表現出來的輕蔑態度。愛默生在日記裡就談到了當時一位非常著名的廢奴主義者：

　　某人所處的立場與路德（Luther）一樣，都是受人尊敬的，但他卻無法理解你說的任何話語。當你向他提出一項全新的建議，他就會像馬匹那樣發出嘶聲。當我跟他談到黑奴問題時，他從來都不會對此進行任何考量。

　　但隨著南北雙方的矛盾逐漸加劇，危機爆發的時刻已經逐漸逼近了。愛默生最終理解到，必須要採取武力的方式去消滅奴隸制。在西元 1856 年 5 月，愛默生在康科特發表了一篇演說，就談到了索姆奈參議員在參議員辦公室遭受襲擊的事情。他說：「我認為，我們必須要廢除奴隸制，否則我們就要永遠失去我們所珍視的自由！」同年 9 月，在劍橋地區舉行的堪薩斯州救濟集會上，愛默生熱情洋溢的表示，希望聯邦政府能夠派兵保護堪薩斯州的定居者，保護他們免於來自密蘇里州的親奴隸制武裝力量的攻擊。他認為，麻薩諸塞州的立法院應該通過相關法律，給予幫助。在西元 1857 年，約翰‧布朗（John Brown）來到康科特，用愛默生的話來說，就是「昨天晚上，在城鎮會議上，向民眾好好的介紹了自己一番。他所談到的重點，其實就代表著堪薩斯州和平集會的愚蠢之處，他認為他們所具有的力量就在於他們的缺點，因此不支持抵抗的活動。他想要知道，他們所犯的錯誤是否要比黑奴的更大，並談到了要給予黑奴什麼樣的力量」。

西元 1859 年 11 月，在一篇名為〈勇氣〉的演說裡，愛默生引用了布朗的話語，談論「堪薩斯州的和平集會發出虛假的偽善之言」，並呼籲麻薩諸塞州的民眾站出來大聲的說：「我們是最為堅定的廢奴主義者，我們每個人都是堅定的廢奴主義者！只有那些科伊科伊人、那些野蠻人或是半野蠻人不是堅定的廢奴主義者。我們並沒有試圖去修改阿拉巴馬州的法律，也不是修改日本或是斐濟島上的法律，但我們不承認這些法律，也不承認任何贊同蓄奴合法性的法律。我們絕對不會允許暗殺的暴行變成一種恐怖的行徑，無論這些行為是出自北方人、南方人、東方人與西方人的行為。在那些受到『感染』的地區，我們要設置一條防疫封鎖線，絕不能放任蓄奴制這樣的瘟疫繼續蔓延開來。」在談到不同類型的勇氣與不同層次的文明相關的問題時，愛默生這樣說：「當每個人都無所畏懼，像生活在溫帶氣候的眼鏡蛇與蠍子一樣，戰爭反而是最安全的選擇。如果其他生物越過了牠們的警戒線，牠們就會用毒牙去擊敗對手。」

我們沒有發現愛默生提前得知布朗的維吉尼亞計畫的證據。不過，當布朗被關在監獄裡，準備接受死刑的時候，愛默生在發表演說時這樣評價他：「他是一位新時代的聖人，沒有一個比他更加純粹與更加勇敢的人，他出於內心的愛意，勇於去面對衝突與死亡 —— 這位聖人正在等待著殉道。如果他因此遭受折磨，那麼絞死他的絞架臺也會像十字架那樣光芒萬丈。」當這些文稿在十年後出版的時候，這些段落被刪除了。時間的流逝已經能讓人們可以用更加公正客觀的方式去看待這個問題。

但是，愛默生與生俱來的那種平衡沉穩的心智遭受影響的最明顯特徵，就是他公開譴責法官與政府官員沒有牢牢的將法律掌握在他們手上。愛默生說，法律是普遍意志的表現形式。不道德的法律是缺乏法律效力的，因為這違背了人性的意願。他還立即得出自己的結論，那些認為《逃奴追緝法》這部法律是不道德的人不應該遵守這部法律，而且解釋法律的官員以及行政人員也應該按照自己的良知去執行正義的法律，不要去做任何違背他們內心原則的事情。愛默生在西元 1855 年 1 月 26 日的演說中曾

說：「正義之流的源頭已經遭到汙染。在我們北方各州，沒有一位法官以強大的品格與智慧站出來，質問這部《逃奴追緝法》是否符合憲法，是否符合正義的原則。法官的第一責任就是以公正的方式去解釋法律。如果他們認為一部法律沒有展現公平正義，就應該廢除這部法律。」不過，愛默生同時反對任何人都不應該為他人決定什麼是正義的，或者說什麼才是人性的意願。他一輩子都在反對這樣的假設。

愛默生發表的關於約翰·布朗的演說，讓他在費城失去了歡迎，原本邀請他前去演說的計畫也被取消了。顯然，因為這件事，愛默生在波士頓也不像之前那麼受歡迎了，雖然他依然在新英格蘭以及西部的一些地方繼續發表演說。在這個時候，他沒有繼續發表反奴隸制演說。同時，他接受了溫·菲利普斯的邀請，在西元 1861 年參加麻薩諸塞州反奴隸制協會的年度聚會，並發表了演說（時間是 1 月 24 日，地點是翠蒙堂）。愛默生在講臺上占據了一個位置，當輪到他發表演說的時候，他努力讓臺下的聽眾了解自己的觀點，但這一切都是徒勞的 [040]。

愛默生在日記中這樣寫道：

我將這次邀請視為一次良機，雖然接受邀請違背了我的內心的想法與習慣，但我還是去了。雖然我沒有什麼新的觀點要說，但我必須要表明自己的態度。如果我是一個傻瓜，我也要前去那裡咕噥幾句，做出自己的姿態。每當我想要發表演說的時候，許多暴徒就會起閧。在嘗試了幾次之後，我決定離場。

南北戰爭的爆發反而讓壓在愛默生心頭上的大石頭落下來了，因為他預想的最糟糕情形終於出現了。戰爭的爆發顯示，任何修補的辦法都無法讓一個真正的聯邦政府存在下去。在接下來兩年的冬天裡（西元 1859 年與西元 1861 年），他沒有在波士頓發表演說，雖然他經常在希歐多爾·帕克不在的時候，接替他面對信徒發表演說，或是在教區的牧師去世後頂替

040　在西元 1861 年 2 月 1 日出版的《解放報》，就有對這次聚會的詳細介紹。

其發表演說。但在西元 1861 年 4 月，他正在準備〈生活與文學〉的演說稿子時，就聽到了南方同盟軍對桑特堡發動攻擊的消息。雖然愛默生對這一天的到來有所預估，但公眾對這個消息所做出的反應還是讓他與其他人都大吃一驚。在聽到這個消息之後，原本準備發表「最少的原則」主題的愛默生，決定將他的演說題目改為〈處於緊要關頭的人類文明〉。在演說裡他坦承自己此時感到了輕鬆，因為之前那條一直蟄伏在我們身邊的惡龍終於不再選擇沉默了，而是選擇直接攻擊。當人類文明處於危急關頭，上天會怎麼幫助我們呢？透過旋風般的愛國主義情懷，將所有持不同意見的民眾都團結起來。這是一件關乎本能的事情。在這之前，我們不知道自己還擁有這樣一種能力。我們將自己視為冷靜的分析者，我們擁有學識與教養，我們所掌握的科學知識是沒有邊界的，我們信仰的是和平的宗教——現在，情感要比邏輯更加重要，就像光線那麼強烈，就像地心引力那麼強大。這股力量進入到了大學、銀行、農場以及教堂。這是一個屬於平民大眾的時代。普通百姓要比他們的老師更加聰明。每一座教堂都成為了新兵招募站，教堂的每次鐘聲都代表著警報。請你們到人群擁擠的城鎮大廳吧，好好的感受一下這場狂風暴雨般的洶湧情感吧。那些平時看上去面容安詳的民眾，此時突然迸發出強大的能量，這是我之前從來不知道的。一個人到底能夠將這些祕密保持多久呢？從此以後，我再也不會輕視大眾了。我們已經陷入了一場戰爭的漩渦裡，乍看起來，這是人類面臨的一場災難，但是，我們卻發現這裡的每個人都擁有著善意的目標，有著無所畏懼的勇氣，有著對彼此的關懷與愛國的情懷。從西元 1850 年開始，我們這個國家已經開始四分五裂了，但現在我們有機會讓這個國家變成一個真正的整體。截至西元 1861 年 3 月 4 日，在這個講究法律的地方，我們卻遭遇了戰爭。現在，我們只能無所畏懼的擊敗這樣的戰爭陰謀。法律站在我們這邊，戰爭則站在那一邊。過去，我們經歷過戰爭，現在，我們也同樣對戰爭無所畏懼。宣戰要比不宣而戰的戰爭更加安全一些。南方同盟對人類常識的公然挑釁，這種對敵人與朋友的公然反抗與詛咒行為，已

經有意無意的站在了我們的對立面。那些想要這個國家四分五裂的分離主義者肯定要感激南方同盟，正是他們的行為讓北方各州民眾眾志成城，團結起來。

在面臨這樣一個大是大非的原則性問題，戰爭是最好的解決辦法。愛默生請求一位朋友讓他去參觀查爾斯頓的海軍工廠。在看到這裡的每名士兵都在為戰爭做好充分的準備，他說：「啊！有時火藥的味道聞起來也不錯啊！」在這年 4 月 19 日，也就是康科特戰鬥的紀念日，他所在城鎮的許多年輕人離家加入了軍隊。在第二天給某人的一封信裡，他這樣寫道：

親愛的某某：

你已經聽說了，我們村昨天因為送別勇敢的士兵出征而熱鬧非凡。霍爾法官在倉庫邊向入伍士兵發表了一篇演說。雷諾茲在鐘聲敲響時發表了祈禱詞。加農炮就在我們附近，在祈禱詞唸完之後發出音樂般的轟鳴。當火車的汽笛響起的時候，喬治・普雷斯科特（George Prescott）（當時的民兵指揮官）—— 這樣一位充滿了男人氣概的勇敢之人 —— 命令他的士兵出發。他的妻子攔住了他，放下了他的寶劍，然後親吻他。那個時刻瀰漫著悲傷與壯烈的情感。當時，每家每戶都出來送別。康科特一共有 55 人參加了部隊。一路上，又有很多年輕人懇求加入他們的部隊。因此，當他們抵達波士頓的時候，這支部隊已經有 64 人了。

愛默生慢慢的認為（誰不這樣認為呢？），聯邦內部原本持不同意見的各州會在短時間內，在彼此的友善意願下達成政治聯盟。這是一場「禮節戰爭」，是兩種不同狀態文明之間的衝突。在目前的情況下，雙方都不可能容納對方，因此只能透過武力戰爭去解決。任何和平協議或是憲法規定，都無法避免戰爭的爆發。任何想要避免戰爭的做法，就像用紙去封住火山口下面滾燙的熔漿。只有當這個國家的每個地方都在平等與道德的基礎之上，承諾以人性與誠實的方式去相互保護 —— 只有那時，這個聯邦國家才能真正的聯合起來。只有當正義的一方獲得了勝利，美利堅合眾國

才能真正成為一個自由的國度，我們也會認識到，之前我們所吹噓的一切所謂自由都是虛假的自由。對於南方叛亂各州，這次戰爭也會帶來積極的影響。我認為，從他們第一次開始莊園種植以來，他們從未感受過這樣的優勢。他們終於可以激發自身的能量，做到獨立自主，過著節約的生活，更好的了解自己，獲得更大的進步。他們第一次讓整天困乏且懶洋洋的四肢動起來，真正感受到他們身體的血液在流動，感受到全新的生命力進入到了垂死的身體機能裡。這些「窮苦白人」會說：「我們也是人啊！」

在桑特堡遭受襲擊 3 天後，也就是 4 月 9 日，愛默生發表了一篇演說，他用平靜的語氣談到了「我們這個自我毀滅文明的坍塌」。幾天後，愛默生甚至講到了這種坍塌所帶來的好處：「一種偉大的政治制度被打破，原本看上去是無比堅固的關係突然變得鬆散，這樣的結果對我們是具有教育意義的。那些看上去輕浮狂熱之人也許要比他們想像中更加聰明，或是表示這樣的時刻早已經被預測了。當變成世界宗教的文明機器分解為塵埃，散發出煙霧之後，成熟的個人主義才有機會出現。每個人都會認為個人就代表著一個國家，一群生活在相同氣候環境、有著相同種族、情感與職業的人，就能在政府的管理機構裡免除許多懲罰。他們只需要讓每個人都擁有這樣的權利與能力，因為這一切都不需要任何法律的管理，有的只是他們對鄰居的權力與能力的敬佩或是恐懼。」

事實證明，財產權對人類來說是極為重要的。現在，很多從事科學研究、藝術、思想層面研究的人，已經墮落成了自私的管家，依賴於酒精、咖啡、壁爐、瓦斯燈以及豪華的家具。我們發現，人類文明在過早的時候報廢了，我們所獲得的勝利只是代表著一種背叛。我們已經打開了錯誤的大門，讓敵人進入了這座城堡。此時，文明就代表著一種錯誤，而最好的智慧則是一場烈火。因為狐狸與小鳥都有這樣的權力，需要一個溫暖的巢穴或是隱藏處來躲避惡劣的天氣。就是如此簡單。

桑特堡的大炮回音終結了這樣的幻想。正如愛默生後來所說的，這場

戰爭「讓每個人都大開眼界，讓各方持不同觀點的人都了解，所有政治行為背後都隱藏著一種原始的力量。每一個人都對此感到無比震驚」。當愛默生對此了解得越深入，他就越感到驚訝。「我們已經明確反對奴隸制，做出過妥協，頒布過法律，修建過鐵路。我們做得還不夠。反對的行為始終與我們的行動並駕齊驅。最後，我們採取的方式沒有獲得成功，但還可以採取其他方法。另一種方法則對奴隸制表現得非常強硬，政治黨派與社會團體都馬上處於一種防禦狀態。也就是說，在事情的運行中，突然出現了意想不到的矛盾衝突。當我們做了最大努力之後，仍然沒有出現任何進展。加州與堪薩斯州不願意參與其中，甚至連德州都對此心懷疑慮。最後，那些奴隸主人則被憤怒的情感蒙蔽了眼睛，親手摧毀他們的偶像。這是上天的旨意，我們則有幸看到這樣神奇的一幕。」

國民最後為終於有了一個政府而歡喜鼓舞。之前投入到戰爭當中的能量，此時終於可以用於去做正確的事情了！這是整個共和國歷史上最黑暗的時刻，整個國家似乎都要分崩離析，恢復到建國前的樣子。南方同盟軍對桑特堡的攻擊讓北方各州團結起來，讓人類文明的希望得到拯救。如果林肯總統像一個害羞的求婚者那樣遲遲不願意發表《解放黑奴宣言》，只能證明他在這個過程中面臨著許多障礙。我們必須要記住一點，林肯總統不能像詩人那樣自由的表達他內心的真正想法或是意願，而只能對整件事進行深思熟慮，做出一些他能夠兌現的承諾。否則，他所簽署的《解放黑奴宣言》就是缺乏任何力量的虛張聲勢，沒有任何價值，也無法得到任何人的尊重。

此時，愛默生依然為這個國家的未來感到擔憂。奴隸制所引發的矛盾對整個國家的前途命運造成了重要的影響。西元 1862 年 1 月，他有機會在華盛頓將北方民眾的情感表達出來。他在史密森尼協會發表了一篇名為〈美國文明〉的演說：

一個國家並不單純是選民的集合，不是那些對利益充滿渴望的政客希

望利用官職來分贓的地方，而是一個由有著共同意願的民眾，為了一個共同目標而奮鬥的國家。美國的命運就在於每個人都做出屬於自己的貢獻。勞動是我們民族的基石 —— 每個人都應該做出自己的貢獻。當一個人變得文明之後，就會意識到這點，發現自己感受到的幸福源於他激發自身潛能所完成的工作。他會透過誠實的勞動去賺錢，將自己的時間、精力、想法以及情感投入到某些目標當中，讓實現的目標成為他自身能力最為明顯的象徵。保護民眾這樣的權利，保證每個民眾無論在過去或是未來都有這樣的機會，這才是政府應該追求的目標。但是，南方各州的民眾則對此有不同的意見，這讓他們產生了勞動是恥辱的觀念，認為一個人的幸福在於每天遊手好閒，吃著別人勞動的成果。我們一直希望在同一種法律下，將這兩種狀態的文明結合起來，但這樣的努力最終是徒勞無功。要麼一種文明存在，要麼另一種文明消失。現在，美國就意味著機遇，是人類所能追求的最廣泛的事業。難道我們應該繼續允許奴隸制的威脅繼續存在下去，威脅我們的後代嗎？為什麼更高層次的文明就不能拓展到這個國家的每個角落呢？聯邦政府在廢除奴隸制方面始終沒有表現出堅定的立場，但之前那些無法實現的願望，此時也終於讓聯軍跨越了波多馬克河。解放黑奴是人類文明的必然要求，這是符合邏輯思想的一個必然結果。這場戰爭會按照其本身的規律持續下去，一方的軍隊支持繼續保留奴隸制，另一方軍隊則追求人人自由，勝利最終會屬於從一開始就應該獲得勝利的一方。這些自由的思想潮流是不可阻擋的，那些遮蔽陽光的荒謬言論將會被一掃而光。這是任何人都無法阻擋的。但是，思想必然要透過那些善良勇敢的民眾的大腦與雙手才能實現，否則那只不過是美好的夢想而已。只有當我們採取了相應的行動，才有可能獲得最終的安全。

9 月 22 日，林肯總統在認真思考最強烈的反對意見，頂住重重壓力之後，在最後時刻做出了正確的決定。他簽署了《解放黑奴宣言》，明文規定從西元 1863 年 1 月 1 日開始，南方叛亂各州的黑奴都成為自由人。在之後不久的波士頓舉行的一場聚會上，愛默生對林肯總統的做法表達了由

衷的感謝（當時，波士頓一些報紙都強烈譴責林肯總統的做法，還有一些人認為林肯總統發布的法令是沒有任何效力的），他深刻的感受到林肯總統做出這個決定是多麼的艱難，相信邁出的這一步是不可扭轉的。

在《解放黑奴宣言》生效的那一天，一場「紀念音樂會」在音樂廳裡舉行。愛默生在音樂廳以開場白的形式朗讀了他的〈波士頓頌歌〉。

如果華盛頓所在的地理位置以及南方各州的傳統，讓政客們無法真正理解美國的精神，那麼新英格蘭地區民眾的愛國之情則同樣對一項不同的事業表現得漠不關心——殖民時代的精神依然在很多成功人士身上殘存著，很多人依然模仿著英國貴族的思想。西元 1863 年，也正是南北戰爭處於最膠著的時候，愛默生在波士頓發表了一篇名為〈共和國的命運〉的演說。在演說中，愛默生對聯邦政府堅持透過戰爭的方式解決矛盾的做法表現出了極大的同情。他擔心的是，我們無法理解這次戰爭其實就是上天賜給我們的救贖的事實，我們有可能因為喚醒了自我主義者、懷疑主義者、時尚主義者以及那些追求安逸享樂者而遭受懲罰。這些人都從英國那邊學來了這一套，模仿英國某些階層的生活方式。

說實在的，英國所帶來的影響依然是存在的，雖然沒有人直接說出來，但每個人都能感受得到。他們認為英國人的夢想都能成真。當然，真正能夠美夢成真的，不是中產階級的英國人，而是那些腰纏萬貫且具有權勢與頭銜的上層名流。我們的政治制度威脅著英國，英國那邊的行為舉止則威脅著我們。正如很多人所想的，一個人的價值在於他能夠購買什麼。

我們發現，英國這些階層的人不僅對發生在美國的內戰缺乏憐憫之心，而且還公開或以無意隱藏的方式表達他們對美國陷入困境的幸災樂禍。這些人都是宿命、物質財富與特權的崇拜者，他們無法看到比商業優勢或是階層成見更高的利益。他們從未有過任何高尚的情感，沒有對人類文明的使命感，也從未表現出寬容大度。現在，美國的許多人也深受這種物質主義的侵害。不過，愛默生認為，這場戰爭能讓美國人民找回他們的

民族性與觀點。「大自然告訴美國人民，我賜給你們土地與大海、森林與礦山，賜給你們各種強大的能量。每當我替你們增加前進的難度時，都讓你們變得更加具有智慧。你們應該好好管理這片大陸，為人類文明的進步做出貢獻。讓美國人民的熱情影響歐洲大陸的民眾吧！我們要為真正具有價值的原則去努力，哪怕獻出生命或是財富都在所不惜，要堅持完成你們的工作。」

一年後，也就是西元 1864 年 11 月，美國人民在總統選舉中再次選舉林肯總統連任。愛默生在寫給當時身在歐洲的一位朋友的信件裡這樣說：

我為這次總統選舉的結果感到非常高興！在美國歷史上，從未有哪一次選舉像這次選舉如此的重要。我認為，這是人類歷史上最為重要的一次公民選舉！我們到處都可以看到民眾說著過去的一些事情，為過去他們犯下的一些錯誤而感到懊悔。他們認為這次選舉是他們表達反對奴隸制的最好方式。

在波士頓發表系列演說時，他就祝賀：

生活在美國的同胞們已經以不容質疑的方式表達了他們的決定，他們希望恢復社會秩序與法律的權威。他們認為，一個國家就是一個國家，拒絕這個國家出現四分五裂的情況。他們知道，一個國家不應該執著於一些小事，而應該專注於整個國家的團結統一，在面臨任何分裂勢力的時候，如有必要，必須要使用武力加以鎮壓。民眾在這次選舉中做出如此清晰的決定，是因為戰爭帶來的災難讓他們完全清醒了，他們看到了許多人在戰鬥中犧牲了，看到了財富遭到毀滅，看到了稅收的增加，看不到一個穩定的未來。他們支持政府以武裝方式去反對少數人以偷竊或是暴力的方式分裂這個國家。他們認為，這個國家的任何一個部分都不能以地理因素、生產或是貿易之間存在著不可調和的因素作為藉口，選擇分裂。這樣的分裂行為是絕對不能容忍的。顯然，因為這些分裂活動符合某些人的利益，但這會嚴重損害整個國家的利益。但無論怎樣，這樣的行為都絕不能在某個

角落偷偷的做，也不能透過暴力的方式去做，而應該以一種莊嚴的方式去做，按照所有民眾的意志與觀點去做，並且獲得雙方的保證與足夠的補償才能實現。

無論從哪個層面去看，整個聯邦都應該是一個真正意義上的團結整體，而絕對不應該是應對某些緊急情況而組成的臨時結構。

愛默生說，這場戰爭讓我們每個人都有諸多的收穫！這場戰爭造成了許多寶貴生命的消失，但這讓很多之前毫不值錢的生命變得具有價值。這就是這場戰爭的重要意義。這場戰爭的影響波及到每個家庭與每個人的心靈。在數以百萬計的人當中，有很多都是小本經營的商店老闆、農民、機械工人或是學者，要是別人沒有損害到他們的利益，他們會與別人平安相處。他們不願意閱讀所謂的報紙，因為這些報紙的內容讓他們變得低俗，或是讓他們變得更加自私。但是，美國的每個家庭門口都懸掛著美國國旗：這是整個國家的民眾都擁有更多思想的一個象徵。「我經常會想，當我們被諸如英國這樣領土較小的民眾用吹噓的方式去指責的時候，我們就像一個個子高的男孩邁著輕盈的步伐不斷前進。在美國這邊，廣闊的大海激發著美國人願意採取更加強大的行動。美國意味著自由與力量。很自然的，當這樣的本能在沒有得到道德與心靈訓練的支持下，就會變得更加炫目，給人一種誇張或是炫耀的印象。當然，這是讓人討厭的，但我們應該用正確的名稱去稱呼不好的行為舉止。」

我認為，這個國家的天才們已經為這個國家制定了一個真正的政策 —— 熱情大方。在這片美好的土地上，法律面前人人平等。在這片每個人都是亞當的子孫的土地上，每個人都是平等的。每個人都可以過著富足的生活，每個人都有平等的公民權，人都有讓自己的孩子接受教育的權利。

在內戰初期，愛默生在各方面幾乎都沒有了收入，這讓他的家庭陷入了經濟上的困境。西元 1862 年，在寫給哥哥威廉的信中，他這樣說：

1月1日，我發現自己與其他美國人一樣，都處在一種極為貧窮的生活狀態當中。從去年6月分到現在，我的書沒有為我帶來一分錢的收入，在往年，這些書每年都會為我帶來500到600美元左右的收入。我在銀行那邊也沒有得到任何分紅，利迪安在普利茅斯那邊的房產也沒有任何租金的收入。我透過演說獲得收入的管道幾乎堵死了。因此，當你的來信寄到我這裡的時候，我正在想辦法如何還清300到450美元的債務……我想過要出售林地，只要有人願意出合適的價格，我就會賣掉。這筆交易若是成功的話，會為我帶來超過300美元的收入，但直到現在，買家都還沒有出現。與此同時，我們就像一根面對著滅火器的蠟燭，時刻都有可能熄滅的。每當想起還有很多人像我們一樣過著拮据的困難生活，就讓人覺得可怕。但不管怎樣，我們現在所面臨的艱難困苦再怎麼糟糕，也要比我們為了保護和平現狀與南方各州進行媾和，從而延續南方各州那些野蠻的制度來得好。

　　西元1863年，愛默生再次開始發表演說。這一年，他獲得了西點軍校校長（也許是在查爾斯・索姆奈〔Charles Sumner〕的建議下）的邀請，來到了西點軍校的陸軍軍官學校發表演說。約翰・巴勒斯（John Burroughs）在當年6月分見到了愛默生。在寫給我的一封信裡，巴勒斯這樣說：

　　我的注意力被這位雙眼有神、行動靈敏且充滿好奇心的農民所吸引。我認為，這對他來說顯然是一件全新的事情。他感到別人給予了他這樣的關注，他想要履行好自己的職責，不讓任何事實、言語或是事情逃過他的眼睛。當臺上其他人看上去相當疲憊或是敷衍的時候，他始終保持著高度的專注力。當然，他展現出了某種質樸的好奇心與簡樸心境。某天晚上，在回家的路上，我聽說愛默生是陸軍軍官學校的監事會成員，我立即明白我曾經見過他。這樣的想法讓我那天晚上無法入睡。第二天，我早早的去找我的那位曾經見過愛默生的朋友，透過他的引薦，認識了愛默生，並與他進行了交流。在這天下午，當他看到我與我的朋友在走路的時候，他離

開了他的同事，徑直走到我們身旁，與我們進行交流。他說話的方式非常獨特。我永遠不會忘記他那張平靜且堅定的臉龐。當他說完話之後，上唇與下唇合在一起的時候，這顯示他是一位多麼堅強與勇敢的人。

第十六章
成為哈佛大學的監事並發表演說

西元 1864 ～ 1872 年

　　西元 1864 年，愛默生在一篇演說裡談到了他對公共教育機構、普通學校以及大學的看法。他在演說裡提出了許多富於建設性的建議，他當年就讀的哈佛大學沒過多久就對此進行了改革。愛默生說，大學應該是一個洋溢著活力與朝氣的地方，是一個應該為公眾服務的機構。大學所代表的力量是不能被壟斷或是局限的，不能只是有選擇性的招收一些學生，而拒絕其他學生。「我毫不懷疑大學所具有的力量。對我來說，唯一的問題就是這種力量是否源於大學本身。如果大學在辦學教育方面做得很好，真的擁有這樣的能力，那就應該制定相關規定，讓適齡的學生有秩序的進入。難道在長島海灣的造船業主會忘記喬治·史緹爾 [041] 以及他的『美國號』遊艇嗎？還是海軍人員會忘記前去『愛立信號』的全新觀測臺呢？但我們看到，很多大學的教學方式與管理制度都破壞了學生學習知識的天然熱情，強迫學生去學習一下他們不感興趣或是沒有能力去學習的東西。當然，學校在一開始應該教育學生一些通識知識，但不能強迫那些沒有音樂天賦的人去學習音樂，不能強迫那些沒有繪畫天賦的人去學習繪畫。大學應該是一個能讓學生從學習中感受到樂趣的地方，現在卻因很多年輕大學生所做的一些瑣碎的消遣活動，或是整天無精打采的精神面貌而飽受質疑。人們要求的是，大學要有規範的秩序，不允許任何人的癖好或是個人主義破壞一般的規章制度。要是沒有在入學方面的條件限制，那麼這座城市的每個

041　喬治·史緹爾（George Steers，西元 1819 ～ 1856 年），美國帆船設計師、喬治．史緹爾聯合公司創始人。

適齡學生都會進入大學。財富的習慣與精神會壓抑學生的學習熱情。金錢與庸俗化的追求會逐漸占據上風。大學與教堂應該成為貿易精神與物質繁榮的一種平衡力量，正確的引導學生對這方面的看法。我希望，這個國家具有民主精神的天才們能為這些教育機構帶來一股新風氣。我希望大學校園是一個追求藝術與科學的地方，而不是一個受到世俗與政治干預的地方。我們應該將所有干預的因素都清掃乾淨，只留下優秀的學者與學生。我會允許大學生參加選修課，讓大學的管理者像政府的文職人員那樣進行管理。學生們應該根據自身的能力，為爭取獎學金付出努力，在自己感興趣的學科進行更加深入的學習。學生在教授的評比方面應該要具有一定的發言權，只有這樣才能激發教師做到更好。還有，大學必須要激發學生的想像力。為什麼我們始終要滿足於許多問題的表象，而不去研究自然的內在緣由呢？這在很大程度上不是透過科學完成的，而是透過詩歌完成的。大學應該開設與莎士比亞相關的課程，正如薄伽丘（Boccaccio）在佛羅倫斯時講授關於但丁的課程。學生不僅該在智力層面上對此有所了解，還應該對這些偉大詩人的思想有更加深入的了解。讓我們的大學生既能學習對數，又能學習著名詩人的作品。」

　　將高等教育局限於一種嚴苛的學習系統，並強行推廣到所有人身上，不考慮每個學生的特殊天賦，這是極為錯誤的。「偉大，」他說，「是訓練。數學的練習是一種思考訓練。相比於修辭學或是道德哲學的課程，我們最好還是教育他們如何學習算術與拉丁語法，因為他們需要嚴格按照某種方式去做某事，而培養這些事情的能力要比知識更加重要。接著，必須要教育學生掌握這些數字元素，因為掌握這些數字是日後研究基礎科學的基本。但是，很多優秀的學生對此可能並不感興趣。他們可能不喜歡掌握這樣的能力。在上大學的第一年裡，他們每天要投入三分之一時間用於學習這樣的知識 —— 這對他們的心智與心靈來說是一種沉重的負擔，讓他們根本無法更好的學習喜歡的課程。歐洲那邊的大學曾經也非常重視邏輯學與神學。在前一個時期，歐洲的很多大學都沒有開設與自然科學有關的

課程。現在，自然科學在大學的課程設置裡占據了優勢，反過來又威脅到其他的課程。一個具有敏銳觀察能力且有宏觀思維的人，肯定能看到大學教育發展的基本方向。對很多從事教育管理的人來說，這是一個可怕的錯誤。在選舉大學校長的時候，真正需要受到管理的不單是學生，還有教授。每個人按照自身的職權去做事，任何越權的行為都應該遭到反對。」

愛默生的部分演說內容進入了阿加西的耳朵。阿加西憑藉著他三寸不爛之舌的演說，排除了許多障礙，從麻薩諸塞州的議會那裡爭取了許多用於自然歷史與博物館研究的專款。他很自然的對愛默生所說的話語進行了思考，於是他向愛默生寫了一封信，用幽默的口吻談論愛默生所談論到的問題，因為他將愛默生視為自己的朋友。

愛默生在回信裡說，自己絕不是反對阿加西從事的工作，並希望他與他所宣傳的博物館能一帆風順。事實上，愛默生對於系統性科學沒有什麼特殊的偏好，但自然歷史始終都是他所感興趣的。除此之外，他根本無意對不同的學科進行不公平的比較；他只是表達反對大學排外性的做法，而在這方面上，沒有人有權利去指責阿加西。

我認為，愛默生與阿加西兩人的真誠關係始於幾年前的週六俱樂部。當時，這個俱樂部辦得很成功，每月的俱樂部聚會交流都為他帶來了許多新穎的思想與觀念。其他人展現出來的包容心態，散發出熱情洋溢的精神，以及他隨時準備與其他人討論任何話題的想法，再加上他的舉止相當簡樸得體，都讓他們彼此產生了強烈的認同感，這為愛默生帶來了一種很難得的社交樂趣。在談到阿加西時，愛默生說他的舉止與他本人似乎是分離的，但是，從沒有見到有人在這方面做得更好的了。

他們與霍爾法官、羅威爾、傑佛瑞斯·懷曼（Jeffries Wyman）以及週六俱樂部的其他成員，組成了阿迪朗達克俱樂部（這是週六俱樂部的的分支），他們曾一起前往紐約州北部蒼茫森林裡遠足。西元 1858 年，愛默生對這次遠足進行了富於詩意的描述。愛默生還特地為這樣的遠足活動購

買了一把步槍，但我認為他從來沒有用這把步槍獵殺過任何動物。某天晚上，當他提著南瓜燈籠在森林裡走路的時候，看到了一頭鹿，但他並沒有進行射擊。他喜歡與嚮導們進行交流，讓嚮導們的神奇探險故事滿足他的想像力。

霍姆斯博士說，愛默生是週六俱樂部的初創成員，也是這個俱樂部的核心成員。正如霍姆斯博士所說的，我們應該可以從愛默生的日記裡找到相關的描述。我就在愛默生的日記裡找到了以下段落：

西元 1862 年 2 月 28 日，因為俱樂部聚會的關係，在匆匆吃完晚飯之後，還要等待第二天返程的火車。如此緊迫的時間通常讓人無法進行更加深入的交流。如果你想要從中獲得好運，就需要耗費一些努力，讓自己左右兩邊都坐著正確的人。如果你做好了這一點，那麼這會讓你在俱樂部的時間變得更加有趣 —— 這是毫無疑問的。

愛默生喜歡參加這些聚會，並定期參與這樣的聚會，與別人聊聊他的一些想法。我經常聽他讚美俱樂部一些著名成員的談話能力。但是，他卻將自己定義為一名聆聽者，總是希望聽到其他聰明人表達的意見，而不是主動表達自己的想法。霍姆斯博士就曾說：「愛默生與朗費羅（Longfellow）通常坐在桌子的另一邊，用低沉的聲音進行著交談，他似乎在說話的時候顯得很謹慎，都是聆聽著別人說話，將一些值得記錄的隻言片語記錄在腦海裡。」在麻薩諸塞州歷史學會上，霍姆斯博士這樣說：「愛默生是一個惜字如金的人，每當他說話時，總是顯得那麼準確得體。如果他身邊有一位像博斯韋爾那樣擅長速記的人，那麼他說的每一句話都將會保存下來。聆聽他說話，就好比看著一個人踩在石頭慢慢渡過一條小溪。他總是在完全想好該說什麼之後，才會將這句話說出來。他總是用他所能想到的最好詞語去表達自己的意思，即使是像伍斯特或是韋伯斯特這樣的學識淵博的人都無法修改第二字。他總是顯得那麼有禮貌，表現得那麼隨和。特倫斯（Terence）透過繪畫的形式將他的笑容記錄下來了。但是，當某些

事情激發了他特別的興趣，他的身體會傾向於對方，流露出一幅別人永遠不會忘記的認真神色，他的頭部會微微向前，肩膀則像老鷹的翅膀那樣高高聳立起來，雙眼似乎觀察著別人的思想流動，彷彿正在慢慢捕捉這樣的思想，希望能像老鷹那樣在半空中捕捉到獵物，然後將這個獵物送到自己的雛鷹那裡。最後這個思想過程是很重要的。」愛默生隨時準備加入這樣的對話，與他們談論文學歷史或進行一般性的評論名單時，別人說的一些震撼的思想或是新奇的表達方式，總是會讓他陷入沉思，無法及時做出回覆。正如卡萊爾所說的，在這樣的場合下，愛默生似乎在努力用一把耙子將這些思想收集起來，而不是用鐵鏟將這些思想到處鏟出去。我認為，愛默生表現出的沉默寡言並不單純是因為孤獨的習慣所導致的，或是因為他不喜歡參與這樣的討論，而是因為霍姆斯所說的，他希望使用的詞語能更加準確。正是出於這樣的考量，他才會在闡述一些事情或是思想的時候顯得猶豫不決，無法立即將閃過腦海的一些想法說出來。在早年的一篇日記裡，他這樣寫道：「長久以來，我已經了解到一點，就是有必要用正確且全面的方式去表達自己的思想，我絕不能用一種死板固定的方式這樣做。因為這就好比讓彈簧過快的壓縮。」正因如此，他的這條「彈簧」似乎始終都處於壓縮彎曲的狀態，最終失去了突然迸發能量的力量。雖然他一輩子都是一位公眾演說家，但他幾乎從來不進行即興演說。我認為，如果讓他進行即興演說的話，他也不會獲得成功。我還記得，在西元 1864 年，週六俱樂部舉行紀念莎士比亞的晚餐會上，一些來客看著他安靜的站在餐桌前，然後坐下來，他的面容是那麼的安靜，沒有任何害羞的表情，但他卻無法就他從童年時就已經非常熟悉的一個話題說出一些話來。這些少數的例子可以說明，他在沒有進行準備時進行公開演說，表現會多麼糟糕。正如羅威爾所說的，他必須要事先做好充分的準備，才能流暢的發表演說。愛默生在寫重要信件時，都會打一個草稿。但我認為，即使他在與人對話的時候，也未能擺脫炫耀的本能，他在選擇恰當詞語時會感到很難，因此他抱怨自己出現的這種「神經短路」的狀態。

（如果我在描述這個事實上沒有任何誇大的話）在他的晚年，他在遣詞造句方面需要克服更多困難，這種耗費心神的習慣讓他甚至在日常生活中都不知道該選擇什麼詞語來與人交流。

　　不過，他也知道自己缺乏流暢的交流能力所帶來的一些補償。按照他的說法，美國的天才們總是喜歡過分炫耀自己，絕大多數人都喜歡過分的表現自己，喜歡就一些事情進行膚淺的交談，根本沒有足夠的洞察去了解更為實質的東西。

　　對那些在我們心智世界裡遊蕩的思想，我們無法馬上進行吸收或是使其變成我們的一部分，但是我們卻將這些想法稱為思想。我們將這些想法表達出來，似乎這些想法能為我們的情人或是所有的雅典人帶來精神的愉悅。當我們玩這樣的思想遊戲時，會遭遇可怕的損失。

　　但如果我們認為，愛默生是一個沉默寡言或是傾向於自我的人，甚至認為他是一個羞澀之人，是一個像霍桑一樣的人，只對親密的朋友才敢完全卸下心防來交流的人，這是非常錯誤的印象。在交流過程中，沒有人比愛默生更加友善或是善於鼓勵別人，也沒有人比他更願意與別人成為朋友。他這樣做並不是為了某些目的，而是他發自內心的天然熱情，每個遇到他的人都會有這樣的感想。每個遇到他的人，哪怕是只與他有過一面之緣的人，都能從他那雙洋溢著熱情的眼睛感受到他的寬容與友善，無論是人們在大街上碰巧見到他，還是在他接待陌生人時所表現出來的謙恭的舉止。當然，他有時的確相當抗拒這樣的介紹。當某人希望他能寫一封介紹信的時候，他對霍爾女士說：「哦，伊莉莎白，為什麼一些人要這樣做呢？難道上帝拋棄了他們嗎？」顯然，在他的思想與情感深處，有些東西是別人永遠都無法穿透的，他也是不可能對其他人展現出來的。但是，他並不想成為道德主義者，高高的站在哲學高度以冷漠的態度遠遠觀看著其他人的做法，而是以一位深諳世事之人的形象去深入了解生活。他是一個了解世界與民眾的人，既能夠接待別人，又能與別人進行深入的交流，正如柏拉圖或是蒙田那樣。

愛默生在寫給霍爾女士的一封信裡這樣說：

當柏拉圖來到帕那索斯山的懸崖邊與峰頂時，到底是怎樣一種安全感或是常識，讓他感覺自己彷彿走在大街上，淡然的走下去，彷彿自己就是往大街上走，並認為這就是一個屬於自己的地方！在我那些喜歡炫耀的新柏拉圖學派的朋友們中，沒有一個人能了解這樣的事實，或是有這樣一種精神。

關於自己，愛默生認為「缺乏足夠的忍耐與剛毅的精神」，或者說一種擬物的敏感情感讓他走在大街上會感到很不自在。愛默生在早年的一篇日記中寫道：

拿破崙的性情中有一個優點，就是能對別人的想法或是觀念表現得非常冷漠與無動於衷，這是一種顯著的優勢。因為只有這樣，任何人的八卦或是嘲笑的行為都不會讓你感到氣餒。可以肯定的是，這樣一種軟弱的行為是非常膚淺的，而那些飽受痛苦的人則可以透過增強自己的洞察力，來一雪前恥。

整體來說，愛默生顯然是誇大了自己在社交場合下的缺點。我也期望聽到別人說，當我記錄愛默生的時候，也同樣誇大了他的這些所謂缺點。

羅威爾在週六俱樂部的一次聚會上，就在一篇關於阿加西的詩歌裡，對愛默生的另一種性情進行了描述，這就是他不喜歡被別人嘲笑：

我看著他雙眼有神的聆聽著
他有著法官的智慧，卻坐在那裡忍受著蘋果酒的刺痛
（這是用成熟的蘋果自釀而成的，非常好的美酒）
雖然這位智者的鼻子如鷹鉤
卻始終保持著引而不發的克制狀態
那些任性之人發出的笑聲
彷彿穿過了安靜的松樹林
最終變成沉悶的迴響

愛默生的一些朋友都是喜歡大笑之人,其中比較著名的就是卡萊爾與阿加西。愛默生從不認為他們的笑聲是毫無節制的。就他本人而言,「我們將某種愉悅的身體痙攣稱為笑聲。」當他的一些行為讓他們感到驚訝的時候,這總是讓他的內心感到些許痛苦。

愛默生在英國寫給霍爾女士的一封信裡說:

人類終將會處於這樣一個時代,即我們能心平氣和的以某種方式去描述自己,而這是我們現在所無法做到的。」但在那個時代到來之前,我們必須要接受這樣的現狀,即使我們有時的做法會對別人帶來不佳的印象。愛默生嘗試過記錄,選擇接受自己。我們可能會說,他接受自己真實的自我,即使別人並不看重他的文章或是言論。也許,這些人還認為他的言行是非常愚蠢的。

詹姆斯說:「愛默生的一大人格魅力,就是在他與你面對面交談的時候,會在你毫不察覺的時候彷彿讓你感受到了無限的人性。」這並沒有為愛默生帶來什麼幫助或是阻礙。他的演說沒有吸引很多人聆聽,前來聆聽他演說的人幾乎都是同一批人,他的演說也沒有產生很大的影響。在某些地區,愛默生當年在神學院發表的演說依然讓一些人留下了不良的印象。後來他的一些與超驗主義相關的演說,在更多人看來只是一種滑稽的表現方式而已。我們很難說,愛默生所持的信條贏得了很多改變宗教信仰者的支持。他從不以自我的感知來認同自己,而是始終願意根據事情的發展以及自身的感悟去加以改變,即使這樣的改變是無條件的,他都會以冷靜的方式去加以接受。他不想去編譯一些東西,只是想在真理擺在面前的時候能夠以真理為準,相信其他人也會像他這樣去做。

愛默生在西元 1859 年的一篇日記中寫道:

在過去 25 年或是 30 年裡,我一直從事著人們所說的文字創作或是相關演說,但我卻沒有任何一個門徒。為什麼會這樣呢?這並不是因為我所

說的是不真實的，也並不是因為我的演說沒有找到任何具有智慧的共鳴者，而是因為我本人並不希望讓別人去追隨我，而是希望他們能夠追隨自己的內心。如果他們前來追隨我的話，我該怎麼辦呢？他們反過來會影響與干擾我的工作。我沒有創立任何學派，也沒有任何追隨者，這是我敢保證的。如果我無法始終保持獨立自主的話，那麼我認為這必然會讓我的人生視野變得不純潔，無法以更加公平公正的方式去看待事情。

當我看自己的書時，彷彿就在看我最喜歡的書籍 —— 不會有任何激動或是震驚的想法，也不會感到來勢洶洶的情感，而只是感覺到一種友善且可親的影響，彷彿就像花朵的芳香或是旅行者在沿途中看到的全新的風景，慢慢的潛入腦海裡面。對於那些閱讀我書籍的年輕讀者，倘若他們對我所傳遞的思想感到不可思議，我不希望他們產生憎恨或是反對的思想；若是他們從這本書裡感到了共鳴的話，我也不希望他們親吻或是擁抱我。

他希望能夠在一旁袖手旁觀，讓自己的作品或是演說留給別人去評判。當一些報紙對他進行批評的時候，他在寫給身在遠方的一位記者的信件裡說道：

現在仍然有很多人對我的作品是否健康與安全存在顧慮，我感到非常遺憾。但是，只要人們還有這樣的疑慮，或是只要你還這樣認為，那就請你繼續保持這樣的警惕吧。我只是站在一個旁觀者的角度去看待你的想法以及我自身的想法，我無法繼續以其他方式去客觀的看待這些事情了。因此，我們現在不會肯定或是否認我的精神是否正常，但是我會讓天地對此進行評判。

在這個階段，愛默生的作品的銷量不斷上升，這表示更多讀者讀到了他的作品，但他所產生的影響並不單純局限於他創作的著作上。真正讓愛默生成為一個有影響力的人，並不是他說過什麼，或是他以怎樣的方式去說，而是在於到底是什麼驅動著他說出這樣的話 —— 他總能在精神的高度，以開放的視野去看待現實社會中存在的缺陷以及各種矛盾：他所闡述

的思想就像陽光那樣清晰無誤。此時，當他的創作高峰期過去之後，他的作品彷彿成為了太陽下山之後，冬日的天空上仍然殘存的晚霞，為更多人所能了解與欣賞。

西元 1866 年之後，愛默生很少創作什麼新的作品了。在很久之前，他就已經幾乎耗盡了所有的心智能量了。他仍然像過去那樣發表演說，多數都是在遠離家鄉，前往西部發表演說。在很多時候，他都是每天發表一篇演說（有時，甚至一天發表兩篇演說），這樣的情況持續整個冬天，幾乎每天都在不同的地方發表演說。

西元 1865 年 7 月，在南北戰爭結束之後，一些士兵返鄉的情況下，愛默生受邀在哈佛大學的紀念日發表演說。羅威爾在談到這些哈佛大學生時說：「對愛默生來說，這樣做就是向那些在內戰裡犧牲的年輕人最好的敬意。他認為，正是有著像這些具有英雄主義的年輕人表現出來的勇敢力量，才讓他們的人生更能打動每一個人。」在愛默生看來，他應該前去那裡歡迎那些凱旋的英雄。他面對這些英雄們發表了一篇簡短的演說，演說的文稿收錄在他的文集裡。

內戰結束的時候，愛默生的家庭又發生了一件喜事 —— 他最小的女兒與威廉·H·福布斯（William H. Forbes）上校結婚了。在寫給他的一位老朋友阿貝爾·亞當斯的一封信裡，他這樣說：

西元 1865 年 10 月 1 日，康科特

伊迪絲（Edith）的請束會告訴你婚禮舉行的具體日期與時間，但我特別希望跟你說，我真的非常希望你與你的家人到時候前來……我懇求你，千萬不要讓任何可以征服的障礙阻擋你前來的腳步。我的家人圈子已經變得很小了，因此我真心盼望著你及時到來，因為在過去將近四十年的時間裡，你一直就像大哥那樣支持著我。你知道我以前的生活困境，愛德

華[042]的人生也有賴你的幫助。除非你能夠到來，否則我不會期待週二的到來……

永遠忠誠於你的
拉爾夫·沃爾多·愛默生

西元 1867 年，愛默生再次被選為劍橋地區優秀大學生集會的演講人，正如他在 30 年前那樣。只是，他不再是 30 年前那位人生剛剛起步的年輕人了，人們不再期望他發表充滿詩意的演說。現在，他是以新英格蘭地區最負盛名的作家的身分來發表演說。在西元 1866 年，他接受了哈佛大學頒發的法學博士榮譽學位，並由校友們選為監事委員會成員。

他並沒有因此而變得更加「正統」，他的思想觀念卻依然沿著既定的方向前進。在宗教問題上，雖然他在這些年裡，在自由宗教協會（西元 1867 年 5 月 30 日），在西元 1871 年在園藝大廳發表的演說以及在派克聯誼會發表的週六演說，但依然與他當年在神學院發表的演說一樣，遭到了許多反對的聲音，但是，愛默生此時開始慢慢看到自己的演說方式存在著一些錯誤，並想辦法加以改正。當這些報導傳到了愛默生的耳朵，愛默生立即授權他的兒子進行反駁。按照愛默生的說法，自從他離開教會之後，就從未否定任何他在作品中表達的觀點。我認為，愛默生當時的思想，事實上已經處於一種沉寂狀態，任何發生的事情都不可能激發他去反思，他的情感似乎已經回復到了年輕時那種志得意滿的狀態當中。他希望看到每個人能在週六前往教堂禮拜，但他卻不願意這樣做。正如他的姑姑瑪麗·愛默生希望別人信仰喀爾文教派，但她卻不願意這樣做。諸如自由宗教協會這種不怎麼受歡迎的團體反而是他所青睞的，這能夠讓他繼續站在革新的道路上。關於這方面的一個很好的例子，就是愛默生在擔任哈佛大學監事委員會成員期間，遇到了廢除強制性要求大學生參加晨禱的問題。倘若

042　愛德華是愛默生的兒子，他的大學學費是亞當斯所支付的。

當時沒有愛默生的強烈堅持，這個提議就通過了。據說，愛默生當時表示，他不願意看到年輕人失去這樣的機會，讓他們每天都能透過祈禱獲得最高尚的態度。整體來說，愛默生反對這樣的改變，也許並不怎麼讓人感到意外。但是，一些人很自然的對此表示驚訝，認為晨禱的做法並不會讓學生們得到什麼。事實上，愛默生這樣做只是沉湎於自己年輕時候的一些思想而已。

西元 1867 年至西元 1879 年，愛默生擔任了兩屆哈佛大學監事委員會成員。在他的第二屆任期行將結束之前，雖然他很想辭職，但最後還是堅持下來了。他認為自己當時的身體已經無法承受這份工作所帶來的責任。儘管他依然定期的參加會議，但他總是安靜的坐在那裡，就像一個生怕打擾了別人的人一樣。他偶爾會皺著眉頭或是微微的張開嘴巴，似乎想要抓住別人說出的某些特別重要的話語，但他很少參加其中的辯論了。他會聆聽學校的一些課程，並不時擔任監事委員會的主席。在愛默生的文稿裡，我找到了一些不完整的草稿，其中的內容基本上都是說一些籠統概括的事情，比如學校必須要堅持培養學者的目標，必須要給予教授與學生合適的榮譽或是津貼，給予學生們恰當的獎學金等等，還有就是不能透過強制性的方式來教育學生，而要透過喚醒學生對知識的純粹興趣去引導他們。聰明的教育者知道如何引導學生，讓學生們從某些學科中了解讓他當年感興趣的點。他還會向學生們展示如何從荷馬、賀拉斯、但丁等人的作品中獲得樂趣，並且不會以嚴苛的方式看待學生們的表現，不會在分數上對學生有過分嚴格的要求。分數只是適用於低年級的學校，並不適用於大學，只是適用於男孩，並不適用於成年人。因此，倘若讓教授去這樣做，這其實是吃力不討好的。

我還發現，愛默生特別推薦將演說能力視為一門學科，他希望在康科特的學校裡推廣這樣的學習。他還曾給予圖書館館長一些相關的建議，更好的引導那些有這方面能力的學生，並且為這些學生提供相應的書籍。愛默生不可能在這方面進行詳細的後續追蹤，也不可能因此參加辯論。正如

我所說的，他只是安靜的坐在那裡。不過，他始終對別人的談話保持著興趣，也為自己置身於大學的氛圍裡感到高興。雖然，他早年在大學裡曾有過不好的回憶，比如他曾經指責過大學裡實踐的輝格黨原則，但他始終對自己的大學保持著忠誠，通常都會前來參加全美優秀大學生聯誼會，或是發表一些演說。當建立紀念堂的建議提出之後，他忙著聯絡當年的同學，希望能讓他們捐款。我認為，愛默生也從自己的收入裡捐出了一筆錢用於建設紀念堂。

在他的日記裡，我發現了他在紀念堂奠基典禮那天寫下了這樣的文字：

西元 1870 年 10 月 6 日

今天是劍橋地區紀念堂的奠基儀式。大家都懷著愉悅的心情參加了這個活動。大家都停止了爭論，來的人很多。最優秀的男女都過來了，只有少數一些人沒有過來。這樣簡單的安排是非常好的，每一位上臺演說的人都做得非常好。亨利‧李（Henry Lee）作為管理者，散發出勇敢無畏的精神。菲利普斯‧布魯克斯（Phillips Brooks）牧師的祈禱詞也非常簡潔，沒有任何多餘的話。亨利‧羅傑斯（Henry Rogers）、威廉‧格雷（William Gray）與帕弗里博士也都上臺發表了簡短的演說。唱詩班則唱著赫奇博士翻譯路德的讚美歌。奠基儀式之後，羅克伍德‧霍爾（Rockwood Hoar）則發表了一篇充滿常識、情感、美德的演說。在這之後，唱詩班又唱了溫德爾‧霍姆斯原創的一首歌。這些表演的每個部分都表達了民眾的真實情感，我們之中很多人都流下了驕傲的淚水。那些來自哈佛大學的士兵們穿著整齊的軍裝，接受著大家的歡呼以及對死去戰友的緬懷。米德（Meade）將軍也在現場，按照霍爾法官的說法，他顯然也「深深受到當時氣氛的感染」。克拉夫林（Claflin）州長當時坐在艾略特校長旁邊。我們來自英國的客人休斯（Hughes）、羅林斯（Rawlins）、戴雪（Dicey）以及布萊斯（Bryce）也坐在臺上認真的聆聽著。

西元 1870 年,愛默生為自己受邀在劍橋地區的大學發表演說而感到高興(按照計畫,參與演說的人不能是教職人員)。愛默生欣然接受了這次邀請,他將這視為完成《智慧的自然歷史》一書的好機會。此時,他已經將完成這本書視為自己晚年的主要任務了。早在西元 1837 年,他就曾想過要寫「一本關於理智的自然歷史」的書。在此期間,他曾多次想要開始這個計畫。西元 1848 年,他在倫敦發表演說,以及之後兩年在波士頓與紐約的兩年時間裡,還有在西元 1858 年,他在發表關於「心靈哲學的自然方法」的時候,以及在西元 1866 年,發表關於「人民的哲學」系列演說時,他都準備要完成這項工作,但他始終無法超越自身原則的限制範圍。現在,在做出了極大努力之後,他終於能夠將自己想說的話都說出來。在開始這些演說之前,他認真的工作了幾個月。但是,正如他在寫給卡萊爾的信件 [043] 裡所說的,最後的結果依然無法讓他感到滿意。

沒有人期望愛默生形成一套屬於自己的哲學理論,他一直都只是宣稱這些思想是屬於形上學的體系,只是表達自己的一些想法而已。因此,他現在不可能就想著嘗試去創造一套自己的理論。但是,他一直希望能夠找到一套研究心靈的務實方法,根據心靈的法則與外在自然的法則的規律去做,然後透過對形上學的事實以及它們之間的類比進行簡單的觀察,之後再進行反思與分析,從而得出結論:

我們對於內省性的研究始終懷著厭惡感,總是專注於研究眼睛本身而不是眼睛所看到的東西。這樣的嘗試是違背自然規律的,必然會遭受自身功能無法釋放所帶來的懲罰。這是一條錯誤的道路。無論是為了好的結果,為了更好的發揮智慧、能量以及智力,我們都應該以明確的方式去做,而不應該以暗中偵查的方式去做。我想要找尋的並不是邏輯,而是力量,只有這樣才能讓我們對科學與文學進行更深入的研究。那些內行人只是重視純粹的幾何學,認為地球與天國之間可以有一條憑空想出來的橋

043　這是西元 1870 年 7 月 17 日所寫的信件,出自《卡萊爾與愛默生的通信錄》。

梁，並可以用純粹的理智去修建連接的拱門。如果你能告訴我這兩者的目的地在哪裡，我肯定會感到非常滿意的。我的形上學純粹是一種對未來的設想，甚至連嘗試性質都算不上。我沒有那樣的創造力去創立所謂的實驗性方法，從而更好的窺探自然的祕密或是潛藏的法則。我沒有那麼高遠的目標，只是將自己的追求局限於真實的紀錄。我的貢獻只是局限於簡單的歷史紀錄。我會將智慧方面有趣的事情寫下來，做成類似於《農夫年鑑》的書，只是其中的內容記錄著人的心靈情緒。

與以往一樣，他總是以優雅的方式談論那些創造思想系統的人與那些創立了某種思想體系的人。他也非常尊重那些能夠按照人生經驗去對事物一般性的規律進行定義與總結的人。但是，他有時卻無法隱藏對這些人的吹噓做法流露出來的反感態度。「這就像一隻困擾著全世界的小昆蟲，我們在很多方面都沒有做到更好。我們只是處於剛剛起步與對事物進行初始了解的階段。」但是，很多站在他們這一邊的形上學學者可能會問：「難道知識沒有包括對普遍關係的認知嗎？或者說，所謂的事實真相，難道不就是關於自然法則的例子，讓每個人都能在某種特性的環境下受到一定的影響嗎？這是關於知識的一種悖論。我們稱之為約翰或是彼得的這些小昆蟲，能夠掌握一些關於宇宙的規律。還有，這已經涉及到我們經驗的初始部分，與我們一些虛幻的想像與夢想存在著明顯的區別。所謂的真理，難道不就是代表著一個系統，從不同的事件裡看到一種秩序嗎？」愛默生本人也曾對此表達過自己的看法：「如果某人沒有以傲慢自大的方式這樣說，那麼我可能會建議他滿足於記錄事物發展的一些斷斷續續的曲線，只是將他所看到的一些事實記錄下來，而不要嘗試按照某個輪廓去做。同時，他可以遵循一個思想系統，這樣的思想系統應該與其他的思想系統一樣宏大，同時在條件不成熟的時候強迫它們變成一個圓形或是橢圓形。但是，他只需要將他清晰看到的事實記錄下來，然後等待全新的機會去加以驗證。只有這樣，他才能確信這些所觀察到的圓弧才是包括彼此的。」

愛默生所反對的不是形上學，也不是思想系統的觀念，他反對的是教

條主義。他反對任何急於以某種最終解決方案去實現想法的做法，反對在超過我們對事物定義的範疇之外，將更多事物更多的含義排除在外。在他的第一篇演說裡，他這樣說：

　　我認為哲學課程的作用就在於，學生應該學會了解心智所創造出來的奇蹟……他們應該將心智看成是所有傳統的源頭，看到每個人都會根據得到的啟示而產生更好或是更壞的想法，他們應該完全相信心靈發出來的指示，在心靈深處緊緊的擁抱著上帝去對抗其他人以上帝之名所做的事情。如果他一開始驚恐的發現自己無法接受這樣的事實，那麼很多激烈或是溫和的宗派觀念會讓他堅持這樣的想法。他會以自身的洞察力與無所畏懼的想法去武裝自己，更好的應對各種對他造成阻力的障礙與挫折。

　　特別的，愛默生還回憶起了當年神學院權威與自由派基督徒的一些做法，其中一些人是公正且具有洞察力的人，這些人都是具有成熟心智的人。這些人得出的結論是，因為他們是站在正確的位置，因此他肯定是站在錯誤的位置，並認為愛默生的宗教見解是沒有任何現實基礎的。因為按照這些人的看法，愛默生提出的所謂見解，使他不去相信任何透過系統化理智思考去證明我們的信念。不過，正如許多德國人所說的，這樣的情感讓他在這條道路上走得更遠。他全心投入其中，不僅反對任何強制我們所要信仰的規定，而且還想辦法嘗試將信仰與短暫的心靈印象區分開來：

　　我對所有科學領域與事情的評判標準，都是根據心靈對它們所留下的印象。每一種思想都會占據屬於它們的位置。在一些具有創造性靈感的夜晚，這樣的思想就會在心靈的世界裡打下烙印。這些思想就好比創造世界的安靜之人正在慢慢前行 —— 這些思想的行為方式以及它們的排列順序是多麼的神奇啊！它們有著各自的生命以及各自的行為方式，整個過程是獨立於意志之外的。它們不可能遭受意志的干預或是窺探，而只能透過遵循的方式來實現。千萬不要強迫你的思想變成一種固定的安排，那麼你會發現它們會按照自身的屬性進行排列，而這樣的排列是具有神性的。

思想的倫理就是源頭表達出來的一種敬意，這樣的源頭，發源於某個未知的領域。當我們無法想出用什麼恰當的詞語去進行描述的時候，就只能將之稱為本能。我們應該對隱藏起來的上帝表達一種含蓄的順從。本能與認知之間的比較，就好比天然磁石與路標之間的關係。

可以肯定的是，一個人的全部潛能都在於他對所看到物體產生的習慣性第一印象。讓我的心靈留下深刻印象的事物，應該也能讓我印象深刻。

在講了以上內容之後，我們應該看到哲學占有一席之地的原因。心靈對我們所說的第一句話其實就是最後一句話，因為如果我們能夠遵循我們的心靈印象，那就不需要繼續向心靈進行任何追問。在愛默生看來，倘若我們的情感始終能對人生經驗保持高度的敏感，那就幾乎不需要什麼哲學了。事實上，我們的每一個印象都代表著自然的一個事實，正如水的結冰與蘋果從樹上掉下來，其實都是在遵循著自然的規律。在那些心靈健全或是懷著順從心靈的人身上，創造性思想能夠透過表現出來的形象來進行自我實現，這個過程不會出現任何中斷，也不需要任何理由將他們連接起來。那些鼓舞人心的人、詩人、預言家都是正確的哲學家，而理智之人則不是。

哲學依然處在初級階段。終有一天，詩人會教授關於哲學的課程。詩人能夠看到事物的整體，避免進行任何心靈分析。然而，形上學學者則是用一種數學思維去進行看待，然後讓自己遠離任何心靈的湧動，因此他們失去了感受心靈奇蹟的機會，而這樣的機會正是創造崇拜的基礎。詩人會選擇相信，哲學家在經過一番掙扎之後，卻只能找到選擇相信的一些理由。

但是，因為缺乏某些明確的人生視野，當我們處於冷漠的情緒狀態下，可能就會認為，我們的思想以及透過對自然事物進行反省，得出修正之後的結論是正確的。事物之所以會與我們的思想處於相符狀態，就是因為它們處在相同一個的位置。知識是對這種認同的感知。首先，我們

是我們所了解的事物，然後我們才會談論這些事物或是將這些事物寫下來——將它們轉變成天空的語言，我們將之稱為思想。這是一種符合自然的邏輯，而不屬於任何推論。這能幫助我們更好的了解與證實我們的人生經驗。

愛默生的第二篇演說是〈物理的超驗主義〉。在這篇演說裡，他這樣說：

這個世界可能就像一個紗線球那樣，從任何的法則中抽離出來。化學家可以透過類比的分析去對事物進行分析，繼而引申到智慧的過程。動物學家同樣可以透過自身的觀察得出相應的結論。幾何學家與機械工程師都能夠得出各自的結論。在無法穿透的神祕世界裡，隱藏著（透過絕對意義上的透明事物）心靈的本質。我等待著我們對自然法則的更多了解所帶來的更深刻的洞察力。

愛默生在倫敦逗留期間發表的一篇演說裡這樣說：

如果我們認真參觀大英博物館或是法國巴黎植物園，或是任何能夠代表自然界事物的地方，就會為感受到的那種神祕的憐憫心而感到驚訝。難道那些捕捉這些獵物或是釣上這些魚的人不讓我們感到震驚嗎——他們到底是透過什麼樣的方式對他們所捕捉的獵物有所了解呢？我在每個地方都能看到同樣的事實。化學家對身體結構隱藏的祕密有著一種近乎病態的感覺。當漁民想要了解魚群的時候，就必須要去觀察魚的生活情況，正如化學家們能夠找到中和鹼性物質的辦法，是因為他對鹼性物質有著深入的了解。

愛默生從沒想過要創立一套哲學體系，他甚至沒有制定出任何方法，他只是以自己的方式去說出一些哲學問題，然後指出解決這些問題應該遵循的方向。問題就在於，我們的許多思想以及事物都會聚集起來，在經過我們的同意之後，在腦海裡變成一個事實。一個事實就代表這一種想法，代表著心靈的一種印象。但這同時代表著自然的一部分，這是獨立於我們

自身以及思想世界的：哲學的功能就是將這樣的關聯解釋清楚，從而將知識與一些所謂的思想區分開來。現在，如果我們可以肯定一點，即任何事物都以它們應有的方式讓我們留下印象，那麼我們就不需要在心靈圖像的世界之外去進行找尋。只有這樣，我們才能以正確的方式去看待事物。正如愛默生在他的文章〈經驗〉裡所說的，讓人遺憾的是，我們卻發現自己無法以直接的方式去進行發現，只能透過沉思冥想的方式進行。我們無法透過任何方式去修改那些扭曲的圖像。我們發現，真實的世界並不是我們所想像的世界。但是，如果我們能夠擺脫這樣一種前後矛盾的想法，根據思想與物體之間各自的終極定義去進行區分，那麼我們就能區分出思想與物體之間的區別 —— 但是，這樣做並不是解決問題，而是在忽視問題。問題就在於，我們了解任何事物的方式，都與我們對無法理解的事物是一樣的。知識只是我們的心靈對自身以及對任何外在事物的不現實性的一種感知。愛默生曾在他的文章裡談到這個問題，並以詩意的方式去闡述智慧以「無法抗拒的溶劑」去消融自然的能力。但是，這些思想不能稱之為信條，因為這樣的論述會立即變成一種無謂的重複。按照這樣的觀點，任何人都無法對任何事物談論任何印象，除非這些事物是存在或是可以感知的。若是從這個角度去看，所有的印象都是相同的。在愛默生看來，心理、本能、感知、想像、理智甚至是記憶，都會回歸到一種容納接受的狀態，「按照心智的法則或是與自身處於認同的法則去溶解事實」。思想的這種運轉方式，就是要將所有多樣性都僅僅視為一種顯然的現象 —— 這些不同的稱謂其實指代著同一個事實。智慧的自然歷史會按照自身的過程演變成一種對幻覺的更高了解，這會讓我們對事實有著更加深入的了解，讓我們能夠在全新的面具下找到自己的老朋友。

　　愛默生的這些演說似乎受到了 30 多名學生的熱烈歡迎。其中一名學生在寫給《大西洋月刊》（西元 1883 年 6 月版）的一篇文章裡說，愛默生的演說都充滿了「詩意與音樂」。但是，愛默生在當時卻希望能夠傳遞出更多的資訊。在這些演說裡，他不可能想著去解釋「色諾芬尼（Xenophanes）」的詩性悖論，或是將這些想法以信條的方式灌輸給別人。

就像一隻生命永恆的長尾小鸚鵡，
始終在重複著同一個調調。

　　如果我理解得沒錯，愛默生希望傳遞給學生們的思想，並不是關於真理認同方面，而是關於真理的無限性方面。他希望讓學生們明白，在我們所感知的事實裡都殘存著現實的影子，這超越了我們所能定義的範疇。因此，任何定義都不能被視為最終的，就好比任何最終的定義都是有其局限的，也只是對事物一些關係的描述而已。因此，我們不能就此設定任何限制。按照這樣的觀點，自然是心智所觀察到的事物的對照物，並能夠在我們有能力進行感知時迅速了解全新的意義。這就是愛默生所說的特色原則。不過，按照愛默生的闡述，他會談到一個理想的統一體，對事物關係的感知就是基於這樣的統一體之上，這樣的關係是如此強烈且具有排外性，已經沒有任何實現多樣性的空間，或是除了認同之外的任何其他關係。

　　我認為，愛默生從一開始肯定就遇到了諸多的困難。在講完第一場演說回家之後，他顯得很沮喪。「我感覺自己加入了過去那些吟遊詩人的唱詩班團隊當中。」當然，這只是他的一種短暫情感。很快，他就恢復了鬥志，在演說裡加入了東方的神祕主義哲學與柏拉圖主義思想，然後滿足於「這些關於智慧的奇聞異事」，不試圖歸納出任何結論，在結束演說的時候懷著愉悅的心情（他的演說場數要比預期的少了兩場），相信明年能夠遇到更好的事情。在最後一場演說結束的時候，他感謝前來聆聽的學生們都非常守時，並認真聆聽了他的演說，表示雖然這次演說「結束時間比較快，在很多地方都不是很完美，但卻在很多方面具有一定的意義」。但是，他的演說還是對他形成自己的觀點產生了很大的幫助。他認為，這可以讓他的中心思想變得更加完整。

第二年，他重複了這次演說（在局部做了一些修改），但他沒有感到任何成功的喜悅。在寫給卡萊爾[044]的信件裡，他表示，這是一次「沉悶的折磨」。演說結束之後，他需要獲得全新的靈感，而他的朋友約翰·福布斯（John Forbes）則向他提供了這樣的機會。他們在前往加州的六週旅行情況，都記錄在賽耶教授[045]所創作的一本書裡。

對愛默生來說，一次旅行要想變得非常有趣，需要許多前提條件——比如一些親密的朋友同行，不需要承擔任何責任，一輛私人普爾曼火車車廂，還有許多充足的日常用品。他似乎完全享受這次旅程。他可以自由的表達自己的想法，每天都處於積極的精神狀態。他讓賽耶留下了這樣的印象，即他似乎「有著無限的時間與休閒的樂趣」。在旅途中，愛默生將所有的憂慮都拋在腦後，享受旅行中的每一個小時，這讓他的同伴們都感到驚訝，因為他「似乎每時每刻都處在興奮的狀態，不會感到疲憊」。

西元 1871 年 4 月 27 日，加州卡利斯托加

親愛的利迪安：

無論是今天還是之前的每一天，我們都在一個氣候極為宜人的地方。今天，我們從舊金山出發，藉由水路與鐵路，來到了一座散發出硫磺味道泉水的村莊，並在這裡游泳。這裡的泉水可以直接喝下去，據說還對身體具有藥用功效。妳可能會認為，當我使用這樣的特權時，是一個多麼具有宗教信仰的人——正如習慣一詞有著雙重意思一樣。昨晚，我在舊金山發表了一場演說。後天，我還要發表第二場演說。也許，在這之後還要繼續發表一場演說。即使在恩納的山谷與奧林匹亞的山脈上，每一種生物都堅持著各自的習慣。妳也知道，與我同行的人都是新英格蘭地區最優秀的

---

044 出自《卡萊爾與愛默生的通信錄》。
045 《與愛默生的的一次西部旅行》，作者詹姆斯·布拉德利·賽耶（James Bradley Thayer），西元 1884 年在波士頓出版。

人，這裡的氣候非常好，我們每天都感到悠閒自在。這座城市擁有寬敞明亮的圖書館與證券交易所，這裡的圖書館藏書非常豐富，還有許多報紙。這裡的道路與旅遊景點可以說是自然界創造出來最美麗的傑作。如果我們都是年輕人的話 —— 因為我們之中一些人已經不是年輕人了 —— 可能每個人都會在這裡購買四分之一平方英里的土地，然後在這些土地上種植葡萄與柳橙，然後再也不回到東部地區了，不需要感受東部的寒冷。偶爾記得的時候，就向家裡寄去幾張乘坐太平洋鐵路的火車票，讓在家鄉的人可以過來，而且未成年人都是半價票的……當然，在我們目前所處的氣候環境與生活環境下，即使是最瘦弱的人都會變得容光煥發與增加體重。在迪爾伯恩的時候，我們進行了一番稱重。賽耶與我的體重相當，其他人的體重幾乎都在 140.5 磅左右。我沒有繼續稱重，但我的體重應該會不斷增加……在前往優勝美地之前，我們主要停留在舊金山。因為按照目前的情況來看，馬上出發的時機顯然不是很成熟，附近有不少面積龐大的果園……但是，起初我沒有說出自己內心的想法，即我們 3 個人在週二的時候前往聖拉斐，來到巴伯（Barber）先生家裡做客，並在那裡度過了一天一夜。巴伯的家是非常美麗的，其中的美感就在於他的家在這片美麗的土地之上。這裡的一切在充足陽光的照射下都顯得那麼熱情與健康。他們非常友善的接待了我們。這棟房子是新建的，非常牢固，地理位置也極佳。巴伯擁有七十一畝地，其中包括一些樹林與山丘。巴伯是一個具有品味的人，知道這些山丘與樹林具有的價值。三、四隻野鹿會在他的土地上覓食，有時這些野鹿也會走到房子附近。他樹林裡的一些樹是我之前從未見過的，比如槲樹、野草莓樹、紅杉以及其他松樹。這裡的花園則長滿了許多野生的花朵。

　　　　　　　西元 1871 年 5 月 20 日特拉基（距離舊金山以東 254 英里）

親愛的利迪安：

　　昨天早上，我們開始從舊金山出發返程了，重新看一遍我們四週前所

看到的風景。當我們看到了更加宏偉壯觀的森林之後，沿途的樹林失去了一開始的神色。但是，這裡的鄉村到處都有樹木與一眼看不到盡頭的花朵。與這裡的景色相比，新英格蘭地區的風景簡直遜色不少。這裡的另一個優點，就是每天的天氣都很好，雖然在下午有時會刮一陣比較涼的大風。

這片土地似乎在大聲疾呼，給我們一些水源吧。隨著地表變得乾燥，一大群的馬匹、綿羊以及牲畜都被驅趕到山上。當地政府已經採取措施，為農田與城市提供乾淨的水源做好準備。山脈的峰頂終年積雪，在夏季時能提供源源不斷的水源。對我這樣一個來自新英格蘭地區的人來說，這裡的生活環境非常優美，生活成本相當低，雖然現在開始有很多揮霍之人來到這個地方居住。我認識的一個熟人，皮爾斯（Pierce）先生就是一位大地主，他為人聰明，非常喜歡旅行。他認為加州民眾需要的是艱難的生活環境以及一些自然的懲罰，只有這樣才能讓民眾變得更加謹慎，真正過上富足的生活。在皮爾斯看來，現在很多年輕人都以不當的方式使用金錢，這對於他們的未來是有害的。

這個地區在未來的發展中占據著許多的優勢，再加上現在新開通的鐵路，讓很多東部人可以過來這裡大開眼界。而且這是美洲距離亞洲與南美洲最近的地方，這裡的港口與君士坦丁堡的港口一樣繁忙，日後必然會成為類似於倫敦那樣的中心。生活在這片全新的土地上，給人帶來敬畏與恐懼的心理，這片土地代表著美國的未來，這裡的氣候與物產的豐富程度都是其他地方所無法比擬的。相比於這個地區的富足繁華，芝加哥與聖路易斯都只是小規模而已。我認為，每個年輕人都應該前往這裡看看。

塔霍湖。我們乘坐馬車走了 12 英里路，穿越了森林，終於來到了這個美麗的湖泊。這個湖泊的直徑大約在 20 英里以上，湖泊的邊緣有散發出硫磺味道的泉水，四周還有高山作為守護神。我想，這裡的銀鮭魚應該會對我們的帶頭人有著很強的吸引力……要是這附近沒有什麼繞道，不急

著朝著東北方向前進的話，那這肯定是更好的，否則我們只能折返回到特拉基。週五晚上，我前往奧克蘭（相當於舊金山的布魯克林地區）發表了一篇演說……乘坐馬車與輪船，終於在晚上 11 點鐘回到了舊金山。伊迪絲已經將我的行李都打包好了。我們在第二天早上 8 點鐘乘坐火車離開了這裡。

　　愛默生在歸途的路上停下來欣賞了尼加拉大瀑布，這讓他的精神為之一振。在這年秋天，他再次出發前往西部地區發表演說。但是，之前在劍橋地區的系列演說讓他的精神遭受了重大的壓力，讓他無法真正的恢復過來。或許，這只是表示他的身心機能已經開始走下坡路了。不管怎麼說，愛默生這種體能的下滑趨勢是隨著年齡的增長而漸漸出現的。西元 1868 年，他在波士頓發表了一系列演說。羅威爾就說，愛默生過去那些聽眾也許在感受到他的演說中的特有魅力時，沒有感受到他的精力已經出現了衰退。在西元 1869 年，愛默生在波士頓的齊克林大廳發表了十場演說，主要內容是關於英國詩歌與散文。愛默生的第二場演說是在自由宗教協會那裡發表的。他還發表了其他演說：就我所知，愛默生在這些演說過程中都沒有展現出任何精力衰退的跡象。但在西元 1870 年之後，這樣的情況就不能同日而語了。

　　愛默生永遠都不會變老。在他的內心深處，他始終像年輕人那樣擁抱著青春，他的情感始終是那麼熱烈，他的信念與他年輕時的信念一樣是那麼的強烈。他所看到的很多人生現象都轉眼即逝了，但是其中的意義卻依然留存在他的內心深處，繼續的深化與拓展他的人生視野。即使是身體機能方面的衰老也沒有很明顯的降臨在他身上。他的頭髮依然很濃密，他那頭灰色的頭髮一直在他很老的時候才慢慢變白。他在早年與年輕時候的視力有時不是很好，但在他之後的人生裡卻變得越來越好。在六十四歲之前，他在讀書或是發表演說的時候都不需要配戴眼鏡。但在西元 1867 年的優秀大學生聯誼會上，他在發表演說的時候卻突然需要配戴眼鏡，這讓當時的人們感到困惑。當時的聽眾只是認為愛默生的手稿可能出現了一些順序混亂的問題。

赫奇博士在回憶西元 1828 年的愛默生時，就說過愛默生的行動相當緩慢。但我認為，大多數在之後幾十年裡見到他的人，都會驚訝的發現愛默生在波士頓大街上走路的步頻很快，雙眼炯炯有神的盯著遠方。我自認為是一位優秀的步行者，但是當我與他在康科特的樹林裡散步的時候，我幾乎與他並肩齊行，當時他已經超過七十歲了。伊莉莎白·霍爾女士與另外幾位還記得愛默生童年生活的人告訴我，愛默生晚年時的身體似乎挺得更直了，整個人的健康狀況也處於更好的狀態。毫無疑問，愛默生長年呼吸著室外空氣，這肯定會讓他原先孱弱的體質變得健壯起來。愛默生從不願意承認自己的身體出現任何衰老或是虛弱的情況。

愛默生在給他一個孩子的信件裡這樣說：

你們天生注定是要過著健康快樂的生活。當然，我對你有著很高的期望，絕不要讓任何關於身體不佳的想法影響到你，也千萬不要相信自己的身體狀況不行的觀念。我希望你們千萬不要認為自己的身體是遭受到了一些妖怪的侵襲。只要你們能在室外生活，多去海邊游泳，或是駕駛帆船出海，或是騎馬與跑步，那麼你們的身體就自然會好起來。因為，偉大的自然母親不會將她的祕密告訴那些喜歡乘坐馬車與蒸汽船的人，而會告訴那些遵循自然規律的人。我始終保持著信仰，我始終相信真誠的愛意是最為重要的。

當然，我們還是不時可以看到晚年愛默生的健康狀況其實已經出現了一些問題。

愛默生喜歡溫暖的氣候：對他來說，康科特地區的夏天永遠都不夠熱。他喜歡在「溫熱的河流」裡游泳。但是，他似乎對於寒冷也沒有什麼特別的感覺。當其他人覺得有必要穿上一件外套的時候，他依然穿著短袖襯衫。因為他不願意穿太多衣服，這讓他感覺很累贅。

在這個時期，愛默生一些重要身體機能開始出現衰退了，慢慢在很多方面呈現出來了，這讓衰老的跡象變得不容否認了。他開始發現自己在回

憶別人名字或是在談話中使用正確詞語變得越來越困難。隨著這樣的情況越來越嚴重，他不得不要用其他方式來表達自己的想法，用更加普通的事物——比如刀叉或是雨傘——或是透過手勢來進行表達。某天，當他在一棵樹的陰影下躲避正午猛烈的陽光，他就用隨和的方式對那位在太陽底下晒的朋友說：「你那裡是不是太幸福了呀？」某天，我在波士頓大街上遇到他，他似乎茫然的找尋著什麼東西，我詢問他要去哪裡。愛默生說：「與一位多年的好友共進午餐。我知道她住在那裡，我希望她不要讓我說出她叫什麼名字。」接著，愛默生將她說成是「一個年輕人的妻子的母親——是一個很高的女人——口才不錯。」此時，我依然在猜想他到底想要表達什麼意思。不過，愛默生始終對這些事情保持著樂觀幽默的心態。有一次，當他想要一把雨傘的時候，他說：「我說不出我要的東西叫什麼名字，但我能夠講出這樣東西的歷史，那就是陌生人喜歡順手拿走它。」不過，這種能力的衰減讓他最後避免與不是很熟的人進行交流，因為他認為這樣做對他們是很不公平的。他在談論自己的時候，將自己稱為一個失去了智慧的人，因此他不應該再像以前那樣承擔那麼多責任了，他必須要將自己局限於研究當中，「只有那樣，他才能依然用智慧去進行閱讀」。雖然他的身體機能出現了明顯的衰退，但他依然能夠清晰的表達自己的想法。這樣的情景在西元 1870 年夏天，他就古德溫（Goodwin）教授對普魯塔克的《道德論》的翻譯版本的修改上得到了論證。當時，愛默生連續勤奮的工作了一個多月，購買了希臘語版本的普魯塔克的書籍，與過去的舊版本進行對比（這似乎是愛默生最喜歡的一個版本）。我認為，這是愛默生最後一次嘗試這樣做了，對書籍長久以來的熱情又再次為他的人生帶來了動力。

西元 1874 年，愛默生一本名為《帕那索斯山》的書出版了，這是一本關於英國詩歌的選集，這本書在當時與之後都增加了一些內容，其中增加的一些內容，可能是他早年會放棄的內容。早在西元 1855 年，他就開始將自己喜歡的一些文章發表出版，而這樣的遴選過程在西元 1865 年前才

基本完成。但在西元 1870 年的那幾年裡，愛默生又加入了幾篇文章，（可能是在那些最親近他的人的建議下），強調了有技巧的閱讀以及其他一些對事物價值進行判斷的方法。這本書的前言是愛默生早些年所寫的。

在西元 1872 年春天，愛默生在波士頓發表了 6 場演說。這年 7 月，當他結束了安默斯特學院的演說後回家，卻遭遇了一場重大的災難，他的房子被大火燒毀了。在 7 月 24 日凌晨五點半，他被大火燒著的木頭發出的碎裂聲所驚醒，然後看到櫥櫃發出一道火光，接著就是煙囪冒出了火苗。愛默生立即從床上跳起來，因為他沒有能力去撲滅這樣的大火，只能迅速裹著一、兩件衣服，走到前門大聲呼喚救命。附近的鄰居馬上過來幫忙。鄰居們從四面八方趕過來，最後還是來遲了一步，未能拯救房子的許多東西。他們只能將一些被大火燒剩的書籍、手稿以及家具抬出來，將任何可以移動的物體都搬離著火的房子。最後，愛默生發現，真正重要的東西都沒有被大火毀滅或是破壞，只是他放在閣樓裡的一些手稿被大火燒毀了。前來救火的一位友善民眾，在屋頂倒塌的時候差點無法逃離。在早上八點半的時候，大火終於被撲滅了，房子的四面牆依然挺立著，屋頂已經倒下來，房子的上半部分也遭受了嚴重的損毀。當晚，天又下起了雨，房子裡的一切都被雨水淋溼了。不過，大雨讓愛默生在房子四周種植的樹木免於大火的侵襲，同時也讓愛默生患上了感冒，讓他的風溼病再次發作。愛默生因為穿著很薄的衣服在雨中走來走去，最終發燒了。此時，他依然擔心著放在閣樓裡的信件與文稿是否能保存下來，事實上這些信件與文稿都被大風吹到很遠的地方了。

很多人立即提出要接愛默生前去居住。愛默生當年的同學與朋友法蘭西斯‧卡伯特‧羅威爾（Francis Cabot Lowell）很快就從沃爾瑟姆返回來，將愛默生的行李都搬到他的家裡。最後，愛默生決定接受里普利女士的邀請，前去牧師教區住宅居住。一、兩天後，羅威爾再次找到愛默生，留下了一個裝著 5,000 美元的信封給愛默生，說這是他的幾個朋友籌集的，用於幫助他度過現在的難關。愛默生說：「羅威爾先生以非常紳士的方式這

樣做，沒有談及其他的事情。」愛默生的另一位老朋友萊伯龍‧拉塞爾（Le Baron Russell）博士，一直希望愛默生能從演說的講臺上退下來，就希望他能藉此機會去度假，還列舉了一些理由，說有人願意出資 1,100 到 1,200 美元幫助他這樣做。這筆錢由霍爾法官 [046] 交到愛默生的手上。

愛默生一開始是拒絕的。按照他的說法，他認為自己到目前為止的人生，一直都是靠自己的努力來生存的。他感受到了朋友們給予他的極大善意，但他無法真正順從朋友們的好意。不過，在經過一番思考之後，他認為沒有拒絕的必要，因為他已經沒有什麼辦法再賺到什麼錢了。

與此同時，愛默生的書籍與手稿都小心翼翼的搬到了法院大樓（當時，這棟大樓已經沒有使用了），這個地方也是他臨時學習的不錯選擇。

人們都認為，這樣一次打擊會對愛默生帶來嚴重的後果。除了身體方面的影響之外，愛默生不得不要離開熟悉的家、圖書館以及他所熟悉的環境，當時的恐懼心理的確會造成較大的心靈衝擊 —— 特別是對於像他這樣一位一輩子都在從事研究的人來說，更是如此。顯然，愛默生之後表現出來的記憶不佳以及心靈功能衰退，都可以說是從這個時候開始的。之前，他已經在安默斯特學院的演說裡表現出了這樣的徵兆。在大火之前，他在對一卷全新的論文進行校樣，準備交給倫敦一位出版商的時候，就已經感覺對持續投入精力從事某項工作感到力不從心了。在前言裡，我已經談到了愛默生當時的狀態已經不足以讓他繼續做什麼了。這樣的想法無疑為他的心靈增加了龐大的負擔。

整體來說，這次大火帶給愛默生的衝擊並沒有人們想像中那麼嚴重。愛默生的一個孩子說：「雖然他之後從未提過這個話題，我們也很難知道他的真實想法，但他看上去非常快樂。」在那次大火當中，愛默生患上了感冒，出現了低燒的情況，但他都很快就痊癒了，之後又前往海濱地區呼吸清新空氣與欣賞美景。與此同時，有人敦促愛默生再次前往歐洲旅行，

---

046 參看附錄 D。

這一次的旅程包括希臘與尼羅河，這些都是他夢想著要去的地方。一開始，他認為這是不可能實現的，因為他已經答應了出版商要完成一本書。但他顯然知道在目前的情況下，要完成這本書幾乎是不可能的。最後，出版商也做出了讓步，允許他延遲一年。此時，愛默生接受了前往國外旅行的計畫，並在當年 10 月 28 日乘坐客輪從紐約出發前往英國，同行的還有他的大女兒。

第十七章
三赴歐洲，出版隨筆，晚年光景

西元 1872 ～ 1882 年

　　與年輕時一樣，大海的空氣依然提振著他的精神。在出發前的幾天，愛默生在紐約歡迎弗勞德先生到來的晚宴上發表演說時似乎相當吃力。但在他抵達英國的當天，他就受邀參加在切斯特舉行的考古學會會議，他的到來讓在場的人都希望他能在當晚發表演說，愛默生欣然應允。他的兒子當時也在英國，看到父親的身體依然健康，不禁鬆了一口氣。

　　愛默生非常享受這種強制性休息與免於憂慮的自由時光。在倫敦停留期間，他再次受到了許多朋友的歡迎。他再次拜訪了卡萊爾。在寫給妻子的信件裡，他這樣說：

西元 1872 年 11 月 8 日，倫敦

　　昨天，我到達了切爾西，在卡萊爾的書房與他交談了兩、三個小時。卡萊爾張開雙臂擁抱我，之後再用認真的眼神看著我說：「我很高興能再次看到你還活著。」—— 我們坐下來，盡情的談論了兩個多小時，談論了許多人、事與各自的想法……因為我想知道他對我的祖國以及美國作家的看法。當然，我再次從這位蘇格蘭人身上獲得一些智慧與見解。卡萊爾是一個身體健康的人，舉止非常得體 —— 雖然他比之前蒼老了許多，但他依然有著良好的記憶力。

　　愛默生在英國逗留了 10 天，為自己在這段時間裡什麼事情都不用做感到非常滿意。愛默生的女兒這樣寫道：「當我找尋一些樂趣或是事情來

做的時候，父親就會說：『老人都是喜歡休閒的時光。我喜歡在早上睡懶覺。在這樣的鄉村地區，我每天都睡得很飽。』」之後，愛默生出發前往巴黎，他在這裡與羅威爾與約翰·霍姆斯（John Holmes）相聚了。之後，愛默生又前往馬賽、尼斯、義大利，並在 12 月底抵達尼羅河沿岸，期間他在羅馬停留了一段時間。

愛默生欣賞著沿途的美麗風景，但他不再刻意的想去找尋什麼景點來看了，他為中途的停頓感到開心。他最感興趣的還是人：包括埋葬在聖十字教堂的死人，以及在羅馬與拿坡里還在世的朋友們。

尼羅河的景色可能讓愛默生感到失望了：「沒有比離開美國這樣的國家，沿途跋涉來到這樣一個到處都是泥沼且沒有人煙的地方更加瘋狂的事情了。是的，這裡的確有一些居民，他們是過來淹死自己的。」

在開羅，他受到了喬治·班克羅夫特的熱情接待 ——「他就像一位有著騎士精神的天使那樣接待著艾倫與我。」—— 班克羅夫特帶著愛默生前去與埃及總督共進早餐，並帶他去參觀一些景點。在 1 月上旬，他們就一起乘坐小船沿著尼羅河參觀，最遠去到了菲萊島。「這裡的墳墓埋葬著過去的許多人。」但是，他並沒有看到他想像中的尼羅河。當他騎在驢子的後背上沿著河岸邊行走的時候，他總是感到非常高興。他為自己能在開羅酒店前面看到蓮花、棗椰樹與龐大的榕樹感到高興。他非常敬佩這裡的農民，認為「他們就像古代那些雅典學派的哲學家」。愛默生還讚美了這裡的柑橘：「我認為，這些的柑橘要比梨子更好吃，味道能夠滿足你的所有期望。一些人可能會將這種水果稱為蘋果樹上的基督教，是阿拉伯人對人類墮落的一種報復。」不過，愛默生的女兒在日記裡這樣寫道：

父親說了一些思鄉的話語。如果他的內心繼續懷著這樣的想法，顯然是要直接乘坐輪船回家了。父親說，他很高興在巴黎與羅威爾共度了兩週

時間。在英國，他也想要去拜訪丁尼生[047]、拉斯金[048]與白朗寧[049]。他從未談到這裡的美麗景色，只是談到這裡的樹木。不過，父親的身體依然處於健康狀態。

愛默生在日記中有類似的描述：

這次旅行就是一個不斷讓我們感到羞愧的過程，因為我們所看到的許多事物都在不斷的諷刺與鞭打著我們的無知。這裡的人們之所以鄙視我們，是因為我們就像無助的嬰兒，無法像他們那樣說話或是理解任何詞語。獅身人面像似乎也在嘲笑那些傻瓜，這裡的殿牆似乎也在以它們具有我們所不能理解的歷史來鄙視我們。這裡的人們，無論是坐在小船還是走路，都在研究著如何讓他們的行為與形象變得更加優雅。

愛默生的健康狀況越來越好，他的頭髮也越來越濃密了，甚至連之前的白髮也變成了棕色的頭髮。但是，愛默生不願意再勞費心神去思考一些事情了，更「沒有能力再從事寫作了」。

在遠離了書籍之後，愛默生主要的心靈樂趣源於與別人進行有趣的對話，但他在尼羅河這裡卻幾乎找不到這樣的機會。他在旅途中遇到了一、兩名年輕英國人，這簡直是上天賜給他的一份禮物。回到開羅之後，他遇到了理察·歐文教授與史東（Stone）將軍。在他從亞歷山卓寫給女婿的一封信裡，他這樣說：

亞歷山卓，西元 1873 年 2 月 19 日

親愛的威爾：

我應該在一、兩天前就回信給你的。對於我這樣一位從事了一輩子寫

---

047 丁尼生（Alfred Tennyson，西元 1809 ～ 1892 年），英國維多利亞時代最受歡迎及最具特色的詩人，代表作：組詩〈悼念〉、〈尤利西斯〉、〈伊諾克·阿登〉、〈過沙洲〉、〈悼念集〉等。

048 拉斯金（John Ruskin，西元 1819 ～ 1900 年），英國作家、藝術家、藝術評論家與哲學家，代表作：《現代畫家》、《時至今日》、《芝麻與百合》、《野橄欖花冠》、《勞動者的力量》和《經濟學釋義》等。

049 白朗寧（Robert Browning，西元 1812 ～ 1889 年），維多利亞時代的詩人，代表作：《戲劇抒情詩》、《環與書》等。

作的人來說，這是我首次對寫作心存畏懼。艾倫每天都在我的身邊，她在想盡一切辦法讓我遲鈍的心智變得靈活，讓我重新拾起手上的筆。但是，埃及這邊的空氣似乎瀰漫著蓮花的味道，我討厭任何讓我從這個夢境中驚醒的人。但在今天，我們已經登上了路巴蒂諾號蒸汽船，前往墨西拿與拿坡里。在輪船尚未拋錨的時候，我認為這是我寫信給你的好時機 —— 當時的海面洶湧，顯得非常不平靜，因此駕駛員不得不要延遲輪船進入港口的時間 —— 我認為，自己之前懷抱的夢想正在慢慢消逝，我應該回到那些更讓我感覺舒適自在的習慣當中。埃及人民是那麼的善良與好客，似乎用某種催眠術讓我們置身於夢境裡。我們的生活方式、習慣以及自身的感覺，都不可避免的受到這裡環境的影響……

但是，我沒有對這些情況視而不見或是過分依賴於此。相反，我能感受到這片神奇土地的一切，與我們一道前來這裡的朋友也能感受到其中的魅力。這裡的龐大神廟似乎分散在數百英里的區域內，就像希臘的建築與哥德式的建築。作為一個十九世紀的人，我除了深深的敬畏之外，別無其他想法。這之所以變得更加神奇，是因為過去生活在這片土地上的人都已經消失不見了，那些曾經創造出這些建築的人都已經遠去了。這裡的神奇之處就在於，這些龐大的建築與雕刻是如此的精美，這裡的獅身人面像與雕像在底比斯地區還有五十到一百座左右。這個國家領土面積非常小，給人一種局限的感覺，只有尼羅河兩岸的地區。請原諒我跟你講了這些過去的故事。但我認為自己其實並沒有就此深入談論了什麼，這就是我們所想到的一切。希望你能繼續像天使那樣的對待我，請將我的愛意傳遞給伊迪絲與你們的孩子。

拉爾夫·沃爾多·愛默生

在羅馬期間，他的朋友都認為他在容貌上反而變得更加帥氣了。在佛羅倫斯的時候，赫爾曼·格里姆（Hermann Grimm）就對愛默生說，他似

乎是由鋼鐵做成的,因為他的容貌承受住了歲月的摧殘。在這個時候,愛默生開始對自己之前的詩歌進行一番挑選與修改,為新一卷的詩集做好準備。

在 3 月的時候,愛默生與羅威爾夫婦在巴黎停留了兩週時間,這兩週時間讓愛默生感到相當滿意。他說:「我在一天晚上見到了詹姆斯·科特·莫里森(James Cotter Morison)先生。在羅傑爾(Laugel)先生的家裡,我有幸見到了歐內斯特·勒南(Ernest Renan)、亨利·泰納(Henri Taine)、埃利·德·博蒙(Elie de Beaumont)、吐爾根納福(Tourgennef)以及其他著名人士。泰納在第二天向我送來他的著作《英國文學》。」

在他即將返程的時候,拒絕在英國所有公開演說的邀請,除了在他的朋友托馬斯·休斯(Thomas Hughes)的邀請下,前往工人學院發表了一次演說。兩名工人向他送去了慰問金,希望幫助他重建家園。雖然愛默生拒絕了所有的演說與正式演說的邀請,但他還是欣然接受與很多人共進早餐、午餐與晚餐的邀請。他與格萊斯頓(Gladstone)兩次共進早餐,還見到了很多他想要認識的人,其中就包括白朗寧先生。他再次拜會了卡萊爾,但因為種種原因,他見到卡萊爾的次數並不多。在倫敦停留了 3 週之後,他向北出發前往利物浦。愛默生在日記中寫道:

在牛津的時候,我來到馬克斯·繆勒(Max Muller)教授家裡做客,認識了喬伊特(Jowett)、拉斯金、道奇森(Dodgson),其中道奇森是《愛麗絲夢遊仙境》[050]一書的作者,還見到了很多大學教授。普林斯·利奧波德(Prince Leopold)是一位學生,在聽完了馬克斯·繆勒教授的演說之後回到家裡,與我們共進午餐。接著,他們邀請艾倫與我前去他家裡,向我展示他家的照片與相冊,之後在他家喝了茶。第二天,我聆聽了拉斯金發表的演說。接著,我們又與拉斯金回到了他的家。拉斯金向我們展示了他收藏的圖畫,告訴我們他對當代社會的悲觀看法。晚上,我們與副教授利德爾

---

050 《愛麗絲夢遊仙境》(*Alice's Adventures in Wonderland*) 是英國作家查爾斯·勒特威奇·道奇森 (Charles Lutwidge Dodgson) 以筆名路易斯·卡羅 (Lewis Carroll) 於西元 1865 年出版的兒童文學作品。

（Liddell）以及一群人共進晚餐。

愛默生認為，拉斯金的演說是行為舉止與演說內容方面的楷模，是真正意義上的演說。不過，拉斯金對當代文明所持的悲觀態度，是愛默生所不能認同的。他說，正如卡萊爾所說的，這會變得更加糟糕。因為，卡萊爾在說完一些觀點之後總是會哈哈大笑，讓整個氣氛變得輕鬆起來，但拉斯金卻始終保持著陰鬱的表情。

愛默生前往牛津的旅程非常愉快，只是有一點小遺憾，他沒有找到阿克蘭（Acland）教授與普西（Pusey）教授，不過，普西教授之後送來了一本帶有詩歌銘文的書籍給他，這讓愛默生感到非常高興。他們一行人從牛津出發前往弗勞爾先生在埃文河畔斯特拉特福的家裡住了 3 天，之後再前往達拉謨（英格蘭一郡及其首府名）。迪恩湖讓他感到非常有趣與愉悅。之後，他們一行人又前往愛丁堡，他在這裡與弗雷澤（Fraser）教授、威廉·史密斯（William Smith）教授、哈奇森·斯特靈（Hutchison Stirling）以及其他朋友共進晚餐。之後，他們從愛丁堡出發（當時有一些人前去送別他們，其中一人甚至親吻了他的手），乘坐輪船渡過湖泊，來到了亞歷山大·愛爾蘭的家裡。愛爾蘭非常熱情的接待他住了兩天。之後，愛默生乘船出發，繼續拜訪他在西元 1847 年至西元 1848 年訪問英國時所遇到的朋友。

5 月的時候，他回到了美國。在康科特的碼頭上，他受到了城鎮民眾的熱情歡迎。民眾精心安排了歡迎儀式，就是當蒸汽船靠岸的時候，教堂的鐘聲就要敲響。當愛默生所在的輪船最終靠岸的時候，教堂的鐘聲已經連續響了一個小時了。這個城鎮的全部民眾幾乎都聚集在碼頭上，還有一些人在馬車上抱著嬰兒。在康科特火車站，當火車從瓦爾登湖邊出現的時候，人群發出了一陣歡呼聲，歡呼聲與火車的轟鳴聲融合在一起。愛默生走下火車的時候感到非常意外與感動。在月臺上，一些滿臉笑容的孩子歡

迎他，人們甚至還特地為他擺放了幾盆花。愛默生走下火車，向人們表達自己的謝意，然後懷著愉悅的心情朝著家的方向前進了。此時，他之前的家已經修好了，在建築師克耶斯（Keyes）與愛默生兒子的認真監督下，房子修茸得比以前更加漂亮——愛默生的書房位置沒有發生變化，他的書籍以及手稿、圖畫以及小紀念品都擺放得非常整齊。

這次旅程讓愛默生的精神為之一振，似乎又恢復了之前的活力。愛默生夫人這樣寫道：「他現在的身體狀況很好。我不知道世界上還有誰是比他心情更加愉悅的人了。」在 10 月 1 日，愛默生在一間公共圖書館的開幕典禮上發表了一篇演說，這間圖書館是由威廉·門羅（William Munroe）出資建造的。愛默生一開始的演說顯得沒有什麼條理，但他還是迅速的從之前的演說中汲取一些教訓，最終非常理想的完成了這次演說。12 月 16 日，這是波士頓民眾傾倒英國茶葉的紀念日，他在法尼爾廳朗誦了他的一首詩歌〈波士頓〉，這是他多年前在反對奴隸制運動的高潮時期有感而作的。不過，他此時做了一些修改，刪除了一些章節，增加了與倒茶事件相關的內容。

第二年（也就是西元 1874 年），他完成了《帕那索斯山》這本書，並於當年的 12 月出版了。

讓愛默生感到驚訝的是，在這一年的上半年，他收到格拉斯哥大學獨立俱樂部的邀請，成為了牧區主教的候選人。格拉斯哥許多年輕人紛紛寫信給他，也有一些紐約的畢業生，他們都紛紛敦促他接受這個提名。愛默生最終接受了提名，獲得了 500 張票，輸給了成功當選的班傑明·迪斯雷利（Benjamin Disraeli），後者贏得了 700 張選票。

在西元 1875 年 2 月，愛默生受邀在費城發表演說，還收到了他的老朋友弗尼斯的親切邀請。愛默生在下面一封信裡對此進行了回覆：

康科特，西元 1875 年 2 月 10 日

親愛的朋友：

　　我們可以說是交情最久的朋友了，這段友誼持續的時間甚至與懷特維爾女士的學校存在的時間一樣長。我們都記得當年那些紅白色的手帕，讓我們對史前藝術的貓與狗有了初步的印象。之後，你充分發揮自己在文學創作方面的能力，上了拉丁學校與韋伯的中午寫作課程，之後再回到哈佛 —— 你是我的梅塞納斯（Maecenas）（對文學藝術事業的慷慨資助者），有幸成為你所欣賞的評論家，我感到非常高興。我們之間形成了相互的欣賞之情，這樣的情感似乎始於當年的夏日大街，之後我們就對此再也無法忘記了。雖然我們相距三百英里 —— 這段遙遠的旅程就是費城與康科特之間的距離。但是，我怎麼可能會對你所提及的事情保持沉默呢？我唯一想到的解釋就是：我認為，雖然你比我年長幾個月，但你已經提前替我準備好了匯票。過去兩年，我認為自己都沒有每日在日記裡寫下什麼文字，也沒有再向其他人寫過什麼信件了。但是，這並不包括你在內。現在，你寄來了這封信給我，並且談到了你的深情記憶與生動的描述，為我帶來無比親切的感覺。我必須要同意你的請求。我的女兒艾倫一直都跟我談到過去的事情，並且邀請我們應該……因此，你與弗尼斯女士都收到了來自我們真誠的感謝。如果你遇到山姆·布拉德福德（Sam Bradford），請將我的愛意傳遞給他。

　　我的妻子，現在行動已經不方便了，但她也讓我向你送去最真摯的問候。

永遠忠誠於你的
拉爾夫·沃爾多·愛默生

　　因此，愛默生在 3 月的時候，與薩繆爾·布拉德福德每天都待在一起，這讓愛默生感到愉快，他們甚至還拍了一張合照來慶祝彼此的重逢。

4 月 19 日，在康科特戰役的 100 週年紀念活動在當年爆發戰鬥的大橋舉行，喬治·威廉·柯蒂斯 (George William Curtis) 朗誦了一篇文章，羅威爾也朗讀了一首詩歌，還有許多群眾聚集在附近。丹尼爾·弗倫奇 (Daniel French) 作為士兵形象的雕像顯得神采奕奕，此時也被擺放在當年民兵守衛北部大橋的位置上，此時這尊雕像揭幕了。埃比尼澤·哈伯德 (Ebenezer Hubbard) 是一位道道地地的康科特農民，他繼承了村裡一塊當年被英國軍隊掠奪過的土地，他永遠都不會忘記在 4 月 19 日與 7 月 4 日升起星條旗時的那種心情。愛默生認為，在西元 1836 年的慶祝活動，應該將英軍當年的位置標注出來，而不是將這場戰鬥的守軍位置標明出來。愛默生願意捐獻一筆錢給城鎮，前提是要在當年士兵與民兵戰鬥過的地方樹立一尊雕像。他還將另一筆錢用於在西元 1775 年那座老橋旁邊建造一條全新的人行橋。斯特德曼·巴特里克 (Stedman Buttrick) 是巴特里克上校的兒子，正是他當年下達了回擊英軍的命令，斯特德曼指出了這個位置。揭幕的雕像是康科特一位年輕男子的形象，愛默生也在場發表了熱烈的演說。這是寒冷的一天，刮著刺骨的寒風，但等待的民眾都像西元 1775 年時的民兵們感受到了熱烈的情感。愛默生在簡短演說裡提到這一反差，這也是他親手寫的最後一篇演說稿子了。

　　在這次活動結束之後，愛默生重新為倫敦出版商霍頓 (Hotten) 先生的約稿而努力。愛默生認為，因為霍頓的離世，這件事已經拖延許久了，現在無法再拖延下去了。他得知查托 (Chatto) 與溫達斯 (Windus) 已經頂替了霍頓的位置。當交稿的時間到來之後，他們就要求愛默生交稿。每當想到這件事，愛默生就憂心忡忡。他感覺自己沒有能力繼續去對過去一些文章進行挑選，希望這本書在不需要他付出任何努力的情況下出版。他需要熟悉他過去所出版文章的人給予他一些幫助，希望這些人能夠騰出必要的時間來做這項工作。最後，他讓女兒找到了我去做這項工作。因此，在這年 9 月，我來到康科特，之後經常過來這裡幫忙，直到《信件與社交目的》這本書完成了，並在 12 月正式出版。我在寄去給河畔出版社的一封

信裡，說明我對選錄其中文章的一些理由。我只是在其中增加了一、兩篇文章，其他的文章都是在愛默生的允許之下增加的。倘若不是愛默生的積極參與，時不時的增加一個文字或是一句話，我的努力也是毫無意義的。

在之後的五、六年裡，我經常會去拜訪愛默生 —— 只要他還在閱讀文章 —— 他這樣做只是為了對他的手稿與摘錄進行選編，然後按照他的習慣安排在一起。這樣做不會打亂原先的順序，因為當時的許多文稿已經無法恢復到原先的面貌。正如愛默生以前習慣的那樣，他將在不同時期的演說文稿進行編排，最後將這些內容有系統的結合起來，為這些文章起一個不同的題目。當然，他這樣做會讓很多沒有明顯關聯的段落結合在一起，我就需要將這些段落回歸到原先的樣子。不過，我的努力只獲得了部分成功。困難之處就在於，愛默生反對照搬他的許多演說稿子，而是想要加入一些個人的看法與評論。

當別人要求他朗讀一些文章的時候，他依然會照做，並能以過去那種嫻熟的技巧與強大的力量去閱讀，雖然他已經不是很記得這是過去什麼時候所寫的了，但他還是會對這些文章進行一番評論，似乎這些文章是別人所寫的一樣。西元 1878 年，當愛默生在康科特講臺上閱讀一篇文章時說：「這是一個奇怪的時刻 —— 一名閱讀者竟然不知道他正在閱讀著什麼內容，臺下的聽眾也不知道他到底想要表達什麼意思。」

因此，愛默生的最後兩卷隨筆最終由河畔出版社出版的事情，終於定下來了。隨筆的內容，除一些直接從他的日記裡摘錄下來的之外，基本上都是他早年發表的一些演說內容。但是，每篇隨筆文章的名稱並不總是表示這些文章原先屬於哪一篇演說稿子。

每當我前去幫他做一些事情的時候，愛默生總是顯得非常高興。當我幫他做了一些事情之後，他會流露出極為感激的神色。有時，他也會因為占用了我的時間而感到不安，但我卻對此渾然不覺。當我在他的家裡給予一些幫忙的時候，他會從書房裡走出來，然後與我一起去散步，跟我說，

我已經給予了他許多幫助，希望能與我在瓦爾登樹林裡一起散步，或是到沉睡谷或是彼得的田野走走。有時，我們也會乘船來到河的另一邊。晚上的時候，他會在十點鐘到外面走走，然後帶我到他的書房，抽完一根雪茄之後再上床睡覺。

對我來說，他當時所處的狀況是沒有任何悲傷情懷可言的。顯然，他已經走到了人生的陰影階段，但是他的學識與才華依然還在，只是不再像以前那樣敏銳了。他過去的那種敏銳迅捷的行動與深刻的洞察力已經不見了，但他對許多思想依然不會感到困惑，他還像年輕時那樣對許多事情充滿了興趣。他經常會不知道選擇什麼詞語來表達自己的意思，但他似乎沒有意識到自己已經缺失了這種能力，因此這也沒有為他帶來多大的困擾。他不需要像之前那幾年，還要努力的堅持與別人進行交流。也許，他更加喜歡聆聽別人說話，而不是自己說了。他「會微笑的聆聽著別人說話」，正如一個人正從疾病中慢慢恢復過來，感覺自己已經脫離了之前的生活軌跡，但他依然能夠自由自在的說話。我始終無法讓他去談論自己、他早年的生活或是他對波士頓這座城市的初始印象。他似乎對這樣的問題並不反感，但總會轉移到其他的話題上。他經常談論的話題是老年的美好以及個人與國家的關係所能創造出來的奇蹟——比如蒸汽船、鐵路、電報、用於研究天文學的分光鏡的應用還有照片等等。他認識許多當時著名的人物——包括錢寧博士、艾瑞特以及其他仍然健在的朋友。關於歐洲的政治議題上，他會談到格萊斯頓，說格萊斯頓作為一個普通人是如何成為一名偉大的政治家。在談到大學議題時，他談到艾略特校長簡直就是上天派來的一名優秀校長，說他是一個卓有成就的人。他還會談論康科特地區許多具有美德的人。一般來說，他對人的記憶還是不錯的，即使是對他最近認識的一些人也是如此。有時，他在談論這些事情的時候，會突然出現停頓。正如有一次，當我問起他關於約翰·斯特林的事情——因為他與斯特林一直保持通信，直到斯特林的去世——但他卻已經記不起約翰·斯特林是誰了。

他不會經常談論關於文學方面的話題，除非有人跟他談論起一些剛剛出版的新書，他才會說起。他所閱讀的書，幾乎都是別人送給他的書，或是他在桌面上方便拿到的書。我看見過他閱讀斯特靈博士的《黑格爾的祕密》，也見過他用稱讚的口氣談論凱爾德（Caird）教授評論康德的書。但是，吸引他的並不是這些書的主題，而是這些書流露出來的思想。他喜歡那種置身於書海世界的感覺。當他的心靈不再沉湎於所閱讀到的內容之後，會非常享受用消極方式去單純享受文字的樂趣。但是，他在與人談話時，總是能夠說出一些發人深省的話語，這些話是他從過往的人生經驗凝結出來的。他不需要刻意的遠離那些陰鬱的東西、那些關於他的不好的評論，或是任何關於他在這個地球上人生軌跡的狹隘觀點，因為他的人生視野已經超越了這些。無論是在四十年前還是在四十年後，他始終都在表達一個觀點，即清教主義所帶來的高尚靈魂是不會隨著身體的衰退而死去的。

　　我們可以稍微往回看一下。在西元 1876 年春天，愛默生受到維吉尼亞大學華盛頓與傑佛遜文學協會的邀請，在 6 月 28 日的校慶發表演說。愛默生欣然接受了這個邀請，認為那裡的聽眾應該會歡迎來自麻薩諸塞州的演說者。在回應的時候，愛默生表示自己已經放棄了演說事業，但他無法拒絕來自維吉尼亞大學的邀請。因此，愛默生與他的女兒艾倫一起前往。這是一段疲憊的旅程，他們忍受著沿途的炎熱與沙塵，最後受到了一位教授的熱情接待與住宿方面的周到安排。不過，愛默生很快就發現，這個地區的民眾似乎在情感方面依然沒有發生多大的轉變，仍然對內戰時期北方政府軍的「入侵」表現出相當強烈的敵意。當然，前來這裡旅行的人不會受到任何差別的對待，很多南方人表現的行為本意也絕對不是無禮，但是南方人特有的自尊讓他們始終記得一點，即他們生活在一個備受壓迫以及遭受虐待的國家裡。第二天，在愛默生發表演說的時候，臺下的聽眾──絕大多數都是年輕的女性，還有她們的孩子，還有一些年紀較大的人──這些人似乎認為這個場合主要是用於社交活動的，因此他們發

出了陣陣的喧鬧聲，讓愛默生的演說無法繼續進行下去。其中一些學生（也許是邀請愛默生前來演說的人）就走到前排，裝出認真聆聽的樣子。但臺下的大部分聽眾都沒有聽到愛默生的演說內容。最後，這些聽眾放棄了聆聽愛默生演說的努力，開始低聲說話，甚至有些人在大聲的笑著。愛默生在臺上絮絮叨叨的說了半個小時之後，最後找了一個合適的機會，結束了這次演說。

任何一個有血有肉的人遇到這樣的情況都會感到憤怒的。但是，不論愛默生對此有怎樣的感受，他都沒有跟別人說。沒有人聽到愛默生對此說出任何抱怨的話語。當我後來詢問他對這次演說的感受，他只是說：「臺下的聽眾都是一些勇敢之人，他們勇於說出自己的想法。」相比於他在講臺上所遭受的冷淡待遇，他的真性情在與幾位閱讀過他的書籍並對見到他表達愉悅心情的人時，流露了出來。第二天，愛默生乘坐火車返回北方，他成為了許多同行旅行者關注的目標。其中一些人懇求別人介紹認識他，或是直接向他進行自我介紹。這些旅客表示他們是來自阿肯色州、路易斯安那州、阿拉巴馬州，要前往費城參加博覽會。

事實上，在當時的美國，愛默生的作品對很多人都具有一種特殊的魅力，很多來自遠方各州的讀者都向他寄來了信件，表達對他的感謝之情。在他所居住的地方，無論去到哪裡，他都能得到民眾以安靜方式所表達的敬意。下面這件小事可能就是他在最後幾年經常遇到的：

一位作家（也許是海倫·亨特·傑克遜[051]？）在西元 1882 年 9 月出版的《大西洋月刊》雜誌上發表了一篇文章：

很多年前的某天，我獨自乘車從布拉特伯勒前往波士頓。當火車經過多個車站之後，車上漸漸沒有了空座位，只有我所在那邊的車道上還有一個空座位。當火車抵達康科特車站的時候，火車大門打開了，愛默生走上了火車。他往車廂內走了幾步，往走道上看了幾眼，認為火車上已經沒有

051　海倫·亨特·傑克遜 (Helen Hunt Jackson，西元 1830 ～ 1885 年)，美國作家、詩人。

空座位了，轉過身準備下車。在這個時刻，車上很多人似乎突然感受到了某種衝動，我立即站起身說：「哦，愛默生先生，這裡還有一個空座位！」當他朝我這邊走來的時候，他那張安靜的臉龐慢慢綻放出笑容，我似乎突然失去了勇氣。我彷彿看到了他似乎很久以來就想要認識我一樣。當他用關切與猶豫的目光看著我的時候，我立即回答說：「愛默生先生，你並不認識我。我之前從未有機會認識你。但我知道你的臉龐，我無法拒絕這個與你說話的機會。你知道的，很多人對你而言是陌生人，但都非常了解你。」「也許，在我們的字典裡，就不應該有陌生人這個字眼。」愛默生緩慢的說，他說話的語氣與愉悅的面容讓我的羞澀感完全消失了。我也不知道這到底是為什麼。

在他所居住的地方，總會有一些人在默默的關注著他。其中一些人願意為他提供座位、馬車或是其他幫助。

西元 1876 年 11 月 8 日是波士頓拉丁學校聯合會的百年紀念日，這個紀念日是慶祝獨立戰爭時期英國軍隊從這座城鎮上撤離之後，這所學校重新開放的日子。愛默生在演說裡，談到了他之前在學生時期的紀錄：

（在演說一開始的時候）我不敢對你們說什麼話，因為我現在老了，我可能會忘記我所說過的話。我已經記不得每個人的名字了，甚至忘記了我對拉丁學校的記憶了。因此，我只能將我過去所寫的關於這所學校的回憶與你們分享一下。我認為這是最為穩妥的方式。

西元 1878 年，有人邀請他對南北戰爭之後的國家地位進行一番總結，談論新一代人的精神需求以及未來的前景。愛默生在波士頓的老南教堂裡朗讀了他的〈共和國的命運〉的部分內容，這篇文章是他在南北戰爭時期所創作的。在演說過程中，愛默生添加了個人日記裡的一些內容。9 月，愛默生與他的女兒一起前往薩拉托加的一神會議，遊覽了尼加拉大瀑布。之後，他們又出去探險了幾天，遠離了火車的軌道，在紐約州的西部遊覽。因為，一位年輕的機械師在幾年前向愛默生寫了一封感謝信，在

信中表達他志得意滿的自信。愛默生始終沒有放棄找尋這位年輕人，但他最終得知這位年輕人已經離開了紐約州。愛默生不喜歡與人爭論，但他喜歡了解別人所持的觀點。因為他知道別人與自己一樣，都有發表觀點的權利。在他看來，別人對事情的一些全新觀點，正如一些經驗豐富之人或是年輕的藝術家對事情的觀點，對他來說始終都具有強烈的吸引力。

在西元 1879 年 5 月，在劍橋神學院的學生的要求下，愛默生閱讀了一篇以〈布道牧師〉為題目的文章。對某些讀過這篇文章的人而言，愛默生在他四十年前發表過演說的地方朗讀這篇演說，這實在是最好的場合了。但是，他的朋友認為，愛默生應該結束在公共場合發表演說了。

這年春天，之前曾雕刻戰鬥士兵雕像的雕刻家弗倫奇先生為愛默生雕刻了半身雕像。我認為，在所有藝術家所雕刻的半身雕像裡，弗倫奇的雕像與愛默生本人是最為神似的。弗倫奇曾經寫過一封信給我：

我認為，我們幾乎無法見到一位像愛默生先生這樣的人，他的臉龐散發出活力、力量以及對細節的極端敏感與深刻的洞察力。亨利·詹姆士曾經談到過「過分重塑的美國臉龐」，可以說，沒有任何人的臉龐要比愛默生的臉龐更能代表美國的精神了。他的臉龐沒有任何模糊與意外的因素，而像一個極為注重細節的偉大雕像。他不會干預任何龐大的計畫，也不會組織人們像孩子那樣，以無限自由的方式去表達他們的想法。只有那些非常了解他的人，才能感受到他的臉龐所具有的那種「啟迪」的光芒。我總是想盡辦法去捕捉愛默生臉上那種充滿榮光的神色，歷經一番努力之後才最終做成了他的半身雕像。你也知道，在我進行創作的時候，愛默生先生並不配合。因此，我只能抓住一、兩個瞬間才能捕捉到我想要的表情。愛默生臉龐的一邊要比另一邊有著更加豐富的肌肉活動，他的左右臉龐的肌肉構成有著許多的不同。也許，我創作這尊雕像的時間早了一些。當這尊半身雕像接近完成的時候，愛默生看到了這尊雕像後說：「問題就在於，這尊雕像越是像我，就證明這看上去越糟糕。」

9 月，他收到新罕布夏州一所教堂的邀請，參加這所教堂落成五十週年慶典。他曾在這裡擔任過首席布道牧師。慶典的日期在 30 日，他在 29 日下午抵達。他當年就是在這裡與埃倫·塔克結婚的。他立即前去看她與她母親曾經居住的地方，但卻已經無法分辨出來了。第二天早上，他還記得昨天晚上就是他結婚五十年的紀念日。在幾乎相同的一個時刻，他的思緒不自覺回到了半個世紀前的那一天。接著，他從肯特（Kent）上校（埃倫·塔克的異父同母弟弟）得知，這棟房子已經沒有人住了。在肯特上校的指引下，他看到了過去那依然熟悉的房間。接著，他參加了教堂的紀念儀式，滿懷深情的朗讀了讚歌，似乎在閱讀的過程中沒有遇到任何困難。

　　愛默生最後的一次公開演說 —— 如果這稱得上是演說的話 —— 就是他在西元 1881 年 2 月 10 日談論關於卡萊爾的文集，並在這一年的 7 月在康科特的哲學學院發表了一篇名為〈貴族〉的演說。此時，他需要別人不時給予協助，才能認清楚每個段落裡的文字。但是，他的臉龐似乎沒有發生什麼變化，依然散發出優雅的氣質，雖然他已經記不得塵世的許多事情了。

　　愛默生最後幾年的生活是非常平靜與快樂的。他的經濟狀況已經大大好轉了。在他那位擅長理財的女婿的幫助下，他已經不需要為金錢方面的事情擔憂了。他也再沒有牽掛的人了。他感覺自己已經慢慢接近人生最後的港口了，但即使是最後一絲的海浪，仍然保持著特有的美麗。西元 1881 年，當我在康科特見到他的時候，我注意到他已經不願意出去外面走很長一段路了，他認為在下午走半英里或是走到他家附近的一個郵局就可以了。這年夏天，在他女兒位於瑙松島的家裡，他非常享受在灑滿陽光的地方走上一、兩英里路，然後到大海浸泡一下，也樂意前往美麗的樹林裡走上一段路。不過，他的主要樂趣在於安詳的坐在門廊上，看著孫子們在玩耍嬉戲，為現在的孩子可以自由的做他們想做的事情而感到心滿意足。

　　他懷著淡然的心情看待人生的終點。不過，一想到持續的疾病就讓他感到恐懼。他也希望能儘快擺脫這些折磨。在西元 1882 年的早春，寒冷

的天氣讓他感染了肺炎，在七十九歲生日之前幾週都臥病在床。在 4 月 16 日，他在早晨與晚上都前去教堂，在下午則出去散步，這已經成為了他晚年生活的重要組成部分了。第二天，他的聲音變得嘶啞，在接下來的一週時間裡都步履艱難，但這樣的情況並沒有讓他的兒子小愛默生感到驚慌。直到週六，愛默生出現了致命的症狀。這是一次不很嚴重的疾病，部分原因是他的肺部遭受感染，但他的身體此時已經沒有了任何免疫力。在 4 月 27 日，星期四，愛默生去世了。直到他人生的最後時刻，他都沒有感受到任何痛苦。在他身患疾病的最初幾天裡，他都曾不以為然，說他沒有患感冒，還走下樓梯出去外面散步，還比平時多走了一些路。按照他的說法，他坐在椅子上的感覺並不好。但在患病的第四天，當他下樓梯吃早餐的時候，他停下了腳步，可能是感受到了身體的疼痛或是某種身體壓力，大聲的說：「我不希望死神以這樣的方式到來：我寧願死神當我去到地下室裡的時候再來。」即使如此，愛默生還是在接下來的兩天裡，堅持自己穿衣服，回到自己的書房，心情愉悅的聆聽他的兒子在當地的醫學協會上發表的演說。在他人生的最後幾天時間裡，他的思想已經失去了連貫性，對一些平時熟悉的物體都感到困惑。但是，當他的雙眼落在掛在牆上的卡萊爾畫像上，他會露出深情的微笑：「就是他了，我的好朋友！」週六是他在書房待的最後一天，他在晚上睡覺的時候堅持要拆下壁爐旁的商標，然後為入睡做好準備，拒絕別人扶他上樓梯。

在他去世前的一、兩天，他感覺自己已經遠離了家園，為自己因為疾病被困在一些朋友家的想法所困擾。他想過要努力遠離這樣的情形，擺脫這樣的痛苦局面。不過，直到他人生的最後時刻，都沒有出現精神失常的情況。他依然能認出每個人，知道別人跟他說的話，雖然他有時無法做出合適的回答。在彌留之際，他感謝自己的家人與前來看望他的朋友。他握著妻子的手，感謝妻子多年來給予自己的照顧與愛意。現在，他們不得不要分離了，他們會在未來相聚，再也不會分離了。接著，愛默生微笑的說：「哦，那個好看的男孩！」

一位在愛默生生命最後幾個晚上照顧他的朋友說：「（在醒來的時候）他會不停用響亮的聲音說話，聲音沒有變得衰弱，但他只是在背誦著某些零碎的話語。在晚上，當我單獨與他在一起，聆聽他努力想要說出某些話語，這給我一種奇怪與莊重的感覺。他的聲音和過去一樣，還是那麼深沉、悅耳。」

　　在他彌留之際，我得到他家人的允許，前去見他最後一面。他立即認出了我，露出熟悉的笑容來問候我，想從病床上爬起來，跟我說些話，但我聽不清楚他到底要說什麼。

　　4 月 30 日，他被埋在沉睡谷的墓地裡。這是村莊一端的一座美麗果園，在西元 1855 年成為了一個墓地。愛默生當時還曾就此發表過演說。在這片地勢最高的松樹林下面的土地，就埋葬著他。就在他的墳墓不遠處，就是霍桑與梭羅的墳墓，那些當年與他親近之人也埋在這附近。

　　10 年前，在他的房子被大火燒毀時，身染疾病的愛默生懷著憂鬱的心境，在日記裡寫下這段話：

　　如果我能再活一年，我認為要學會背誦我創作的一首詩歌〈世界靈魂〉的最後一節。

　　我認為，愛默生所說的這首詩歌，表達了那些關心他到人生最後時刻的人的情感：

春天讓心智復甦，
當人過六旬，
愛意會激盪於心。
我們永不會老，
越過冬天冰川，
我看到夏日暖陽，
越過蒼茫雪堆，
我看到玫瑰花蕾含苞待放。

▌附錄 A

愛默生在波士頓第二教堂寫給信徒們的一封信

西元 1832 年 12 月 22 日，波士頓

親愛的基督教信徒們：

自從 9 月分我正式辭去職務到現在，我一直希望有機會能再次站在布道講臺上對你們發表演說。讓我們以和平的心態以及對上帝共同的愛意來告別吧。我的健康狀況讓我無法繼續從事之前的工作，在日後可以預見的時日裡也讓我無法做到更好。現在，醫生建議我最好出海航行，說這樣對我的健康是有利的。在沒有對那些關心我的朋友們說幾句話之前，我不願意就這樣離開。

我擔任布道牧師的時間不長，與你們還沒有建立起深厚的情感，因為我其實只是剛剛開始這項工作。現在，這項工作就因為我的健康問題要突然中斷了。當我回過頭去看的時候，我深刻的感到自己的脆弱，深知自己沒有做出多大的貢獻。在有限的時間裡，我遭受著疾病的折磨，這讓我無法在布道牧師一職上做得更久，也讓我的工作無法獲得更好的結果。

只要我還繼續留在那個位置上，每個人都會讚美我，無論我在內心裡是如何深深的為自己的失敗與無能而自責，因為我未能在這個職位上獲得更大的成就。不過，未來肯定能夠彌補過去的一些過失，我所犯下的錯誤將會成為指引我前進的老師 —— 我們所懷抱的希望怎麼會有極限呢？但若是我離開了這個職位，放下了這項工作所帶來的特殊責任，將書本合上，那麼我就會感覺自己失去了希望，只能哀嘆自己所做的工作是那樣的渺小。

　　但是，我的朋友們，我們的信仰始終在於《聖經‧新約》的堅定信念之上，這讓我們無論在任何職位或是環境下，都能始終堅持自我，因為我們所追求的目標是不可動搖的。每當我想到辭去目前的職位之後，不會為自己帶來多大的改變時，我的內心就會感到無比寬慰。我再也不是你們的牧師了，但我與你們一樣，始終都希望能為同一個永恆的事業做出努力，讓更多人發自內心的接受上帝所創造的天國。讓我們每個人都牢牢堅持這個事業的紐帶，這不是因為我們彼此間的連結而產生的，也不可能因為我們的分別而出現斷裂。對我這樣一位信徒來說，即使作為牧師，我也只會宣揚上帝的真理。我只願意生活在仁慈的上帝所賜予我的地方─努力去追求自由以及言論自由。

　　除此之外，我很高興的看到，我不再擔任你們的牧師，並不會讓我們彼此之間的精神紐帶出現任何真正意義上的改變。我們彼此之間最美好最純真的東西依然還在。事實上，每一個讓我做出正確行為或是產生正確思想的人，都讓我走在追求美德的道路上。我們每個人都依然在追求著彼此共同的事業。因此，我要對每一個曾經給予我建議或是幫助的基督教朋友們說，我希望在彼此關愛與合作中看到你們的身影。如果我們每週都以憐憫的方式去表達我們真誠的情感，如果我們感受到了上帝賜予的那種不可言喻的禮物，如果我們一起研究任何神性語言所具有的意義，或是一起試圖進行任何慈善活動，或是向我們的兄弟姐妹們提供力所能及的幫助；如果我們能一起懷著虔誠的希望送別死者，最重要的是，如果我們能夠分享仁慈的上帝所帶給我們的智慧，讓無所不能的上帝不斷提升我們所處的卑微職位或是低等的能力，讓每一個崇拜他的人都能在心靈中感受到他所創造的天國─那麼我們就能團結起來。我們會相互感激對方所持的信仰與希望，會堅持肯定上帝帶給我們的種種好處。我們就不會感受到任何名義上的變化，或是認為我們與這個世界出現脫節，不會認為我們彼此間強大的精神紐帶出現了裂痕。我懇求你們認真思考彼此之間的強大紐帶，透過你們的行為與記憶，讓我們能以更加嚴謹的方式去實踐應當履行的義務。

我還要感謝你們對我展現出來的極大善意，感謝你們對我之前工作的諒解與包容，感謝你們給予我的耐心與理解，感謝你們為我的日常生活提供的幫助，感謝你們向我展現出來的善意以及提供許多的幫助。

　　我必須要特別感謝第二教堂委員會，他們在最近一次投票裡，慷慨的決定繼續發放薪水給我。在此，我懇求他們只需要將薪水發到這個月結束就行了。

　　我的兄弟姐妹與朋友們，重新回到你們的懷抱，這讓我感到無限榮幸 —— 你們都在公共或私人宗教事務中做出了許多努力 —— 我祈禱上帝，只要我們播下了真理與美德的種子，並經常澆水的話，那麼我們就能創造出永恆生命的果實。我希望你們聆聽上帝發出的旨意。在你們的至聖所裡，我希望上帝能夠允許你們這些有能力且忠誠的老師們繼續傳播他的思想。我希望上帝能給予你們的家人以及你們每個人真誠的祝福。無論你們在這個世界上要遵循什麼自律，這都代表著一種復甦的無限希望，都是上帝放在每個人靈魂深處的種子，耶穌基督的存在與思想正是這一事實的最好呈現。這會讓你們在離開這個塵世之後依然能夠傳播善意。我正是懷著這樣的信仰與希望，向你們道別。

你們永遠忠誠的僕人
拉爾夫·沃爾多·愛默生

 附錄 A

▎附錄 B

下面是愛默生與亨利‧威爾牧師就愛默生在神學院的演說之間的信件往來。

威爾給愛默生的一封信

西元 1838 年 7 月 16 日，劍橋

親愛的先生：

你送來《卡萊爾文集》給我，我不知道該怎樣感謝你。這本書讓我學到了許多有用的知識，彌補了我的不足。我很高興發現這樣一本能讓我產生強烈閱讀衝動的書，我必須要認真仔細閱讀的書。到目前為止，我認為，我仍不會因為他做出一些矯揉造作的行為或是特性而對他有不同的看法，也不會因此認為他不是一個具有男人氣概的人。如有可能，我願意在不受任何人打擾的情況下去完成這項工作。事實上，我已經從卡萊爾的作品中看到了許多優點，我希望以後還能看到更多。我衷心感謝你給我這樣一個機會。

我了解到，自從昨天晚上跟你談論了一些事情之後 —— 如果我能夠認可你的觀點 —— 那麼我也應該要認可你說出的一些未經證實的話。我認為，出於公平起見，你說的話只是適用於少數人，而不是所有人。就你在演說中所說的一些話，我必須要坦承一點，即我認為這些話是值得懷疑的。要是這些話語不斷傳播下去，必然會對整個基督教的權威帶來不良的影響。出於這方面的考量，我對你現在所宣揚的理論與所持的觀點感到焦慮。你必須要原諒我這樣說，你也知道倘若我不是以坦誠的方式與你進行交流，我也不會這樣麻煩你。我非常欣賞你在演說裡提到的高尚理想與精

神生活的美好願景。這樣的願景激盪著許多信徒的心靈,也為我的心靈帶來了諸多的愉悅。我認為,每個人都從你描繪出來的美好世界裡感受到了樂趣。如果可以的話,我不會讓你知道,我對於我所提到的責任不斷減輕是感到多麼高興。

永遠尊敬您的
亨利·威爾

愛默生給威爾的回信

西元 1838 年 7 月 28 日,康科特

親愛的先生:

你對我在神學院發表的演說的看法,正是我對你追求真理、仁慈以及你所認知的事實的真實期望。正如古代的某位哲人所說,「我不是一頭牲畜或是一塊石頭。」在那個地方,我發表了那篇演說,我預料到肯定會有人表達反對意見的。我必須要說,即使是我一些相當親密的朋友或是資助我的一些人都表達了反對意見。但我深信,我在演說裡引用的大量關於基督教信條的實質性內容,這些內容都不是任何新穎的內容。你馬上會意識到,對我來說,說出這些內容是很重要的。我不會因為朋友反對我的意見,就選擇壓抑自己的觀點與想法,不會因為恐懼而選擇放棄自己的觀點。這才是我對他們最大的尊重。我願意對那些關心我的朋友說:在我看來,這些事情就是這樣的。在你們看來,事情則是那樣的。但是,請讓我說出自己內心的真實想法,讓無處不在的真理作為判官來進行評判。我認為,我們每個人都不會在得知自己犯下了錯誤後還感到高興。與此同時,在你的建議下,我應該在演說的措辭方面更加謹慎,然後再印刷演說(給神學院的學生們閱讀)。我衷心感謝你給予我的包容與愛意。

永遠尊敬您的
拉爾夫·沃爾多·愛默生

▌附錄 C

威爾給愛默生的一封信

西元 1838 年 10 月 3 日，劍橋

親愛的先生：

在寄去給你的這封信裡，我會附帶寄上一封我剛印刷出來的布道演說稿子。在寄去這份稿子給你的時候，我想表達一下自己的觀點。我的這份布道演說對你在不同時期表達的觀點進行了反駁，並對你的觀點進行評判。但是，我急切的希望你能明白一點，因為我對你在演說中談論的觀點並不是完全了解，我也對你為這些觀點所找尋的依據不是很了解，因此我不會特別將這些情況列舉出來，而是就這個問題表達自己的一些觀點。我認為反對目前約定俗成的一些觀點會帶來諸多的害處。我希望我沒有以不公平的方式與你進行交流。如果我攻擊你的立場，或是對任何爭論進行回覆，這些都是與你無關的。我熱切期望任何人都不要嘗試說服你，因為我認為這些觀點都是屬於你的。我不知道有什麼理論可以證明你所提出的「靈魂不屬於任何人」的觀點。

說明我的想法，是我寫這封信的主要目的。我還想說明一點，這麼久以來，我一直努力的說服信徒，人類一直忍受著無法充分認識到神性之人這一事實所帶來的痛苦。正如我所想的，在波士頓擔任牧師的時候，我在與民眾進行交流的時候感到這點，將這視為宗教品格缺乏生命力的重要原因。自從我來到劍橋地區，就已經看到了很多年輕人犯下了同樣的錯誤。我不得不對此進行思考，該怎樣才能讓他們擺脫這樣的錯誤。因此，當我有機會就神性存在這一主題發表演說時，我很自然就會特別強調這一點，

而不是想故意吸引大家的注意力。這樣做只是因為我認為有必要強調這一點。

我必須要坦承一點,我認為公開的反對你的意見,這是一件讓我特別不愉快的事情,因為我在內心是非常仰慕你的,但我的職位以及我的處境讓我不可避免要這樣做。你與我都明白,我們只是按照同一個原則去做。我們依然會愉悅的同意我們朋友的一些觀點。但要想從他們之中找尋一個與我們有不同意見的人,這是很難做到的。我們必須要順從大多數思考者的想法,然後在內心裡懷著愛意去實現一致的想法。我已經表達了自己的想法,就此擱筆。

永遠尊敬您的
亨利·威爾

愛默生給威爾的回信

西元 1838 年 10 月 8 日,康科特

親愛的先生:

上週收到你友善的來信以及附帶寄來的布道演說稿子,我應該早點回信給你的。你的來信充滿了友好與高尚的氣息,你的演說稿子也是如此。我非常認真的閱讀了你的信件。如果要說你在演說稿子對我的觀點進行了什麼攻擊的話,也許其他人比我更加清楚,我倒是沒有看到你對我的觀點進行的反駁。當然,我不願意放棄一貫的原則,就是你有權表達你的觀點,我也有權表達我的觀點。

我必須要告訴你我對自己所持的新立場的看法。當我看到劍橋與波士頓地區很多睿智之人站出來反對我的時候,我感到非常吃驚。因為我缺乏條理性寫作的能力,因此我是一位「特許的自由思想家」,可以自由的進行崇拜或是自由的進行批判。當別人理解我的觀點,這是我的幸運。但

是，我從不認為我的觀點就值得文學界或宗教界的重要人物的特別關注。我非常清楚自己所持觀點的好處，因為我知道沒有哪一位學者願意成為一個爭論者。即使有人以這樣的方式挑戰我，我也無法很好的表達自己的觀點。我無法按照你所提到的那樣，與你進行任何形式的「爭論」。因為我認為，對任何一種思想的表達，爭論都是毫無意義的。我很樂意告訴你我的想法，但如果你問我怎麼敢這樣說或是我為什麼要那樣說，我根本無法進行回答。我甚至認為這兩個問題根本就是沒有答案的。因此，關於我的立場已經出現了滑稽的情形，當我突然看到自己上升到異教徒的重要地位，提到每個人都應該肩負的責任時，我感到非常焦慮，因為每個人都有責任以清晰無誤的方式表達自己的觀點。

　　當然，我不會這樣做。我會閱讀你與其他善良之人所寫的文章，正如我過去一直這樣做——當你談論我的思想或是跳過與我無關的內容時，我都感到很高興。與之前一樣，我會繼續觀察我所能觀察到的事情，說出我所看到的事情。我認為自己應該有幸去感受——我的那些更有能力且更優秀的兄弟們，那些對社會懷著憐憫之心的人——肯定會在某些場合認可我的觀點，知道我所謂的胡說八道，不過正是他們內心遮掩的真實想法而已。

永遠尊重您的
拉爾夫·沃爾多·愛默生

▎附錄 D

給美國總統馬丁‧范布倫的一封信

西元 1838 年 4 月 23 日，麻薩諸塞州，康科特

尊敬的總統先生：

　　你所擔任的職位需要你具有極為可信的信用，親近每一位民眾。因為你所擁有的權力以及所處的職位，每一位公民都可以說是你的朋友。在聯邦政府的任何舉措沒有違背每個人的判斷力或是利益的情況下，每個人都會對你的政府懷著信任與期望心理。每個人都有權力希望你們關注事關公眾利益的事情。優秀的管理者應該懷著自信與民眾進行交流。正是懷著這樣的想法以及我身邊一些朋友與鄰居的要求，我懇求你能夠耐心的聆聽他們與我的一些想法：你不知道我的名字的這一事實，只會讓你以更加客觀的方式去看待我所說的每一句話。

　　總統先生，我想要說的是，這個國家某個地區的切羅基民族所處的恐怖境地的傳言。這片土地上原住民的利益始終都應該去維護的 —— 這是屬於他們的一種天然權利 —— 因此，我們應該高度重視他們作為一個部落得到的權利。即使是在我們這些遙遠的州，關於他們的積極生活方式以及文明行為的消息也傳過來了。我們為他們在社會藝術方面獲得的進步感到高興。我們也讀到了關於他們的報導，在學校與大學裡也看到了他們的身影。與絕大多數美國民眾一樣，我們都懷著憐憫之心看待這些紅皮膚民族所遭受的痛苦，知道他們被視為低等種族所感受到的屈辱，或是錯誤的認為這些民族是按照高加索民族的藝術與風俗來生活的。儘管很多人對之前的印第安人所遭受的災難表現出來的極大的冷漠，但我們不能否認，在

我們這個共和國裡，必須要以人道的方式對待每一個種族的民眾，讓每個男人與女人都能過上自力更生的生活，都能得到他們應該享有的權利。他們應該像我們一樣，感受到正義與公平，感受到政府給予他們的愛意。

西元 1835 年，報紙上出現了一則新聞，某個代表美國政府的機構與切羅基部落達成了協定，說要換取切羅基部落的土地。之後，這則消息被證明是虛假的，那些從事相關談判的人根本就不能代表美國政府。在 18,000 名切羅基人當中，有將近 15,368 人都反對這項所謂的協議。現在，我們知道，美國政府選擇要求切羅基部落遵守這項虛假的協議，並準備按照這份虛假協定的內容去進行執行。幾乎所有的切羅基民眾都會站起來大聲反抗：「這違背了我們的意願。請認真聆聽我們的心聲吧，我們是反對這項所謂的協議的。千萬不要因為少數人而背叛我們！」美國總統、內閣成員、參議員以及眾議員都沒有親眼看到他們，也沒有親自聆聽他們的聲音，就決定將這些充滿活力的切羅基部落送上了手推車或是輪船，然後將他們送到了遠離高山與河流的地方，來到了密西西比河流域一片荒蠻之地。根據一份報紙的消息，從這個撤離切羅基部落的悲傷消息發布一個月內，聯邦軍隊就在接下來的一個月內完成這項強制的搬遷工作。

總統先生，以上帝的名義，我們要向你發出質問，事情是否真是如此？這些報紙所說的內容是否真實呢？很多男人與女人在大街上與教堂上見面的時候都一臉蒼白，他們都打聽這個消息是否真實的。我們已經詢問過，這是否是某些反對政府部門的嚴重失職，還是某些想要分裂民眾之人的陰謀把戲。我們閱讀了不同黨派的報紙，發現了這個恐怖的消息。我們開始慢慢相信這件事是真的。我們過去因為錯誤的資訊指引，對印第安人產生了錯誤的印象，而印第安人的抗議行為也顯得不成熟。但是，現在這樣的行徑簡直就是無端製造恐慌。

要是說美國還殘存著什麼虔誠或是原則的話 —— 即使是以最粗糙的形式展現出來，對於每個有常識的人來說 —— 都會要求我們禁止採取這

樣的行動。這樣的行徑簡直是對我們所有信仰與美德的一種違背，這是對公平正義的違背，也是對那些追求和平之人發出的尖叫與呼聲充耳不聞的表現。這會讓我們這個國家變成一個恐怖的國家。因此，總統先生，難道美國政府希望他的民眾變成瘋狂的野蠻人嗎？難道在他們的心中，愛意與善良的天性已經徹底泯滅了嗎？人類的靈魂、公平正義以及每個人心中的良知，無論從緬因州到喬治亞州，都必然會反對政府做出這種粗暴瘋狂的行徑。

在談到我的鄰居以及我對此的看法時，也許我已經越過禮節的界限了。但是，倘若我們不以這樣的方式去談論這樣一種粗暴的行徑，難道不是一種更沒有禮節的行為嗎？我們只是闡述了一個事實，即這樣一種犯罪行徑以如此宏大的形式呈現出來，必然會徹底混淆我們對良知與正義的認知——這樣一種犯罪會讓這個國家的切羅基部落與我們都失去應該有的權利。因為我們該找尋什麼樣的藉口，才能說出那些可憐的印第安人是在陰謀推翻我們的政府，或是占有那些原本就不屬於我們的土地呢？總統先生，如果你以背信棄義的方式這樣做，就必然會讓總統職位應該有的尊重蕩然無存。同時，我們這個國家的名聲，我們所宣導的宗教與自由的美名，也將會在世界上消失殆盡。

如果你將我們的這種抗議反對與任何宗派或是黨派的情感相連起來的話，這都是不公平的做法。我們之所以站出來表達強烈的反對，完全是因為我們內心出於對兄弟同胞最簡樸的愛意。我們不會在任何一個狹隘的黨派利益下，同意這種以所謂國家名義去做任何違背人性良知與同胞情誼的事情。總統先生，在過去一年，政府與民眾在這些問題上的爭論，已經影響到了國內的貨幣以及商業狀況。但是，這些影響與以強制性方式搬離切羅基部落民眾生存地的惡劣行徑相比，簡直不值一提。大家都不會否認，現在是一個艱難時期，這樣的討論所產生的影響已經波及到每一座農場與每個窮人的家庭。但是，相比於文明社會的人類是否以文明的方式對待野蠻人這個永恆的話題來說，目前的困境都是不足為道的——無論是理

智、禮節、正義甚至是仁慈等特性,都應該在美國民眾身上得到展現。但是,我們目前對切羅基部落以及對人性的摧殘可以說到達了一個頂峰。

此時,我很不情願的跟你談論一下我的看法,希望能夠引起你的注意。我認為,政府應該從過去的歷史事實中汲取深刻的教訓,即在這個問題已經公開的情況下,聯邦政府目前的做法,會讓大部分北方人對這個政府具有的道德品格持一種嚴重的懷疑態度。

在公開討論這個問題的時候,很多北方人都表現了沮喪或是不敢相信的態度,他們不敢相信他們的政府竟然會做出這樣一種詐騙或是搶劫的行為,這讓很多善良之人為之感到羞恥。他們不禁會問,難道美國政府就是以偷竊的方式去做嗎?難道美國政府會對民眾撒謊嗎?難道美國政府會親手殺死一部分的同胞嗎?我們需要以無所畏懼、理直氣壯的方式去提出這些問題。我們的許多議員與過去的政治家都會說,若是在十年前,他們肯定會將自己的身家性命都賭上,認為聯邦政府不可能真的執行這樣的印第安人政策,因為整個國家的民眾不會同意這樣的行為。現在,這種犯罪的行為以如此迅速的方式出現在每個人眼前,這讓數以百萬具有美德的民眾都沒有足夠的時間發出自己的聲音,表達自己的意志,只能為那些遭受政府洗劫的部落與同胞表達自己的哀嘆與遺憾之情。

總統先生,我不會隱藏我對你所持的嚴重質疑態度。我希望這封信能讓你對政府的行政權力對民眾應當承擔的義務有更好的認知,這也代表了我許多朋友的共同願望。總統先生,我不會先入為主的以懷疑的態度去對待你。我只是希望能夠向你闡明這個事實,讓你明白我們是多麼淳樸與具有人性的人民,我們每個人都尊重政府的管理,也知道政府管理者的不良行為會帶來多大的傷害性。像你擁有如此豐富經驗的人肯定也明白,對道德情感的反對是毫無意義的。無論遭受痛苦之人是多麼的脆弱,無論壓迫者看似多麼強大,自然的法則就是任何壓迫別人的人最終都會遭受報應的。因為上帝也認同這樣的情感,這樣的法則是不可能遭受壓抑的。任何

統治者與民眾在這個法則面前，都必須要臣服。但是，只要我們能夠遵循這個法則，我們的國家就會變得越來越強大。

　　總統先生，我寫這封信給你，就是要告訴你這次印第安人事件所造成的風波。我希望你能夠多聆聽民眾的聲音，能認真履行 1,500 萬民眾授予你的權力，避免採取對切羅基部落民眾生存造成威脅的任何行為。

尊重您的一位普通公民
拉爾夫 · 沃爾多 · 愛默生

附錄 D

▌附錄 E

致西元 1872 年 7 月大火之後捐款給愛默生重建房子的朋友的信件

西元 1882 年 5 月 8 日，波士頓

愛默生的去世，讓出版下面這些信件沒有遭遇任何阻力。現在，我想要完成這項工作。每一位捐款者收到了愛默生生前寄去的充滿深情與愛意的信件，表達他對每一個幫助他重建家園的朋友的真切情義。

這種善意的行為會讓一個人感受到人生的成功與圓滿。朋友們在他的家園被大火燒毀之後，立即伸出援助之手給予幫助，這讓他的內心感到了極大的滿足感。他並沒有向任何人提出需要幫助的請求。愛默生的一些朋友提出的簡單建議，就讓他有機會重建家園。在大火燒毀房屋的第二天，很多朋友就寄來信件，並隨信寄來了大額或是小額的支票。因此，在短短的三週時間裡，我就能將這筆款項寄給霍爾法官，而他也在 8 月 13 日收到了這筆款項，之後他在第二天早上將這筆款項送到了當時住在老教區住宅的愛默生手上。

之後，還有一些朋友也捐款了，讓我帳本上的金錢數目高達 11,620 美元。部分款項直接送到了在康科特重建房屋的工人手上，剩下的錢則在 10 月 7 日送到了愛默生手上，他也在西元 1872 年寄來的一封信裡確認了此事。

每一位幫助愛默生重建家園的朋友似乎都認為，他們有幸透過這樣的方式表達對他的愛意與尊重，這是他們對他表達感激之情的最好方式。事實上，如果重建愛默生的房子需要更多錢的話，他的朋友肯定也會幫他籌集到這筆款項的。

　　那些懷著愉悅心情加入這次友善「計畫」的人都為這樣的想法而感到開心：他們減輕了這次火災為愛默生所帶來的身心壓力，讓他能夠騰出更多寶貴的時間過上一種高貴的生活，而這是我們每個人都想要看到的。

　　我要感謝諸位朋友讓我寫這封充滿善意的信件。

萊伯龍‧拉塞爾

西元 1872 年 8 月 13 日，波士頓

親愛的愛默生先生：

　　當你的朋友們得知你的房子被大火燒毀了，他們都自發的伸出援手給予幫助，他們也為自己能夠幫助你感到由衷的高興。

　　你的一些朋友一直都在為實現這個目標而努力，現在他們懇求你接受我寄的這筆錢，按照你的要求存在康科特銀行裡。我們透過我們共同的朋友霍爾法官來表達我們的善意。他們相信，你會將這筆錢視為你的朋友們表達的真誠善意。你的每一位朋友都為他們能夠幫助你重建家園感到由衷的高興。

　　如果他們所捐贈的款項超過了重建房子所需的費用，他們真誠的希望你能夠將剩下的錢用在你認為合適的地方上。

您忠誠的朋友
萊伯龍‧拉塞爾

親愛的萊伯龍‧拉塞爾：

　　我收到了你的來信，昨晚從巴雷特（Barrett）先生那裡收到了寄來的一萬美元支票。今天早上，我將這筆錢存入了愛默生在康科特國家銀行的帳戶上，然後將銀行存摺拿給愛默生，並將你的信件一同拿給他看。我對愛默生說，他的一些朋友已經決定了，希望他能夠前往英國，參觀華威城

堡以及其他著名的景點，認為這樣有助於他恢復身體健康，等他旅行回來之後，房子應該也建好了。

當他明白了這是怎麼一回事，讀完了你的來信之後，他非常的感動。他說，他過去的人生都是依靠自己的，他真的不知道該說些什麼 —— 他的朋友們實在是對他太好了。我對他說了我認為是最好的回答，告訴他這是朋友們自發做出的舉動，因為他們都希望藉此機會表達對他的敬意與愛意，還說這樣做也讓他們感到由衷的高興。我還按照你的要求，提到了希拉德（Hillard）與塔潘（Tappan）女士。我認為塔潘女士之前已經寫信給他，表達要是他有什麼需要的話，都可以直接開口，表示個人願意捐5,000 美元給他。

我認為這一切都沒有什麼問題，但他表示一定要親自看看捐款者的名單，然後再看看應該怎麼感謝他們。他對我說，他當年的同學與老朋友 F·C·羅威爾與班格思（Bangs）、格尼（Gurney）女士以及其他幾位朋友已經向他寄來了 5,000 美元的支票，他認為這些錢對他來說實在是太多了，大家所捐的錢都遠遠超過了實際所需的錢。也許，這也解釋了其中一些捐款者的名字沒有出現在名單上面的原因。

我很高興的看到，目前身體羸弱的愛默生對他的朋友們都懷著深深的感激之情，發自肺腑的感謝你們所做的一切！

永遠忠誠於您的
E·R·霍爾

康科特，西元 1872 年 8 月 16 日

親愛的萊伯龍先生：

你的來信以及你給予我的讚美，讓我的內心充滿了感動與感激之情。當我現在有時間與身體允許的時候，就想著儘快回信給你。我在這個世界

上已經活了許多年了，從未直接向你們這些為我的人生帶來無限歡樂的優秀男女懇求過什麼，但你們還是給了我如此之多的幫助。無論這次火災替我帶來了多大的損失與災難，但是你們給予我的幫助要遠遠比燒毀的廢墟讓我感動。我真的不知該怎麼感謝你以及透過你給予我如此慷慨幫助的朋友們。每當我閱讀你的來信或是想到你們給予我的關懷，我的內心就感到無限喜悅。我的朋友們都表達了對我的善意，讓我這個老人的內心感到了無限溫暖。到目前為止，霍爾法官還沒有讓我看到捐款者的名單，但可以向你肯定，無論是早上還是晚上，我都要認真查看每一個給予我幫助的人。

永遠感謝您的真誠朋友
拉爾夫‧沃爾多‧愛默生

西元 1872 年 9 月 8 日，康科特

親愛的萊伯龍醫生：

昨天晚上，我已經收到了你寄來的兩封來信，其中一封信裡包含著一張 1,020 美元的支票。

難道我的朋友們都想用他們的善意來感動死我嗎？你肯定會說，不是的，你們只是希望我能夠長命百歲而已。我認為自己已經是一個非常有福之人，你們卻讓我增添了更多這樣的福氣。看來，你們要讓我出國旅行一段時間，好讓你們在此期間重建我的房子，也讓我的精神狀態變得更好一些。

一直以來，我都是一個相信人性的人。不過，我在最近一段時間裡所感受到的愛意，還是讓我每天都生活在驚喜與感動當中。現在，我感覺自己幾乎擁有了一切，很多優秀的男女都想辦法表達他們的善意（其中一些人還是與我素未謀面的），我希望能親自對他們每個人表達感謝，然後向他們問一句，為什麼我們之前還沒有見面呢？為什麼你沒有告訴我，我們之間有著相同的想法呢？人的一生並不漫長，人與人之間的思想共鳴是很難

尋覓的，因此我們最好與那些和我們趣味相投的人在一起。我之前習慣過著隱居的生活是錯誤的，也許這件事替我上了一課，幸好這還不是太晚。

要是你遇到他們，請幫我向他們傳達我的謝意，告訴他們，雖然我還沒有當面感謝他們，但我也不是一個木頭或是一塊石頭，我始終銘記著他們的好意。

我的妻子堅決讓我將她的感謝之情傳遞給你與他們。

永遠感謝你的

拉爾夫・沃爾多・愛默生

西元 1872 年 8 月 20 日

親愛的法官：

這幾天來，我一直在口袋裡放著我在康科特寫給你的一封信，但我遲遲都沒有寫完這封信。在大多數時候，我已經是一個愚蠢的人了，很多時候被一些瑣碎的事情所影響。我還沒有完成這封信，但這封信的主要目的是要詢問關於捐款名單的事情。這些幫助我的人是如此的值得我去感謝與珍惜。每當我讀到你或是他們寄來的信件，我這雙乾燥的眼睛都會溼潤，我的聲音也會充滿情感。這些都是親愛且高尚朋友的名字啊，這些都是讓我充滿敬意的名字。但是，我現在還不完全知道他們所有人的名字。很多名字是那麼的熟悉，讓我的記憶一下子回到了多年前，他們可能是我朋友的朋友，我真的非常感激他們。事實上，我應該保持身體健康，讓心靈與心智處於愉悅的狀態，不要像現在這樣沒有了思想的患病之人。因此，你必須要相信一點，我對你們以及其他有如天使的朋友們給予的幫助銘記在心，始終懷著深深的感激之情。

永遠忠誠於你的

拉爾夫・沃爾多・愛默生

附錄 E

附錄 F

在下面這個年表裡，我會將愛默生在公開場合發表的所有演說都列舉出來（一些沒有出版的布道演說除外），並按照這些演說稿子出版的年份順序進行排列，刪掉了其中一些重複或是有所重疊的內容。如果這些文章出現在愛默生的精選錄裡，我也會在這些文章的後面載明這些文章所在的卷數以及頁碼。至於那些沒有出版的文章，我也會盡可能按照愛默生所寫的內容進行歸納，並提及相關出版的內容。在列舉相關演說稿子內容方面，所標明的日期都是第一篇演說所發表的日期，因為這些演說通常都是每週進行的。下面按照時間順序對愛默生的演說與文章進行排列。

西元 1830 年

2 月 17 日。麻薩諸塞州康科特，在成為 H·B·古德溫牧師的助手之後的演說。

西元 1832 年

9 月 9 日。在主的晚餐會上發表的布道演說。

11 月 4 日。在波士頓自然歷史協會上發表的引導性演說（地址在波士頓的共濟會會堂）。這篇演說的主題是「人類進行學習的重要性」。這個地球就是一個龐大的博物館，人類的五官就代表著一種完美的哲學工具，每個人都可以從自然界提供的自然資訊進行對比。在演說裡，愛默生談到了在巴黎參觀植物園的感想：他感受到了動物與人類之間存在的那種超自然的神祕關係。他還談到了個人追求所帶來的多種好處；一是對人類健康的好處，一是在於發現經濟層面上的好處。

三是這種行為所激發出來的強烈熱情。四是透過準確的思想習慣提升心智與品格。五是讓人能夠做到自我理解 —— 或者說,這是我們與內在世界進行交流的一種方式,讓我們能更好的理解我們的真實想法。

12 月。愛默生發表了〈人與地球之間關係〉的演說。在演說裡,愛默生談到了人類以緩慢且世俗的方式去逐漸改變地球的表面形態:人類在地球表面上建造房子、鏟平土地,或是建造地下室等等。人類所改造的世界充分展現了人類的能量、力量與他所具有的力量之間的對比。人類迫於生存方面的壓力不得不要充分向外行動,不斷進行探險與從事商業活動。那些敏捷聰明的水手按照蝴蝶的形狀去對船隻進行改造,讓船隻在面對風浪時具有更強的抵抗性。人類始終在想辦法修復這個世界,讓這個地球的氣候與空氣更加適合人類的生存。在這篇演說裡,愛默生不僅談到地球的資源所帶來的各種好處,還談到了地球所具有的美感,談到了人類與地球相互依存的關係,最終讓人類形成了科學這門學科。其他生物會在某些特定的地方生存,但是人類所生活的範圍則是遍布整個地球。

西元 1834 年

1 月 17 日。愛默生發表了〈水〉這篇演說(在波士頓機械工人協會上發表的)。愛默生在演說裡談到,在這個地球上,水是普遍存在的,對人類的生存與發展具有不可估量的重要作用:從阿爾卑斯山脈與安地斯山脈流下來的純淨水讓人類擁有適合於居住的環境。水作為一種可流動的媒介,將地球的每個角落都連接起來了,讓地球的氣溫變得更加恆定,讓植物與動物得以在地球上存活。水在自然世界的外在循環活動,其實就是今天的人們經常談到的氣象學。關於水的特性,我們得出了關於水結冰的法則,知道了流體力學方面的壓力,也知道了

毛細引力與蒸汽等現象。

愛默生就「義大利」這個主題發表了兩場演說。在演說裡，他對義大利這個國家進行一番描述，談到了義大利的自然風光以及歷史古蹟。「相比於我們在故鄉感受到的某種出其不意的情感，我只是一個旁觀者，沒有任何特別的目的。我沒有收集任何可以觸碰、激發嗅覺或是品嘗的東西 —— 我也沒有詆毀任何浮雕與畫作之類的東西。當我們去到那裡，卻看到了一個積極投身社會生活的人所做出的表現。隨著我對這個國家的認識更加深入，我更加感受到了這個國家所具有的歷史，我對此滿懷著敬意。」

5 月 7 日。愛默生發表了一篇關於「自然主義者」的演說（這是他在波士頓自然歷史協會第四次年度會議上發表的演說）。在演說裡，他強調了自然歷史在一般性教育中的重要性。他說，我們不可能每個人都成為自然主義者，但是我們能透過對自然的精確觀察得到好處 —— 成為我們這個時代的真正公民，同時也代表著科學的一個時代。目前的社會對自然科學有著強烈的需求，能與科學、藝術或是商業形成直接的關聯 —— 讓我們對所生活的世界有一個更加深刻的認識。這能讓人類了解世界的中心，知道人類與自然的關係有助於我們去創造出一些東西。但是，要想獲得這樣一種優勢，我們絕不能在紛繁複雜的術語或是命名中迷失了研究的方向。那些從事這方面研究的人，必須要在最嚴謹的分析中抱著詩人的心態，或者說，他們必須要讓自己所背負的自然主義者的頭銜屈服於人性。

西元 1835 年

1 月 29 日。愛默生發表了六場關於生物學的演說。（在波士頓共濟會會堂，愛默生在傳播有用知識協會組織的演說活動上發表了這場演說）。

- 在〈對偉人的考驗〉的演說裡,愛默生提出了一個與人相關的問題:人的靈魂能夠追求他所想到的目標嗎?

- 他之所以工作就是為了炫耀自己嗎?路德、華盛頓、拉法葉等人都堅定的相信他們所追求的目標。與那些在櫥窗裡展示商品的零售商相比,拿破崙其實也沒有自信多少。

- 健康的心智才能讓我們懷著友好積極的心態去工作。

- 人類有能力去激勵其他人的心靈活動。

- 對超人類形象的信念。阿提拉,這位匈奴王認為自己是上帝派來的,認為自己具有超自然的能量。

- 無私的目標。

- 視野的寬度,人類應該擺脫偏見,用真實客觀的眼光去看待事實。愛默生發表的第二篇演說是〈米開朗基羅〉(這篇文章發表在西元 1837 年 1 月的《北美評論》雜誌上)。

愛默生發表的第三篇演說是〈馬丁·路德〉。在這篇演說裡,愛默生談到了偉大的成就,是每一個具有才華以及資源的人都能去實現的。他認為,任何抽象意義上的猜想都是毫無意義的,他對於科學真理持懷疑態度,他相信的是猶太人的宗教。如果他能夠感受到最初階段的基督教義,那麼他會感到非常滿足。他所闡述的倫理法則被視為神聖的信條,而不是作為一種哲學事實。但是,他深信著他所相信的東西。與此同時,他所具有的簡樸人性讓他避免陷入狂熱的狀態。他之所以如此偉大,是因為他的頭腦與心靈都是健全的,並在遇到任何重大危機的時候,都能遵循自己的天才。愛默生的第四篇演說是〈米爾頓〉(這篇演說稿子刊登在西元 1838 年 7 月出版的《北美評論》雜誌上)。愛默生的第五篇演說是〈喬治·福克斯〉。在這篇演說裡,愛

默生談到宗教熱情就像自由主義的一種自律，為他敞開了心靈的大門。從本質上來說，福克斯是一位現實主義者，喜歡用某些名稱來代替一些事物。但是，內在的光芒是不可能被局限或是傳遞的。當他那顆飽受摧殘的靈魂逐漸遠離教會的時候，他一開始感覺自己是非常孤獨的，之後才感受到了內心的平靜與安詳。他與他的門徒都將過分誇大了一些瑣碎的東西，他們偏離了常規，遭受了許多非難與質疑，而這反過來讓他們喜歡誇大自身的重要性。對教友派信徒的迫害讓我們的城鎮獲得了「波士頓的血腥之鎮」的稱號。他們所遭受的殘酷對待，只會讓他們產生一種不屈不撓的精神。當主人的船隻拒絕搭乘他們的時候，他們就自己想辦法乘船前往維吉尼亞州、巴貝多或是其他港口。他們歷經千辛萬苦，穿越了森林、沼澤地以及印第安人的出沒點。即使最後迎接他們的可能是高高的監獄、鞭笞刑柱或是絞刑架，他們也無所畏懼。在愛默生的第六篇演說〈埃德蒙‧伯克〉裡，他談到了奧理略[052]與培根都是採取實際行動的哲學家，在面對現實事物的時候都能做出相應的反應。在愛默生看來，伯克具有更加全面的智慧，他是一個具有科學精神的人，曾利用科學去平衡某些特定目標與整個社會的關係。他從來沒有將自己的理論視為一種放之四海而皆準的標準，而是從事實出發，將一些經驗總結成為適用的理論。他的品味、他的社交秉性、他那溫和的性格，都讓他始終努力的去追求自由，不會成為一名極端的改革家。他的演說方式與我們所看到的優秀演說家並不一樣，他的演說會直通我們的心靈深處，不追求任何譁眾取寵的目標。每當聽眾聆聽了他的演說回家之後，都會沉醉其中，然後用誇大的話語來表達自己的情感，但他們不知道這到底是為什麼，也不知道為什麼他到底說的那些話讓他們覺得非常好。伯克不像那些完全以現實眼光看待問題的人，因為那樣的演說方式無法激起聽眾的任何情感，而只能獲得他們的贊同。他總是會說出充滿男人氣概的觀

052　奧理略（Marcus Aurelius，西元 121 ～ 180 年），古羅馬皇帝兼斯多葛派哲學家，代表作：《沉思錄》等。

點，從宏觀大局去看待問題。

8 月。愛默生在美國教育協會上發表了一篇演說〈喚醒民眾對英國文化正確品味的最佳模式〉。在這篇演說裡，愛默生將學者所產生的任何影響都分為兩大類：（1）天然的學者。（2）那些有閒暇時間去閱讀的人。我們這個國家繼承了英國的語言，我們從自然界裡獲得了通向世界最寶貴資產的鑰匙。我們不能對自己所能遇到的這麼多好書表達任何不滿的情緒。書籍就像天空中的星星，要想找到真正閃亮的星星其實是很難的。如果我們忽略了其他的星星，只關注莎士比亞、米爾頓或是培根等星星，然後專注於研究這些作家的作品，那麼我們可能也沒有多大的損失。但是，如果你能將自己每天閱讀報紙的時間騰出來，用於閱讀胡克、休謨、克拉倫登、哈靈頓（Harrington）與伯克等人的作品，那麼你在很短的時間內就可以對英國所有偉大作家的作品有一定的了解。對這個問題的研究要比寬泛閱讀更好一些。喬叟、史賓賽、莎士比亞、培根、米爾頓以及泰勒等作家都是同一個級別的。在同一時代的第二級別的作家則是班·強生、赫伯特、赫里克、馬維爾（Marvell）、考利（Cowley）、庫德沃斯（Cudworth）與德萊頓（Dryden）等人。第三個級別的作家則是波普、艾迪生、史威夫特、休謨、巴特勒、詹森、吉朋與史密斯（Smith）等作家。不是每個人都有必要成為學者的，正如不是每個人都應該去當船員、編織工人或是歌手的。但是，我認為每個人都有能力對文學作品產生興趣的，這也是最有益身心與最有趣的娛樂消遣活動了。但是，我們在閱讀過程中絕不能懷著被動消極的態度。學生必須要想辦法跟上老師的節奏，想辦法找到最好的學習方法。讓更多人了解與閱讀這些名著的辦法，就是大量發行廉價的書籍版本。我們應該讓這些名著像磁石一樣，吸引著每一位喜歡閱讀的人。

9 月 12 日。愛默生在康科特發表了一篇歷史方面的演說，主要談論康

科特這座城鎮在成立之後 200 年裡發生的事情。

11 月 5 日。愛默生就「英國文學」發表了 10 篇演說（這是他在波士頓共濟會會堂裡，參加由傳播有用知識協會組織的演說活動上發表的）。第一篇演說是〈引言〉。愛默生在演說裡說，「文學」一詞在很多人聽上來是空洞的，被視為少數一些充滿幻想之人無傷大雅的消遣活動而已。但事實上，文學對於自然以及人類所處的環境中具有深刻的根基。一個人的腦海裡有什麼樣的想法，他就會變成什麼樣的人。一個人在這個世界上所做出的全部行動以及努力，其實都是他的思想展現出的外在現象，讓他透過創造出某種外在行為去展現自己的想法。在所有不同的表現形式裡，最完美的方式就是語言。進行思考是每個人的本性，但是人類的歷史與我們自身的生活與我們實在是太緊密了，因此無法看得更加清楚：那些詩人與哲學家則希望能讓我們站在旁觀者的角度，以更加明晰的方式去看清楚他們的精神含義，讓我們能夠打破習俗所帶來的陋習，讓我們能夠看到一切存在的東西。他們向人類表達的思想，證明了詩人的信念，即每個人都能感受到這樣的訊息，每個人都可以在某種程度上成為詩人。事實上，人類站在精神與物質的中間，身上展現出這兩種關鍵的元素。真正的思考者能夠看到一種元素代表著另一種元素，而這個世界正是靈魂的一面鏡子，我們則想辦法展現出最為美好的關係。而這正是文學所能帶來的意義。愛默生的第二篇演說是〈英國的國民天才的永恆性特徵〉。在這篇演說裡，愛默生談到了許多重要的心智活動都是與一種強大的意志以及強大的身體功能相連起來的，這就好比那些粗糙的樹幹能夠讓英國民族的智慧與人性像美麗的花朵那樣綻放。關於英國民族的特性，這已經在每個不同的時代不斷得到呈現。無論英國文明在哪一個國家扎根，都必然會帶有一定程度的特徵，比如幽默、戀家、追求功用性、精確的感知能力以及對事實的追求。可以說，英國民族追求公平競爭，尊重生命以及尊重女性。英國的詩人都喜歡田野與農

場,喜歡鄉村小道與爐底石。英國民眾對紳士舉止的熱愛,本質上源於他們對生命與資歷的尊重。這樣的觀念是英國人與美國人身上都共有的,現在正漸漸成為兩國一個共同的基礎。威爾斯與撒克遜詩歌正是很好的代表。愛默生的第三篇演說是〈寓言的時代〉。在這篇演說裡,愛默生談到了諾曼語言的傳播管道。當戰爭讓整個歐洲大陸的民眾都回到了一種童真的狀態,南方與西方一些國家充滿韻律的語言為英國民眾所熟悉。自然與常識、地理學、年代學以及化學開始漸漸流行,對很多容易輕信的國家來說,這些彷彿都是許多神奇的事物堆積在一起。與古希臘詩人創造出充滿美感的語言不同的是,每一個寓言故事都以睿智的方式持續的展現出來,其中包括普羅米修斯與奧菲斯的故事,還有關於梅林(Merlin)與亞瑟(Arthur)的故事。不過,隨著人類文明的進步,羅馬時期的詩人與小說家都希望能夠透過雕塑的方式來表達情感,並以冷漠的方式引入了道德觀念。正如柏拉圖所說的,就連他本人也無法理解一些偉大且睿智的東西。寫作不僅會刺激人的心靈,讓人感到愉悅,還會讓他們利用寫作的機會,將一些熟悉的意象傳遞給普通讀者的心靈。漸漸的,詩歌開始成為表達諸如諷刺等強烈情感的工具,而詩歌的意象則是從自然與日常生活中汲取出來的。英國詩歌從一開始就鼓勵某些具有文學天才的人迸發自己的潛能,這可以從最早期詩歌的措辭中看出來。我們可以從這些詩歌中感受到牲畜發出的呼吸氣味,感受到許多平凡物體所具有的美麗。我們可以從〈格羅斯特的羅伯特〉與〈皮爾斯農婦的視野〉等詩歌中看得出來。愛默生的第四篇演說是〈喬叟〉。閱讀喬叟詩歌或是文章的讀者,都會對他所描述的熟悉景象或是思想感到震驚,因為喬叟正是英國文學史上的重量級人物。喬叟是一個具有強烈個性同時又親切的天才,與每個人一樣,他具有平衡的心智以及平衡的個性,讓他成為了一個親近普通人的詩人,讓他能運用自己的智慧將他所在時代的品格都表達出來。但是,他始終保持著桂冠詩人的尊嚴,將英國的文學恢

復到應有的榮耀。古人引述詩人的詩句，正如我們現在從《聖經》裡引用句子一樣。但是，英國詩人不得不要放棄那種高高在上的感覺，不像過去吟遊詩人那樣以居高臨下的態度去面對民眾。他們只能從最原始最為持久的方向，找尋激發人類興奮與愉悅的泉源，從而為全新的文學打下基礎。正如良好的常識與不斷增長的知識能夠讓他們擁有這樣的能力，詩人也開始重新樹立他們在過去所具有的威望。正如但丁、莎士比亞、史賓賽以及米爾頓等人在他們生前都沒有獲得任何優待。但是，隨著法國學派傳入到英國，就出現了諸如司各特、拜倫以及摩爾等詩人，他們根本沒有為驅趕這樣的流派做出任何努力。每一位閱讀喬叟作品的人，都會為他的作品中所散發出來的尊嚴而感到震撼。他的作品同時散發出強烈的幽默感，他對紳士行為的熱愛，他對女性優雅品格的欣賞，都在他的作品裡打下了深深的烙印。愛默生的第五篇與第六篇演說都是關於「莎士比亞」的。在所有的詩人裡，莎士比亞獨自占有重要的地位。要想對莎士比亞進行分析，就需要我們具有對人性心靈的分析能力。可以說，莎士比亞擁有人類極限的想像力，擁有神乎其神的表達能力，能讓他的語言以最好的形式服務於他的目的。他創作的十四行詩是那麼的純粹。他的那本小詩集所具有的文學價值甚至能讓他的戲劇作品都為之失色。他的這些詩集飽含著他深入的思想以及對韻律具有的某種沉寂的美好，這是很難透過迅速完成的段落表達出來的，因此非常值得我們去進行深入的研究，正如義大利人對但丁與佩脫拉克（Petrarch）的作品進行的研究一樣。不過，無論莎士比亞擁有多麼神奇的創作能力，他還是無法為我們留下某些關於思想與思想之間進行評判的標準。每一種轉瞬即逝的情感都會占據著詩人的心靈天空，而這些情感都沒有受過任何形式的淬煉，因此可能會變成詩人的一種通病。心智健康之人會對所有健康的情感都保持著一種開放的態度。如果這種大膽的猜想能將一種思想轉向一種極端的話，那麼這必然會反過來讓我們走向另一個極端。莎士比亞

在自身擁有的豐富想像力的基礎上，增添了一種自我修復與自我採集的能量。他具有著充滿活力的反思性能量。他的腦海裡不斷浮現出許多問題，正如那些最堅定的懷疑主義者對生命、死亡、人類以及自然的看法。但是，莎士比亞並不是單純的詩人或是哲學家，他至少還擁有對現實世界真實關係的清晰觀感。他對自己在這個世界上所看到的事情以及塵世的生活感到愉快。正是這種愉快的情感才讓他轉向戲劇創作。無論從哪個角度去看，一般人的生活都會讓他得到他想要得到的東西。他超越一切的祕密，就在於他能將身體的每個感官機能都調動起來，並讓這些機能很好的運轉。莎士比亞透過對人類生活的三個重要領域 —— 道德生活、智慧生活以及現實生活 —— 直抵人類的靈魂深處。愛默生的第七篇演說是〈培根爵士〉。在這篇演說裡，愛默生認為，培根在所有文人中理應排在更加靠前的位置。因為他透過文字將人類內心的想法非常清晰的呈現出來，就好像這些想法是以某件事的形式呈現出來的。可以說，沒有比這種能力更偉大與更渺小的了，但他想要知道其中的法則。在他的內心深處，他似乎知道應該以譏諷的方式去面對那些投機之人，認為這些人並不適合經商。他有時也會提高自己攻擊別人的能力，對一些學者帶來壓力，甚至會透過作惡的能力去證明自己在現實生活具有能力。他幾乎對人類智慧的每個領域都進行了一番研究，並預測了當時仍然還不存在的文學體裁的出現。在學識淵博方面，他時常被後人拿來與莎士比亞進行對比，但他的作品是相當零碎的，缺乏一個整體性。他的作品彷彿一座尚未完工的城市，建築材料依然灑落一地。莎士比亞的每一部戲劇作品都有著驚人的完整性。要想讓自己的作品變得更加完整，培根必須要長命千歲。這種缺乏整體性的特點，可以從培根一些幼稚的想法得到展現，甚至可以從他表現出來的一些狹隘精神得到展現，這就像一條蛇在面對天使的演說時發出嘶嘶聲。愛默生的第八篇演說是〈班·強生、赫里克、赫伯特與沃頓〉。愛默生認為，班·強生是英國文學界的領軍

人物，在伊莉莎白（Elizabeth）時代與詹姆士（James）時代的文壇中占據著重要的地位。班・強生有著強大的心智能力，雖然他的作品本身在戲劇層面上不具有多大的價值，但他卻能保持自己的名聲。他的措辭是那麼的純粹，他的句子是那麼完美與具有力量，但他的戲劇作品卻讓人感到無比沉悶。當然，這不是一種庸俗的沉悶，而是學識與感官層面上的沉悶。首先，他的作品從一開始就設定了一個前提，即認為觀眾擁有著強大的智慧能力，但擁有這種智慧能力的人在伊莉莎白時代是不多的。雖然他的戲劇作品主題是沉重且平凡的，但他仍然用英文創作出了最優美的詩句。赫里克的文學價值就在於他用近乎完美的詩句讓非常平凡的事物充滿榮耀。他將詩人的特權推到了一個全新的高度，肆意的揮灑著自己的才華。他樂於向世人證明，靈感不是一樣好的東西，也不是一種拘謹的東西，而要勇於邁著堅定且靈活的步伐走到一個充滿險阻的地方，不要受到除了陽光之外任何事物的影響，因為陽光同樣會照在發臭的屍體與紫羅蘭上。喬治・赫伯特的作品可能會讓一開始閱讀他作品的讀者有些反感，因為他使用一種離奇有趣的諷刺性寫作風格，這種風格在那個時代的英國是非常流行的。不過，現在的讀者同樣會被他在作品中使用的措辭表現出一種無法效仿的天才給打動。這樣的思想散發出強大的熱量，甚至能夠將語言本身融化掉。因此，在他的筆下，語言是非常靈活的，他所追求的韻律感始終不會阻擋我們對語言感知的追求。他的作品在激發出讀者的道德莊嚴感方面做得最好。他的詩歌散發出忠誠靈魂的氣息，能夠讓我們透過詩人的雙眼去看待這個充滿困惑的世界，同時還保留著聖人所應具有的情感。亨利・沃頓爵士可能更受世人重視的是他的財富而不是他的文學才華。可以說，我們很難找到一位與那麼多著名人士有著私人互動的名人，他留下了一些文章以及他與那個時代一些名人的通信。但是，他的一些充滿睿智且有趣的話語則更為世人所熟知。

在伊莉莎白與詹姆士時代，英國文學成就最大的就是戲劇了。有時，

我忍不住會想，英國肯定是有著很強的戲劇傳統或是習俗，才能突然在那個時代出現一個戲劇創作大爆炸的時代。如果這些戲劇真的能夠展現出當時那個時代時尚圈子的生活方式，那麼我們就要感謝上帝，為他能讓英國民族生活在東西半球，不斷為推動談話的純潔性以及誠實的生活做出努力。愛默生的第九篇演說是〈倫理作家〉。我們也不能忘記這一類的作家，他們的作品不是透過他們的學識或是才華，或是透過滿足某個時代的讀者需求去實現的，而是透過他們的思想所具有的指引性。因為，他們表達出來的情感，與每個時代的每個人都是類似的。他們認為，道德的沉思是永恆的，能夠表達出一種普世價值。培根、史賓賽、西德尼（Sidney）、胡克、約翰·史密斯（John Smith）、亨利·莫爾（Henry More）、雷頓（Leighton）、哈靈頓、米爾頓、多恩（Donne）、托馬斯·布朗爵士（Sir Thomas Brown）、約翰·班揚（John Bunyan）、克拉倫登、艾迪生、詹森、伯克等人，他們的作品中都有一些文章是具有永恆性的，能與任何語言文字創作出來的文章進行對抗，並在歷史的潮流中顯得那麼充滿生命力。愛默生的第十篇演說是〈拜倫、司各特、斯圖爾特、麥金托什與柯勒律治：文學的現代面貌〉。愛默生認為，拜倫對語言有著一種神奇的天賦，但因為他出於自身的驕傲與自私，讓他變成了一個冷漠的觀察者，這讓他的創作缺乏素材。我們的興趣會因為找不到任何意義而失去生命力。以最嫻熟的方式去咒罵，這可能是不錯的方式。關於司各特，愛默生認為，我們只能談論關於他積極的一面，我們必須要感謝他創作的一些充滿真摯情感的哀婉文章。不過，整體來說，司各特的貢獻不是源於心靈的深處，當然他的作品也沒有那麼深刻。對他來說，社會的常規已經足夠了。他的品味與幽默似乎與過去的民謠相呼應，與古代那些身穿盔甲，在角樓上進行守衛，皺著眉頭看著蘇格蘭山脈的士兵一樣。正如他所說的，我會讓我的幻想變得偉大與有趣，這樣的話，它們就能夠像真理或是現實存在的事物那樣受到關注了。他透過自身的

才華，實現了這個目標。但是，他的作品缺乏自然與真誠，因此在一批新作家出現之後，他就迅速失去了關注。杜格爾德·斯圖爾特則是一位傑出的學者與優雅的作家，但稱不上具有原創精神的思想家。那些還記得哲學思想內容的人，都會知道他所提出的視野在很多學生的想像世界裡都曾出現過的，而這樣的思想會讓他們感到失望。我們還記得，他對莫斯科進行的一番描述，並在一定的距離裡表達了圓頂與尖塔所帶來有趣的事情。但是，當我們穿過大門之後，就會發現裡面有的只是狹隘的街道與普通的住房。詹姆斯·麥金托什爵士作為作家，並不具有某種提升心智或是強大思想的能力，始終無法對他作品裡的一些觀點進行證明。但是，他的作品《倫理哲學的歷史》則因為其具有精確的分辨性、建議以及對許多重要觀念進行了嚴謹的定義而變得更有價值。他的《英國歷史》的主要價值，在於他表現了應該以怎樣的方式去書寫歷史 —— 不要單純對宮廷的事情進行記錄，而應該對所有關乎人類的各個方面進行描述。柯勒律治的真正價值並不是作為哲學家或是詩人呈現出來的，而是以批判家的身分展現的。他有著一種極為強大的分辨能力，超越了他同時期的任何人。他對道德、智慧與社會世界進行了廣泛深入的研究。他的作品《文學自傳》是英國文學史上最優秀的一本批判性著作。事實上，我認為當代的每一位學者都應該因此對柯勒律治表達感激之情。柯勒律治的作品具有一種其他作家所無法比擬的魅力。在他看來，《文學自傳》的一半內容、他的《朋友》第三卷的部分內容以及他的幾首詩歌，才是他應該保存下來的。如果你將那本書名為《教堂與國家》的小書加上去，我認為每一個批評家都會認同的。

接下來，就是目前英國仍然健在的兩位作家了（華茲渥斯與卡萊爾）—— 祝願他們長命百歲！他們之所以值得我們的關注，是因為他們都是順從了自身天賦！一般來說，我們肯定會認為，他們肯定會感覺到一種麻木的感覺正在慢慢的潛入他們的重要機能，讓他們產生

一種將形式放在比事情更重要的位置上，這是一種貌似合理的追求，是對現實的一種呈現，但現實並非如此。當美國學者對英國這些著名作家的作品進行審視時 —— 從喬叟到現在 —— 他們肯定會感到慚愧。因為這些偉大的英國作家已經拓展了我們的智慧層次，並讓我們對英國這個國土面積較小的國家進行一番思考，明白了這個國家的領土面積雖然不大，卻有著自由的科學文化精神，而這才是它們強大的基礎的道理。

西元 1836 年

12 月 8 日。「歷史的哲學」（愛默生在波士頓共濟會會堂發表了 12 篇演說）。第一篇演說〈引言〉。在引言裡，愛默生說，人們之所以感覺歷史是沉悶的，是因為書寫歷史的人以糟糕的方式去進行書寫。真實的歷史必然要充分反映出真實的人性：可以說，人性貫穿於人類的所有技能。歷史應該充分描述人類的願望與人類所處的階段與位置之間的反差，這就構成了悲劇的泉源。人類對落魄者的憐憫之心以及他想要隱藏這種憐憫之心的做法，就構成了喜劇的泉源。歷史除了應該將人物的社會關係呈現出來之外，還應該將他們落井下石或是一些不齒的行為寫出來。歷史應該將人物在家裡或社會的行為方式都展現出來。第二篇演說是〈科學的人性〉。愛默生認為，心智的第一個過程就是進行分類。一種強橫專制的本能會強迫我們將所有的事實都縮減為一些法則，甚至是縮減為一個法則。牛頓（Newton）在看到蘋果從果樹上掉下來的時候，大聲的說：「月亮的運動其實也不過是一個更大的蘋果掉了下來。」歌德將植物縮減為一片葉子，將動物縮減為椎骨。克拉德尼（Chladni）將和音與誇大的聲音形態之間的關係呈現出來了。拉馬克發現了單細胞生物的有機生命與每一種動物都是相似的，發現這種單細胞生物會在歷史的長河上逐漸演變成蠕蟲、獒犬或是人類，認為這些生物演變成什麼形態，要取決於牠們所處的環境。

拉馬克就曾對一隻毛毛蟲說，我的兄弟，你現在感覺如何？我的上帝呀，你可能還沒有成為一位哲學家吧。人類的本能在面對任何事物的時候都不會遇到任何障礙。這些所謂的障礙對於我們的本能具有強大的促進作用的。所有媒介以及多元化的東西，都可以透過這種看似激進的類比去進行比較。而在出現偏差或是層次的問題是，我們可以知道，這些法則不僅有著堅實的事實基礎，具有永恆性，而且還充滿了生命力。也就是說，任何一種生物都不會變成任何其他一種生物，但在其可以承受的範圍內，可以出現畸形的情況。我們就是透過這種循序漸進的方式去慢慢的了解另一個事實，也就是說，對自然所創造的萬物的精神有了更加深入的認知。我們可以知道，這一切都始於我們對這些事物的認知。第三篇演說與第四篇演說的主題分別是〈藝術〉與〈文學〉。藝術是人類想要創造出讓自身激發出某種情感的永恆性方式。從藝術的最寬泛意義去看的話，文學就是藝術的一種形式而已。從大眾的觀點去看，這兩者是相互協調的，呈現出有趣的反差。藝術思維會讓人們樂於將思想變成行動，文學則是將人類的行為轉變為思想。建築師會將他的設計藍圖變成現實的建築。詩人透過將人類的生活以及生活理想化，為我們帶來美的享受。在這兩個例子裡，最高級的魅力都源於那些必須要去做的事情，源於一種超越了個人努力的神性需求，從而表達出超越時間與空間的永恆人性。荷馬、莎士比亞與菲迪亞斯（Phidias）（古希臘雕刻家）與那些從事農業耕種或是作戰的士兵一樣，透過寫作或是雕刻的方式表達他們對生命的看法。詩人或是演說家所表達出來的思想，都應該表達出一種他們認為同胞們應該接受的思想，雖然這些同胞現在可能還不敢說出來。他們應該在純粹的心智與對人類的認知中占據一席之地。每一方要是出現了任何缺陷，都必然會影響到他們是否能夠獲得成功。第五篇演說是〈政治〉。另一種表達人類同一種心靈狀態的方式就是國家，這就像一張無形的網，將籠罩在所有民眾頭上的常識都聚攏在一起，然後共同去抵抗任何的入侵者。政府之所以能夠出現，就是因為所有人都有著同

樣的想法，因此他們都有著共同的利益。這就需要政府必須要是民主的，但這必然會因為民眾擁有不同的財產而出現差異。從個人權利到個人財產的困惑就會出現，而關於奴隸制與專制政府的詭辯也同樣會出現，另一方面也會出現平均地權的理論。這些不同的政治勢力遲早會處於一種平衡狀態。在任何時期，政治的標準都應該定得很高，讓我們知道過去的標準到底是怎樣的。但是，隨著每個人接受的教育程度越來越高，政府的形式也變得越來越不那麼重要了。在基於良好常識的基礎之上，對政府的形式進行添加或是修補，這有助於實現正義。

第六篇演說是關於「宗教」問題的。正是人的責任感首先讓我們對心智統一性的這一事實有了初始的認知。我想要犧牲鄰居的利益來獲得滿足感，我發現他的追求與我的不一樣，並試圖干預我的個人行為，說服我採取某些行動。他的目的並不是為了自己或是其他人，因此這與每個個體的想法沒有關係，而只與順從一般人的想法有關。美德代表著一種順從，宗教則是一種伴隨而來的情感，讓我們為感受到普遍存在的靈魂而備受震撼。正確的行為都有一個明確的象徵，就是能為我們帶來好處。所有正確的行為都是有用的，而所有錯誤的行為都是有害的。但是，功用性只是其唯一的表象，從來都不是一種動機。如果擁有美德的高尚之人能夠聆聽深思熟慮的建議，不要過分的堅持自己的感知與認知，或是獨自去聆聽他們內心的聲音，那麼人類種族就必然會陷入破產的境地。耶穌基督就是代表純粹理智的典型例子。在高山上發表的那篇布道演說所具有的美感，是我們的認知所無法去理解的。理智會重申這些不可更改的事實。這代表著真正意義上的啟示，每個國家或多或少都能感受到其完美的文稿。透過外在形式去展現這一事實的最好例子就是教會的存在了。但是，所有這些想要透過規定或是儀式的方式去限制傳輸宗教情感的嘗試，最後都證明必然會失敗的。哪怕是最為真實的思想情感，一旦陷入停滯的狀態，就必然

會變成一種錯誤的東西。我們始終都要沿著正確的方向前進，不然就會陷入到錯誤的狀況。我們應該從最簡單的事實出發，然後沿著邏輯的道路前進。即使是最純粹的思想，若是受到了教會的限制，都必然會變得衰老或是缺乏生命力。信仰的時代會被一個缺乏信仰的時代所取代，而這也能將我們最好的才華轉變成對現實生活的積極追求。要是我們無法做到這點，那麼我們的許多重要功能彷彿就處於一種沉睡的狀態，讓我們對儀式或是言語產生羞澀的情感，對人類的精神本性表現得非常冷漠，無論這本身是否可以解決，都必然會占據崇拜的位置。但是，缺乏信仰會讓人類走得很遠。光明必然會在心靈的某個模糊的角落裡亮起來，他們必然會譴責教會表現出來死氣沉沉的麻木狀態，大聲呼籲採取一種更加恰當的新方式去進行崇拜。只有全新的教會才是具有生命力的。不過，當這些教會都展現出生命力的時候，其實也是在傳遞出同樣的東西。第七篇演說是關於「社會」。那些所謂的天才，就是那些能從人類的本性中獲得最多理解的人。他們不僅讚美自身擁有的財富，還會讚美人類擁有的共同財富。社會、對話、友情、愛意所具有的吸引力，正是在於能從其他人的思想與情感中得到一些東西，能超越我們自身的視野局限，更好的讓我們對不熟悉的東西有更好的了解。

- 社會的第一個本性就是婚姻，就是男女雙方在智力與情感層面上的結合。這是任何婚姻大廈的基礎，這不同於任何的海市蜃樓。

- 友誼。一個人應該與那些能讓他做出自然反應的人在一起，可以輕鬆自在的表達他們的思想與情感。不過，這個過程有時也會阻礙任何建立非常精緻和精選的友誼的嘗試，因為任何一個想要保持真我的人，都絕不能成為那些具有天賦或是才華之人的陪襯。相反，那些缺乏相同想法的人反而能夠教給他更多

東西。

- 國家。任何一個完美的社會在其形成的開始階段都會出現問題或是在其過程中遭遇一些危機。任何一場重大的危機、強大的欲望、防禦戰爭或是激發出來的熱情，都會在任何時候將國民凝聚起來。

- 慈善協會，這能夠透過組織的形式去提升個人的效率。但是，我們獲得的能量可能看起來要小一些，因為每個人都只能給予一定的幫助。這並不適用於那些需要個人付出無限努力的事情上。按照一定的比例，物質財富的增長就代表著一種精神上的墮落。

- 宗派或是黨派。這樣的組織乍一看充滿著自私與主觀的盲目性。但是，我們現在已經看到了這樣做的必要性。如果人類歷史上從沒有出現過宗派，那麼宗派也不會存在，但是每個人都想要修正其他人存在的一些偏頗的觀點。正統的基督教徒出於對罪惡的恐懼而建立這樣的系統，而自由派的基督徒則根據對善意的追求建造了另一個系統。這兩派的觀點雖然是對立的，但他們各自都代表著部分真理。

- 一個社會的瓦解可以從一群暴徒中看出來，很多人的行動都缺乏明確的個人動機。

- 這樣的反差可以從話語的效果看出來，一個人的話語打動普通民眾的心靈，從而將所有人團結起來的：無論我們是採取忽視的態度，或是以自作主張的態度去面對，都會看到如果他們想追求錯誤，那麼他們過去所激發出來的情感就會失去分量。這樣的人也將無法繼續領導民眾，而只能受制於自身的欲望與熱情。人類文明的進一步發展將會讓我們陷入這種讓人討厭的模

式當中，讓整個社會的原則變成自身的法則，消除了所有正式的紐帶。

第八篇演說〈工作與職業〉。一個人的工作與工具有點類似於伊索寓言的故事，雖然以不同的形式呈現出來，但最後說的都是同一個道理。勞動是一個人想在這個世界上獲得某些東西所做出的一種行為。為滿足個人的一些私人願望，他需要不斷去努力，不斷的提升自己。農民在田野上耕作，想要獲得豐收，就需要成為大自然的優秀學生，不斷想辦法去征服森林、高山與草地，成為季節的預言家，之後透過自身的努力，再加上雨、風與陽光等自然因素的作用，才能讓他獲得想要的結果。商人則扮演耕種的農民去交換他們商品的媒介與經紀人的角色。要是我們看看這些商人在一月的大西洋兩岸之間的奔波，就可以看到他們是如何從中掌握經商之道的。他們的財富建立在一種不穩固的基礎上，有時就像來去無影的風那樣來了又去，去了又來。他們必須要是一個手腳勤快，注意觀察、有能力且耐力的人。他們需要精打細算，並對產品品質相當挑剔。沒有人知道他到底有多少根手指，沒有人知道刀或針的作用，也沒有人知道松木板的作用，直到他看到了那些水手們的權宜之計以及靈巧的活用。一個與大自然關係不是那麼密切的人群就是製造商了，他們可以說是每個領域的能工巧匠——我要說，每個男女都應該做得更好。不僅是工廠的鐘或是城市的大鐘，不斷轉動的太陽都會照在他們身上，詢問你到底做了些什麼？每一種工作都代表著一種能力的釋放。行為與思想的所有模式都是美好與可以容忍的，這是沉悶且毫無作用的，就像螞蟻堆上的幼蟲，白天或是晚上都要外出去覓食。第九篇演說〈行為舉止〉，對品格的無意識感知就能夠說明其自身。文明國家那些貧窮階層與中產階層的生活狀態，對於培養品格是不利的，這也同樣不利於培養我們的行為舉止。權力與權威的習慣，強大意志的品格，這始終都會讓人們

留下深刻的印象。他們所傳遞出來的思想其實與英雄相差無幾,或是在目前這個時代,代表著紳士或是富於尊嚴之人的行為。那些自力更生之人可以避免陷入恐懼與羞恥,他們能夠感受到世界的美好,能按照自己心靈的真實想法去做事。這是野蠻人生活與聖人生活的一個重要區別。第十篇演說〈倫理〉,事情的本質、靈魂的本質存在於與世間萬物的每一個原子裡面。當我們上升到一定的高度,就能觀察與預測在任何時代對人類來說是真實的東西。人類的心靈需要的是從沉睡的狀態中甦醒過來,能夠更好的在現實進行觀察,這樣的心靈與個人透過自身的本性去感知世界是一樣的。第十一篇演說〈當前的時代〉,這是一個貿易時代:打開國門,與世界各國友好相處,維持這樣的和平現狀,摧毀狹隘的愛國主義,用世界大同的思想取而代之。每個人都能壓制內心的狂人想法,每個人都能夠放棄自我遺忘的偉大想法。我們將不會發現一個目光短淺的鄉下人,也看不到那些衣衫襤褸的窮人,再也不會聽到米爾頓說出來的尖酸話語,聽不到路德用粗俗的語言說出來的事實,或是像蒙田那樣懶散了。我們應該不斷的傳播有用的知識,而不是將這些知識占為己有。我們能夠擺脫迷信與胡說八道所帶來的限制,但需要為此付出一定的代價。過去的信仰已經遠走了,但全新的信仰依然在徘徊。這個世界看上去是那麼的貧瘠與冷漠。我們已經失去了過去的崇敬之心,卻依然表現得那麼羞澀與靦腆。我們可以看看那些穿上長袍的牧師流露出來的沮喪表情,當他們需要進行指引的時候,所有的思想、智慧以及能量都會迅速消失。我們必然會漸漸形成反思、內省或是病態的觀點。這是一個需要再三考慮的時代了。但總有人提出一個假定,反對這些陰鬱觀點的事實。這些赤裸裸的事實以及缺乏目標的行為,只能讓我們感到猶豫不決,而人們能夠看到過去的空洞,也不想知道靈魂所具有的資源。在另一個時代,這樣的美好結果必然會出現的。第十二篇演說〈個人主義〉,反思的習慣是這個時代的一大特徵,一旦這樣的習慣上升到一定的高

度，就必然能讓我們的精神免於恐懼的困擾。哥白尼的天文學說對我們關於人類重要的肉體概念帶來的毀滅性打擊，最終讓我們將理智擺在思維的中心位置。每個個人都明白，處在這樣的位置與處在其他任何位置都是一樣好的。人類所擁有的運氣是前所未有的好。當他欣賞天邊的彩虹，就能感覺到人類是這道彩虹的中心。他身外的一切事物都與他的心靈狀態相通，並在他感受到了這樣的思想之後，變成一種智慧。他能站在世界的頂端。如果他願意的話，他也可以代表著神性。

西元 1837 年

6 月 10 日。在羅德島的普羅維登斯格林人街學校，愛默生發表了〈教育演說〉。在這篇演說裡，愛默生表示，這個世界所面臨的一大問題，就好比一個躺在病床上的病人，不願調動自身強大的身體功能。人類需要順從自然規律，人類知識財富只是某種組織的附屬物而已。正因為如此，教育的目標應該讓人類擺脫這樣的屈服地位，讓年輕人對人生充滿了希望，相信自身創造未來的能力，更好的感受神性的啟示。如果我們的教育無法實現這個目標，那只會讓畢業的學生去追求比較低階的目標，會讓他們更容易成為金錢的奴隸。

8 月 31 日，在劍橋地區舉行的全美優秀大學生聯誼會上，愛默生發表了一篇名為〈美國學者〉的演說。

11 月 8 日，愛默生受到幾位先生的邀請，在康科特的第二教堂發表了一篇關於奴隸制的演說。

12 月 6 日。愛默生在波士頓共濟會會堂發表了 10 篇關於「人類文化」的演說。第一篇演說是〈引言〉。在引言裡，愛默生談到了之前一個時期的主要目標是要實現社會的繁榮富足：要想實現這個過程，就需要個人在國家利益面前做出部分妥協。當代人的想法是，（在某些人

的極端思想下）國家是為了個人而存在。喀爾文教會與教友派都一直
在宣揚這樣的思想。美國的民主制度也不斷宣揚這樣的思想。很多時
候，個人已經不再被視為一個部分了，而逐漸被視為一個整體了。個
人彷彿就代表著一個世界。這種全新的觀點有其存在的基礎，每一種
行為與目標都會與完美的狀態進行比較。文化的作用就在於，教化人
們去感受自己真正的本性，展示人與生俱來的每一種功能都是有用
的，需要人們去充分釋放這些功能所具有的潛能。第二篇演說〈雙手
的信條〉，大部分人都在從事機械方面的工作，出現的任何差池都會
造成嚴重的後果。除非人們遵守大自然的規律，否則小麥不可能在田
野裡長出來，鋼鐵也不可能做成彎曲的形狀。正是這種對未來工作的
預期想法，才讓我們的城市到處都有冒煙的工廠，喧囂的街道，讓人
們感到無盡的疲憊，讓我們的想像力變得貧瘠。自然本身是豐富的，
人類應該懷著謙卑之心從自然世界裡汲取養分。但是，自然本身不會
將她的任何知識告訴我們的，也不會召喚我們或是對我們露出微笑。
如果我們在這個過程中犯下了錯誤，導致了饑荒，那麼大自然仍不會
對我們說半個字。大自然會透過其自有的規律強迫我們做出恰當的行
為，讓我們透過順從她的規律得到美好的結果。我必須要坦承一點，
我經常聽到很多人會對那些聳著肩膀的鄰居說，他為生活在這個世界
感到滿足，別無他求了。這樣的情景讓我感到滿足，因為他們沒有希
望上天給予他們一些建議或是希望，從而讓他們從勞動的苦累中跳脫
出來。追求選擇的真正法則就是，你可能什麼事情都沒做，就能獲得
了比你應得更多的金錢。第三篇演說〈大腦〉。在這篇演說裡，愛默
生談到，低等動物只有一種簡單的思維，無法讓各種不同的思維各自
運轉。這些動物做出的行為與同類動物是沒有差異的。但是，人類智
慧卻會讓每個人都能夠得到釋放，可以去追求無限的善意或是無限的
惡意。人類從自然世界裡汲取了一切養分，這就是我們稱之為因的東
西。漸漸的，人類懂得應該進行自我肯定。這是我唯一能夠說出來的

因。但是，只要他已經說出了這句話，那麼他就將這個「我」從原先的「我」擺脫出來了，進入了一種更高的思維境界，讓他的身體與身體之外的其他東西處於一個不同的時間與空間。但是，他始終希望擺脫這樣的影響，沉浸於這樣的因當中，最後進入法則的領域裡。很少人能夠希望能夠進入到法則的領域裡，但是每個人從本質上都屬於那個層次。一個人獲得進步的評判標準，就是他對於他的「我」所進行的總結：如果只是關注於飲食問題，那麼他就沒有走得很遠。我們對智力文化所能做的主要事情，就是要離開這樣的道路，選擇相信神性力量。兩個權宜之計是我們可以選擇的：（1）獨自坐著：在你所處的地方，需要好好的審視自己，雖然你可能沒有外套，身上只裹著一張毛毯。（2）寫日記：留意你的心靈所感受到的事實，然後予以記錄。第四篇演說是〈眼睛與耳朵〉。眼睛與耳朵構成了人類美感的外在元素。人的身體行為都是受到精神思考的影響，所有的美感都是真理所帶來的影響。藝術品在其自身的範圍內代表著所有的本性。對美感的感知屬於每個人的本性。不過，若是從具有缺陷的組織結構去看，這在不同人身上的表現也是不同的。沒有什麼比缺乏這樣的特質更能標示出實際與理想之人的距離了。真正的人生美感需要成為類似於我們的鄰居。一個人應該利用自己的雙眼雙耳作為管道，讓我們的靈魂對各種不同形式的事情進行反思。他應該透過純潔的思想與自我克制去清除任何不良的想法與動機。然後，這個世界的名字將會充滿美感，至少從一開始來看是這樣。在第五篇演說〈心靈〉裡，愛默生談到若是從嚴格意義上去看，靈魂與人們沒有任何關係：他們只是人們的思想與情感透過諸如圖表的形式展現出來，讓我們去閱讀其中的本性以及法則。與此同時，我們千萬不能讓任何絕對意義上的狀態與相對的現實狀況混淆起來。這種孤獨的本質絕不能被錯誤的認為是我們的立場。我們的本質立場應該是與此相反的。我們不要因為過分堅持自我滿足的冷漠或是驕傲的信條，導致我們以錯誤的方式去理解信條。我

們都是帶有偏見且具有社交需求的生物。我們與身邊的許多人都分享著這樣的事實。我們不能對情感的衝動進行分析,而應該順從這樣的衝動。我們應該歡迎這種情感的每一個部分,讓這些情感按照自身的關係相連起來。如果我們相信嚴格意義上個人主義的存在,相信敵人所懷有的無限敵意,那麼我們就永遠都不敢參與戰鬥了。關於我們本性的行為法則,似乎就是清晰無誤的遵從。那些接受過教育的心靈會對此有所了解,知道自己可以與別人成為朋友,因為他們都熱愛著相同的事物。第六篇演說〈存在與貌似存在〉,在這篇演說裡,愛默生認為,我們經常會屈服於自然情感的驅動,神性的指引會讓我們放下個人責任的重擔。但是,過度的社交傾向與利他主義的存在,會讓我們走向矯揉造作的狀態。在面對他人的時候,我們的虛偽就會出現:他會將別人的存在視為一種表演。但是,倘若我們認為整個世界都充斥著這樣的東西,那麼這是非常膚淺的,因為社會的常規是有一個理想標準去進行衡量的,雖然這些常規本身沒有什麼價值可言。亞當(Adam)與約翰(John)、伊迪絲(Edith)與瑪麗(Mary),他們都是慷慨、心地善良且行為端正之人,但是他們有時也會以糟糕的方式表現出來。他們可能在對任何事實有足夠了解之前,就認為自己已經獲得了成長。第七篇演說是〈謹慎〉,我們的心靈在面對外在世界時需要表現出小心謹慎,才能更好的面對這個世界。天才們可能因為專注於自己的思想而嘲笑世俗的東西,但是他們所嘲笑的這個世界也會對他們進行報復。第八篇演說〈身心健康〉,這需要我們很好的將睡眠、齋戒、鍛鍊以及消遣娛樂結合起來。關於睡眠,即使是只有五分鐘的睡眠,對於身體機能的恢復也是很重要的 —— 在睡眠過程中,我們可以讓意志放棄抵抗,接受超自然力量的幫助,讓超自然的力量進入到我們的體內。關於消遣娛樂:H·沃頓爵士就曾說,靈魂在「閒逛」的過程中變得豐富。正如某種特定的酒對某些人有害,但對某些病人可能是有益的。良好的舉止會為他們帶來諸多的便利,「他們會擁有

冷靜的平衡心理，展現出英國紳士般的優雅舉止，避免遭遇許多麻煩。」第九篇演說〈神聖〉，愛默生認為，英雄主義是個人主義的一種昇華，將外在的邪惡與危險視為證明個人偉大的一種標準。那些從事偉大行為之人都有著高尚的靈魂，他們從來不會將個人主義與他們普遍的人性進行區分，而是往往將他們的個性放在英雄主義的角度，將這視為他們的個人能力。另一方面，聖人則會對這兩者進行嚴格的區分：他們會將這兩者人為的區分開來，然後讓自己遠離某一方面。我們可以將之稱為上帝或是我們所崇拜的東西，也可以將其他東西宣稱是自己的，然後對此進行一番嘲笑。我們會懷念那些具有英雄主義精神的人，懷念他們勇敢活潑的精神，不會感覺到自己的人生缺乏美感。迷信與無神論的這兩個極端往往會讓我們在自身的存在之間不斷搖擺：正確的宗教必然要在這兩者中間有所發現。

西元 1838 年

3 月 12 日。愛默生在波士頓奧迪恩發表了一篇名為〈戰爭〉的演說，這是他第七次在這個地方發表演說。

7 月 15 日。〈在劍橋神學院對高年級學生發表的演說〉

7 月 24 日。〈文學的倫理：在達特茅斯學院文學協會上發表的一篇演說〉

12 月 5 日。從 12 月 5 日開始，愛默生在波士頓共濟會會堂發表了 10 篇關於「人類生活」的演說，持續了幾週時間。第一篇演說是〈靈魂的信條〉。在演說裡，愛默生表示，人類透過自身的形態與他所處的世界進行接觸，透過自身的靈魂去感知整個宇宙 —— 從低俗的憐憫心到熱情或是神迷的狀態。當代歷史有一種倫理方面的品格。即使是在爆發出驚人的熱情之後，依然能肯定正義與自由的存在。這種普遍的關聯透過這樣的傾向展現出來，將各個隱祕不明的部分都連結起來

了。地理學讓人類對地球的表面多了一份理解，就像一種物質層面上的良知，讓我們彷彿聆聽到地球本身所說的寓言故事。在政治領域裡，我們需要一種民主精神：人類都擁有這樣一種信念，即人類並沒有透過自身的努力去為自身證明。人類的許多活動與精力都只是一種全新思想的半意識呈現。但在文學領域裡，一種更高層次的旋律會讓所有人都能夠明白，華茲渥斯的名聲就是其中最具教育意義的事實。當我們看到他所具有的天才對當時處於支配地位的品味進行攻擊時，就會發現他所具有的天才詩意是多麼的脆弱不堪。第二篇演說是〈家庭〉，在這篇演說，愛默生談到了心靈的本能與心靈的穩定性，都需要一種外在的形式 —— 家庭 —— 去呈現。只要我們與其他人能夠對這些暫時的轉移有足夠的理解就會明白。對於嬰兒與母親來說，床、房子與家具都能實現這樣的目標。就目前而言，這些情況已經過去了，男孩發現他與父母們可以分離，而他依然是一個獨立的整體。過去的那種紐帶漸漸褪去，被全新的紐帶所吸引，而這種全新的紐帶也會很快失去其原先的吸引力。如果一個男孩還沒有明白家庭的法則，不知道什麼是節約法則，或是不知道如何將愛意與人性統一起來的話，那麼他就不是一個真正意義上的男人。智者能夠透過在市集、廟宇、畫廊或是圖書館的學習與觀察，更好的理解世間的事情，他們知道這些事實正是破解許多謎團的基礎。但是，文明的進步需要我們對家庭的法則有更加深入的理解，了解各種意外與改變表面之外的秩序與完美。雖然他是一個個體，但他卻不一定能夠擁有這樣的永恆狀態。少數人就像他們抓住一個不可移動的基礎那樣，感受到一種安全感。但是，透過有趣的思想撞擊或是漸漸深入的人生經驗，他知道無論去到那裡，他都會受到他想要追求目標的影響。他再也不會每天都希望與別人形成那種局部和臨時的關係，而是在神性靈魂裡找到很多他想要找尋的類型，知道如何將他們視為一種可移動的東西，就好比是上帝城市裡的家具一樣。第三篇演說是〈學校〉。在這篇演說裡，

愛默生談到了人類的老師是本能、環境、個人、書籍與執行能力。就其較高的意義去看，本能是我們最好的老師，這幾乎將其他一切的外在因素都排除在外了，其中的手段與「武器」都是此等的本能，這樣的功能是自身組織所需要的。龐大的規模與持久度會成為那些初學者的引路人，正如林奈（Linnasan）的植物學對自然植物進行了一般性的分類。接下來，就是精神在個人身上的化身。每個人都必然會在他身上展現出某種程度的「我」，而我也同樣如此。我們可以從許多好人與壞人身上學到同樣多的東西。可以肯定的是，他是一個可憐的傢伙，正如你與我一樣可憐。這到底是什麼呢？你該怎樣去面對他的胡說八道呢？他沒有散發出任何光芒，也沒有做出善意的衝動，因此我也不能散發出積極的能量。但是，如果一個人需要依靠別人，那麼他就會對很多事情充耳不聞。每個人都需要他人給予的憐憫之心，而不是他人給予的指引。關於書籍：書籍不僅記錄著過去的歷史，還凝結著人類在過往與當代的智慧結晶。我的許多同胞都能看到我所看不到的東西。在我們閱讀的時候，那座可開閉的吊橋似乎終於放下來了。沒有任何東西能阻擋我們進入到作者的內心世界與思想世界。無論在哪個地方或是以怎樣的方式，我們都可以穿越這座吊橋。閱讀書籍可以讓我們的思維變得更具創造性，如果書籍不能帶給我們這些的話，就必然會對我們帶來傷害。另一個會讓我們的意識感知到直覺的就是事實。大自然會透過許多外在的事實逐一向我們展示她的法則，透過許許多多的事實讓我們睜大雙眼去看。除非我們能夠在精神層面上對此有足夠的認知，否則我們也很難對此有足夠的理解。第四篇演說〈愛意〉。第五篇演說是〈天才〉。在這篇演說裡，愛默生認為，智力所帶來的魅力就好比處於戀愛時期男女之間的相互吸引。那些天才之人是一種典型之人，他們有能力對靈魂的各種潛能進行更加深入的衡量。我們欣賞雄辯口才之人發表的演說，也可以到法尼爾廳聆聽

幾篇演說，看看臺下的聽眾是如何受到臺上演說者的行為舉止以及每一句話的影響。在演說者發表演說的時候，我們都會認為，他說的正是我們想說的。生命就是透過這樣的方式激發我們的勇敢能量，進入一個無限的希望。這才是情感的本質。在這樣的範圍之內，我們可以感受到其中的鼓舞。而在過去的歷史裡，我們可以看到這種強大的力量。第六篇演說是〈反抗〉，在這篇演說裡，愛默生談到了那些天才是具有典型意義的人，因為他們首先是完全理智的人，正是透過這些人所具有的偉大智慧，人類才能以自由的方式去表達想法。人生的悲劇就在於，每個人都擁有著相同的能量，卻因為不良環境的影響始終無法得到釋放。可以說，這是現實與理想之間無法處於協調狀態所帶來的痛苦情感。每一個剛領悟的人都會發現，自己是一位不速之客，已經沒有了他去實現抱負的一席之地。很少人會感受到，他們正在做的事情與他們所具有的能量是相對應的。但是，這樣的阻礙必然也有他本人的一些過錯，因為他肯定具有他所抱怨的那種惰性，如果他具有好戰勇敢的態度，再加上他那種源於內心的全新衝動，那麼他必然會看到一條清晰的道路就擺在他面前。在面對任何艱難險阻的時候，只有當我們選擇放棄了克服的態度之後，那麼這些障礙才是真實存在的。無論這些障礙看上去多麼龐大且不可逾越，最終只有勇敢與自信之人才能夠翻越。第七篇演說〈悲劇〉。第八篇演說〈喜劇〉。第九篇演說〈責任〉，在這篇演說裡，愛默生談到，當我們認真的審視人生，就會發現在瘋狂地帶裡，一些小小的思想或是善意的閃光，看上去就像處於沉睡狀態當中的神。現實的生命與智慧的阻隔，就像一條平行線，永遠都沒有交匯的那一天。美德是意志以自發的形態散發出來的，就好比陽光似乎從最原始的地方發射出來的一樣。衡量一種力量的標準就是看它對誘惑的抵抗能力。品格則是一種不斷累積的意志能量，可以透過對誘惑的不斷抵抗來獲得。

西元 1839 年

12 月 4 日。愛默生在波士頓共濟會會堂發表了 10 篇主題為「當代」的演說。第一篇演說是〈引言〉。第二篇演說與第三篇演說是〈文學〉。文學領域不存在任何運氣的成分，而是需要按照命運的方式來發展的。但是，任何文學作品都是一個時代的產物，這樣的情形需要環境對人具有一種壓迫感，才能讓人的思想進行完美的轉移，並允許思想的火花迸發出來。這個時代的特徵如下：（1）每個人都能去閱讀書籍。（2）形形色色的作家：有的是士兵、水手、上層人士、女性等等。我們可以看到一種堅定的現實主義。所有的事實都可以透過常識的批判進行收集與過濾。這個時代的另一個特徵就是無限所具有的情感。在育兒園裡的孩子會對這個世界充滿了疑問，以哲學家的眼光看待這個世界。能將自己與時代的發展趨勢緊密相連起來的人是歌德。他知道如何利用所有物質。但是，這樣的主觀性與自我主義，包括時代所具有的一些弊端，同樣深刻的影響著他。有時，歌德表現出的那種強烈自我滿足情感會讓我感到不滿，因為他的作品缺乏坦誠的情愫，雖然他的作品讓世人感到震驚。第四篇演說是〈政治〉，國家與教會都想用一種讓人羨慕的禮節去守衛他們的勢力範圍。有時，我也會感到奇怪，他們所宣揚的書籍是否會有人去看呢？那些閱讀這些書籍的人肯定會哈哈大笑或是笑得睡不著覺。但是，真正的政治應該建立在一個真實的基礎之上，絕不能以輕浮的態度去面對。但是，政治的基礎並不在於人數或是力量，而在於人的品格。人類還沒有意識到，人的所有力量都源於人的品格，要是我們放棄這樣一種力量，就好比教育人們喪失一種龐大的能力。品格是真正意義上的神政政體。終有一天，品格會成為世界上一個國家存在的基礎。從絕對意義的層面去說，我只能為自己去工作。列奧尼達一世（Leonidas I）的戰鬥與蘇格拉底的毒胡蘿蔔，耶穌基督的十字架，這些都不是他們為別人做出的個人犧牲，而是他們為了實現個人更高的品格所做出的必要犧

性：為別人帶來好處，這只是附屬的一種產物而已。第五篇演說是
〈私人生活〉，一個事實是充滿意義的，即人應該具有無限的自我信
任。任何人都不可能像其他人那樣表現出節制或是懷疑，除了自己能
夠做到。但在這個世界上，也只有上帝是自我獨立的。人類只有透過
與其他人的連結才能展現出自身的能量。我們的存在就是過去所有一
切的重複。人類之所以會懷疑神性的力量，是因為當我們以最大的能
量去進行沉思的時候，卻發現無法找到這樣一種神性的本性。他們認
為上帝是缺乏任何神性的。當我們對這一切進行認真觀察的時候，就
會發現這一重要的事業與生命本身是一樣充滿著生命力的，物質似乎
只是變成了他們手上的蠟狀物而已。我們在時間的田野裡種植了許多
農作物。我們知道不應該將那些有毒的東西灑落一地，我們也不願意
再聆聽到任何類似的東西。但是，當這樣的東西在地面上扎下了根，
成長與成熟之後，當我們吃到諸如麵包等食物，就會生病。當我們懷
著不受尊敬的忠誠之心去做的時候，時間就會讓我們感受到那些勇敢
與正直之人所做出的忠誠行為，聆聽到他們謙卑的祈禱，這最終會變
成每個人都能去感知的一種力量，讓每一個孤獨的人都能去認知，讓
每一個目擊者都能夠感受到這永恆的讚許。一個人對神性正義的完美
所具有的信念，就是他具有教養的最好證據。第六篇演說〈改革〉，
在這篇演說裡，愛默生談到，每一項改革都向我顯示，即我在某些方
面可以做得更好。因此，我是多麼富有的一個人！讓我們從那些擁有
忠誠思想之人身上感受純潔、節制與仁慈所散發出的金色光芒吧！其
他的低等動物可以在毫無廉恥之心的情況下去吃東西，但我們的吃喝
卻不能像低等動物那樣。因為自然會以各種方式反對我們這樣的生活
方式。在松樹與鐵杉面前，我們會感受到自身的劣勢。與此同時，對
飲食的改革也會因為對節欲的過度行為，而讓我們收穫苦果。任何的
改革都應該代表著美德與健康的信號，讓我們擺脫自負的心態。我們
對財產的追求同樣會帶來許多禍害。一個人要是不能在壟斷、力量或

是猜疑的體制面前卑躬屈膝，那麼他是很難獲得麵包的，更別說要將麵包分給別人吃了。當我說自己透過誠實的努力獲得麵包或是實現自身的價值時，你們不會認同我的話，反過來會問我是否獲得多少財富。當然，勞動的成果在很多時候會落入那些不勞而獲之人的手上。如果這代表著品格，那麼金錢就是一切的主宰，任何人都可以不擇手段的去獲取金錢。但是，我們需要明白最高層次的奉獻，這不一定是我們對朋友或是牧師所做出的工作。我們不應該對體力勞動的信條表達反對。當我們對這個社會的行為方式進行批判，就會發現必須要避免個人墮落到那個程度。但是，當屬於他的時機到來之後，他就要認真堅持自己的主張，不要因為遇到的挫折而退縮。只要你始終將理想的生活視為一個微不足道的夢想，那麼人們始終都會相信你。但如果你提出一種讓瑣事變得微不足道而讓品格占據主導地位的家庭生活模式，那麼這是一個難以置信的建議。但是，大自然在其最深沉的祈禱與希望當中，往往會在她表現出來的事實裡預言了答案，讓我們不要在意初次嘗試中遇到的尷尬或是挫折。任何原本屬於一體卻又出現分離的東西最後都會融合起來。任何有限的目標最後都會昇華為一個無限的目標。第七篇演說〈宗教〉，世界的歲月首先出現在人類的心智裡。東方牧羊人的內心出現的某種情感衝動，會將我們所有謹慎的思考、所有習俗的慣例都全部摧毀，讓他以自然解釋者的形象影響世界上一半的人。這些因果關係似乎沒有任何比例可言。但是，誰能對那些深陷的火山口噴出熾熱的岩漿的現象進行解釋呢？在人類歷史上，最神奇的一個事實就是基督教的出現。一群充滿熱情的年輕人，也許他們是天真靦腆之人，他們簡樸的忠誠卻在歷史上比他們想像中迴蕩得更久。在目前這個時代，這種神聖的傳統正慢慢失去其原先的力量。幾乎所有的年輕人都能夠感覺到，他們從小所學習的問答教義書與信條，正在因為失去原先的純潔性而漸漸的被世人所遺忘。現在，這個宗教正處在一個危機的關頭。宗教往往在一群仁慈之人透過私下

的努力去實現改革的過程中慢慢出現的。在當代，時代的心智開始讓人們看到了一種無限性，因此他們不會僅僅將目光停留在教區活動或是猶太人宣揚的預兆上。用全新的美德去拓展我的視野，那麼我就能看到目前這一時刻所存在的奇蹟。在目前這個時代，宗教並不會變成一種禮拜的形式，反而會變成一種宣導英雄主義的生活。那些想要透過宗教去面對腐敗的社會，想要說出簡樸真理的人，必然要時刻準備面對各種衝突或是痛苦的局面。第八篇演說〈期望與責任〉，在這篇演說裡，愛默生談到了某些以悲傷或是不安形式表現出來的低俗或是無禮的行為，其實代表著我們對當下這個時代的一種典型思考。我們的內心充盈著善意，我們所犯的錯誤會讓我們走上歧路。「我們跌倒得越多，就能站起來走得更快。」我們應該保持包容的態度，不斷接受正面的訊息。那些將道德情感所具有的力量表現出來的人，並不是正常意義上的權威之人，而是透過某種強大的個人能量，讓某些不明確的目標迅速掙脫出所有的局限。這個時代是極為豐富且無法定義的，就像地平線的深度那樣讓人無法去觸碰。且讓我們不要過早適應自身固定的衰老思維。即使在一路前行的時候，我們的無知與我們所了解的知識一樣多。如果我們不像天堂鳥那樣多羽毛，而是像麻雀或是普通的小鳥那樣，那麼我們也應該懷著謙卑之心去勇敢的接受。也許，所有這些看似普通的東西，其實正是我們應該做好的一些準備。在這個時代，難道我們自身的存在不正是神性能量在每個瞬間的展現嗎？但是，教堂在表現這方面的思想上卻做得非常糟糕。我在教堂所聽到的內容，是我在其他地方都無法聽到的。教堂所傳播的思想具有一種高高在上的感覺，談到了某些特定的經驗與人士的狹隘圈子。第九篇演說〈教育〉，在這篇演說裡，愛默生談到了現在所謂的教育之所以會出現失敗的局面，就是因為教育的目標太低了。我們的教育應該為每個學生灌輸成就與目標的思想，從而修復目前這種教育狀況不理想的局面。之前的教育目標不是為了去修正一些東西，而是想要去

嘗試隱藏什麼東西。但是，要想向學生灌輸一些正確的思想，這其實也不是一件容易的事情。那些從來沒有這方面想法的老師，還是讓他們慢慢的鑽進墳墓吧：教育不是一種遊戲，不能將小孩子的未來作為試驗品。太陽從不吝嗇自己的陽光，空氣也從不對某些人的呼吸進行限制，同理，那些真正意義上的人也絕對不應該在上帝所創辦的偉大學校裡袖手旁觀。一個人要是不能培養包容與永恆的靈魂特質，那麼他就不是一個真正意義上的人。第十篇演說〈傾向〉，整個社會的思想可以分為兩派：一些人始終想去進行管理、治理或是修復，希望採取各種手段去延續之前的制度，他們往往會面臨著年輕人發出的挑戰，直到世人認為理想主義的夢想可能會因為缺乏制度的約束而徹底破滅。所有的進步往往都需要平穩且莊嚴的宗教大實現，宗教衣裳的邊緣是我們每個人都不敢去觸碰的，但我們每個人都能預測到這些事實的出現。我們每個人都應該坐在家裡的壁爐前，在火光下去做他們的能力允許他們去做的事情 —— 他們應該放棄所有自私或是感官刺激的目標，最終實現自身的潛能。

西元 1840 年

1 月 15 日。〈在教會的慶典上，面對東萊辛頓民眾發表的演說〉。在這篇演說裡，愛默生說一所教堂的建立也許與建造一家旅館一樣，都是一件世俗的事情。這可能源於民眾對禮拜儀式的熱愛，對這種安靜的社交儀式的參與感，對感受智力層面上的樂趣的喜愛充滿了熱情。但是，他們依然還沒有實現想要追求的天堂世界 —— 他們依然懷著極大的熱情，那種極大的熱情會不時的迸發出來，讓他們不斷去追求更高的境界。他們之所以選擇建造教堂，可能是因為想要重新喚起他們的情感，為了向他們的子女們證明，之前發生過這樣一件事。因此，我們應該明白，當最後一張護牆板安裝好了之後，你們的教堂其

實並沒有建好。只有當你們每個人的意識與最高靈魂的世界聯合起來，那麼你們的教堂才能算是真正意義上的建好了。

西元 1841 年

1 月 25 日。愛默生在商人圖書館協會發表了名為〈改革家〉的演說。

8 月 11 日。愛默生在沃特維爾學院發表了一篇名為〈自然的方法〉的演說。

12 月 2 日。愛默生在波士頓共濟會會堂發表了 8 篇關於「時代」的演說。這些演說稿後來大部分都出現在《日晷》雜誌與他的精選集裡。第一篇演說是〈引言〉。第二篇演說是〈保守主義〉。第三篇演說是〈詩人〉（這篇演說的題目有可能不是〈詩人〉，但大部分內容是關於「詩歌與想像力」的）。第四篇演說是〈超驗主義者〉。第五篇演說是〈行為舉止〉。第六篇演說是〈品格〉。第七篇演說是〈自然的關係〉。第八篇演說是〈未來的前景〉。

西元 1843 年

2 月。從 2 月 7 日開始，愛默生在紐約市發表了 5 篇關於「新英格蘭」的演說（這些演說稿都刊登在 2 月 11 日的《紐約先鋒週報》上）。第一篇演說是〈盎格魯－撒克遜民族的天才〉。第二篇演說是〈貿易〉。第三篇演說是〈新英格蘭地區的行為舉止與習俗〉。第四篇演說是〈最近的文學作品與精神影響〉。第五篇演說是〈結果〉。若按照歷史的角度進行觀察，就會發現英國這個民族的一大特點就是追求自由，寧願屈服於固有的權威，也不願意別人的直接指揮，還有就是他們對女性有著發自內心的尊重。當清教徒飄洋過海來到美洲大陸的時候，他們身上的一些明顯特點是良知與常識。若是從他們所追求的目標去看，就是他們的宗教與商業貿易。(1) 宗教情感的深度在很多時候都

會被視為一種教育行為本身：這往往會讓我們將一些極為瑣碎的事情上升到充滿尊嚴的層次。另一個結果就是對智慧的培養。新英格蘭地區的基礎教育的普遍性在於他們實行鼓勵教育。很多學校都有演說講臺，很多學院都為鄉村地區的農民孩子提供接受教育的機會。新英格蘭地區為美國培養了許多優秀的布道演說牧師與優秀的老師。除此之外，新英格蘭地區還有許多銷售書籍的人，他們雖然缺乏專業的訓練，但他們的行為卻能讓當時的民眾以更廉價的方式獲得書籍。（2）

在盎格魯－撒克遜民族的心靈裡，另一個極為明顯的元素就是，他們有著經商的傳統。他們最喜歡的職業是從事商業活動，他們將農業視為商業的基礎。農業在新英格蘭地區是一門沒有多少人願意去做的生意。每年在農田上辛勤的勞動，卻無法得到很好的回報，這讓很多農民的人生視野變得狹隘，也讓他們變得更加自私。農村裡最優秀的人都紛紛跑到了城市。請看看大西洋沿岸各個城市的發展狀況吧，看看他們在這些城市傳播出去的智慧吧。商業的發展讓之前處於憂鬱狀態的民眾處於健康與知足的狀態。那些優秀的商人變成很有地位的人。他們不大看重勞動本身，而是將品格與野心放在商業世界裡更加重要的位置。這往往會走向一個極端，最後控制了他們的情感。那種讓人們的心智得到休息與成長的方式，在美國就會變得越來越少。在我們的文化裡，我們很容易對一些事情感到滿足。諸如面相學這樣的學科都能上升到科學的境地，這就遠遠超越了自然的法則，讓我們走到了一種超越自身能力所能解釋的地步。對很多學者而言，他們往往都沒有表現出足夠的耐心，總希望迅速對一些知識進行分析，而不願意在這個過程中接受任何訓練。我們的書籍變成了報紙，我們的改革家變成了讓人厭倦的談話者。我們都在努力的拚自己的運氣。我們的天才是溫順的：我們的詩歌是道德純潔的，毫無瑕疵的，但同樣缺乏特點。我們的藝術與演說同樣面對這樣的情況。我們的文化的確具有足夠的包容性，卻缺乏創造性。我們去歐洲那邊讀書，感受華茲渥斯、

柯勒律治與卡萊爾等人的影響，發現這些人在歐洲的時候要比在國內的時候更加具有包容心。一個明顯的重要事實是，我們從英國繼承了智慧文化方面的傳統，而我們這個國家卻有著不同的責任。對美國的年輕人來說，他們在教育與工作之間面臨著一個越來越大的鴻溝。很多年輕人都被送到了封建意義上的學校去學習民主精神，這豈不是很好笑的事情嗎？但是，在我們民眾的心靈世界裡有一種倫理因素，即只有在他們對某種思想進行深入思考之後，才會加以接受。因此，我們很快就會發現，無論是華茲渥斯還是卡萊爾的思想，都是遠遠不夠的。現在，我們的教會漸漸受到了這方面的批評，就是因為教會已經缺乏了足夠深度的思想，無法將人類心靈深處的想法表達出來。與此同時，這種缺乏信仰的行為往往會從那些原先擁有深層信念的人表現出來的。我們正在從猶太人的思想轉變過來，在時代的過程中就像是飄飛的雪花。歐洲大陸的文學對我們產生了深遠的影響，而我們則要去追求一種更加符合人性與普遍性的思想。

7 月 4 日。在麻薩諸塞州哈佛地區向戒酒協會發表演說。這是歡度國慶的一個很適宜的演說場合。對孩子與大人們來說，鼓聲是很適合的。民兵們都很放鬆，開著一些無傷大雅的玩笑。獨立戰爭已經結束了，但戰爭殘存的因素依然保存了下來。之前那種敵對的狀態已經上升到了一種更高的層次。一個人的敵人變成了他的家人，這是一場肉體與靈魂之間的戰鬥。這個話題與關於美好的自我控制主題是存在關聯的，這本身就讓一個人的生命值得保存與記錄。無論我們對某些特定的規則有著怎樣的想法，我們都必然會為這樣一種有趣的想法而感到高興，即所有人都會遇到疾病帶來的負擔。只有當我們成為一個節制的人，才能成為真正意義上的人。因此，我們怎能違背自己與生俱來的權利呢？在我看來，在接下來這個時代裡，良知的管轄權必然會延伸到智力與道德情感方面，讓人們能夠明白愚蠢是一種犯罪，就好比他們是在犯下了詐騙罪一樣。但是，我們並不能向每個人保證一

點，即這樣可以獲得最終的勝利。但在每個人各自的意志與想法裡，無論他們是否在假日裡過上放縱的生活，都應該清楚的選擇正確的生活方式，放棄錯誤的生活方式。

西元 1844 年

2 月 7 日。在波士頓艾莫利大廳的商人圖書館協會上，愛默生發表了一篇名為〈年輕美國人〉的演說。

3 月 10 日。愛默生發表了一篇〈在第二教堂的演說〉。

8 月 1 日。愛默生發表了一篇〈就英國西印度群島的黑奴獲得解放的演說〉。

愛默生還就薩繆爾·霍爾先生遭到教會開除一事發表過一篇演說（我不知道他是否發表過這篇演說，也找不到他寫這篇文章的準確日期）。在愛默生看來，教育對每個人的最終影響，就是讓個人從單純的動物性擺脫出來，去掉任何野蠻的因素。在我看來，整個南卡羅來納州只有一個人能夠做到這點，其他人都在學習著他的思想：這樣的人實在是太多了，因此很難將他們集合起來，進行一番統計。我希望，當那些冒犯者來到這裡的時候，能夠帶上他們從奴隸身上所榨取的金錢，然後發現每個人都成為了他的指控者與審判者，他會感覺到這個世界上沒有人能夠為他的行為進行正名。我的想法絕不是要進行任何報復。我們不能以報復的心態去看待這個問題。我們不能將新英格蘭地區的文化與智慧放在一個與南卡羅來納州一樣的低標準狀態。讓南卡羅來納州的民眾接受你們的嚴厲指責，接受你們獲得自由的事實吧。讓他們好好的看看，麻薩諸塞州絕對不是一群嗜血之人的集合，而是像空氣那樣瀰漫在每個地方，不會對其他人進行防範，不需要隱藏什麼祕密，更沒有任何的恐懼感。只要不讓我們去做錯誤的事情，我們可以什麼事都不做。讓我們以正確的名稱去看待事情。讓我

們不要假裝本身就不存在的一個聯盟。讓我們不要以錯誤的方式去對待那些之前從事偷竊行為的人。讓我們從此刻開始小心翼翼的防範身邊的每個人。如果這個國家將每一位紳士、每一個自由之人都趕走的話,那麼這個國家還有什麼可以損失的呢?誰會變得更加糟糕呢?

西元 1845 年

1 月 22 日。愛默生在米德爾伯里學院發表了一篇演說。

8 月 1 日。在西印度群島的黑奴獲得解放一年的紀念日上,愛默生在沃爾瑟姆的集會上發表了一篇演說。(8 月 7 日的《紐約先鋒報》曾對此進行了報導)

9 月 22 日。愛默生發表了一篇名為〈政治〉的演說。(愛默生的這篇演說顯然是在康科特發表的,主要談論關於兼併德州的問題)

12 月 11 日。在波士頓的講臺上,愛默生發表了 7 篇關於「代表性人物」的演說。

西元 1847 年

2 月 10 日。在波士頓翠蒙堂的商人圖書館協會上,愛默生發表了一篇名為〈演說〉的演說。2 月 12 日,《波士頓日報》對此進行了報導。

5 月 8 日。愛默生在南塔克特島發表了一篇演說。

11 月。愛默生在英國曼徹斯特發表了兩篇演說:〈書籍與閱讀的過程〉以及〈閱讀的最高程度〉。

西元 1848 年

2 月。愛默生在愛丁堡發表了一篇名為〈天然的貴族〉的演說。

6 月 7 日。愛默生發表了一篇名為〈19 世紀的心智與行為方式〉的

演說（這篇演說出現在道格拉斯·傑羅爾德（Douglas Jerrold）的報紙上，報導上還有 3 篇關於「智力的自然歷史」的演說）。在倫敦波特曼廣場圖書館與科學機構裡，愛默生發表的第一篇演說是〈思想的能量與法則〉。愛默生發表的第二篇演說是〈智力與自然科學之間的關係〉。第二篇演說是〈人類思想的傾向於責任〉（這三篇演說都是愛默生當時新發表的演說，其一般性意義出現在回憶錄裡。在之後的西元 1849 年到西元 1850 年，愛默生曾在波士頓與紐約等地重複了這篇演說，這與他在西元 1858 年發表的〈心靈哲學的自然方法〉以及在西元 1866 年發表的〈民眾的哲學〉演說，在內容方面有很大的相似之處。）愛默生發表的第四篇演說是〈政治與社會主義〉（顯然，第四篇演說出現在「當代」的演說系列當中）。愛默生發表的第五篇演說是〈詩歌與演說〉（這是他在西元 1847 年於波士頓發表的演說）。愛默生發表的第六篇演說是〈天然的貴族〉（也就是他在愛丁堡發表的那篇演說）。

6 月。在埃克塞特大廳。愛默生發表了以下主題的演說：〈拿破崙〉、〈莎士比亞〉、〈家庭生活〉。（前兩篇演說收錄在「代表性的人物」裡面。第三篇演說也許收錄在他在西元 1848 年的「家庭」系列演說裡面）

12 月 27 日。愛默生發表了一篇名為〈英國〉的演說。這是他在波士頓翠蒙堂的商人圖書館協會上發表的。這方面的演說基本上都收錄在《英國人的特質》一書裡。

西元 1851 年

3 月 21 日。愛默生在賓州的匹茲堡發表了 6 篇關於「人生的行為」的演說。（之後，他在波士頓與其他地方重複了這些演說，並收錄在他的精選集裡）。

5 月 3 日。愛默生在週日晚上，發表了一篇〈給康科特民眾的一封信〉的演說（主要談到《逃奴追緝法》所帶來的惡劣影響）。

西元 1852 年

5 月 11 日。愛默生發表了一篇演說〈致科蘇特〉。

西元 1853 年

1 月 10 日。愛默生在春田市發表了一篇名為〈盎格魯－撒克遜〉的演說。（這篇演說收錄在《英國人的特質》一書裡）

2 月 27 日。愛默生在費城發表了名為〈盎格魯－美國人〉的演說。在演說裡，愛默生表示，在歐洲人看來，「美國」一詞意味著迅速的意思，代表著一切全新的事物。這就好比自然界所釋放出來的一種無法抵抗的力量，是不帶有任何良知性的。美國人的座右銘是：「這個國家，只有對與錯。」愛默生談到了美國民眾建造的木瓦房子、木瓦城市、到處都有人野餐的大學，還即興談到了關於國家的事情。愛默生表示，在這樣的情況下，我們會看到許多豐碩的果實，但卻很難在蘋果樹上找到一顆真正飽滿且可以吃的蘋果。自然與人類一樣都處於一種賽跑狀態，始終都無法抵達最後的終點。美國人所用的皮帶不是鞣製的，需要面對各種惡劣的環境，需要他們具有開拓進取的精神。美國人在船隻上安裝了引擎 —— 這樣的事情沒有發生在英國人身上。美國人會想盡一切辦法利用自然資源。在密西西比河流域，任何關於西部浪漫情懷的想法都會變成一種與現實艱難環境進行搏鬥的行為。那些「沿著河流前行」的人，那些在河邊辛勤勞動的人，都必然是渾身帶著泥土氣息的。美國民族從一開始就培養了在野外生存的能力，擁有勇敢無畏的尤利西斯精神。美國人的思維要比英國人更加開放。這是一個充滿機會的國度，需要一個人將自身的潛能全部釋放出來。每個人都需要將目標定在自身能力之上，每個人的心智在很小的時候

就開始成熟了。美國人對投票不是很忠實，因為他們從來不認為自己的自由會遭受威脅。但是，我們必須要記住一點，開花的時間也會慢慢結束：我們應該為橫空出世的英雄與詩人尚且沒有出現而心存感激。（這篇演說的大部分內容都收錄在《共和國的命運》一書裡）

西元 1854 年

1 月 3 日。愛默生在費城發表了 6 篇演說，下面所提到的演說都是他之前從來沒有發表過的：第一篇演講是〈古代挪威人與英國對當代文明的影響〉。在所有成為歷史的事實或是朝著正確思想與行為前進的道路上，美國人遭遇了一種已經成型並具有強大力量的文明，即來自英國方面的影響。現在，我們國家的文明、民眾的思想乃至他們的目標，都與英國人的思想與目標相差無幾。當代社會的實用性常識代表著英國人思想流露出來的自然天才。美國人只是在一片全新的土地上延續著這樣的文明。第三篇演說是〈詩歌與英國詩歌〉。第五篇演說是〈法國與禮貌〉，在這篇演說裡，愛默生談到法國人是具有世界意識的人，他們所打造的首都巴黎可以說是全世界城市的典範，前來這裡遊玩的旅行者會沉浸其中，忘記了要回家。在地球上的每個角落，人們在賺到足夠的錢之後，都希望在巴黎安度晚年。這裡有著便利的生活設施，這裡的民眾具有強烈的幽默感與禮貌，每個人都有隨和的性格，非常活潑，因此與他們很容易相處。據說，巴爾札克（Balzac）就很不適應除了巴黎之外其他城市給予他的自由，而是為自己能在巴黎這座城市受到民眾的歡迎與崇拜而感到高興。法國有這樣一句諺語，即上帝屬於他們的部落。當我談論法國的時候，絕不能表現出任何偽善之情。我認為，我一出生就遺傳了撒克遜民族的特性。我必須要坦承一點，我觀察過日耳曼民族的許多分支，認為法國這個民族是有其特性的，很難從附近其他國家找到同樣的特性。法國人有著清晰的頭腦，有條不紊的做事方式，還有著正確的品味。海涅

（Heine）就曾說，對任何哲學的一個考驗，就看這種哲學是否能夠翻譯成為法文。法國人在精確科學方面做得非常傑出。在他們看來，任何事物都可以用幾何學去進行解釋的。法國人的靈感就好比算術。在文學領域，法國作家創作的作品是流暢且具有可讀性的。如果人的生命足夠長的話，那麼我們可以在法國的圖書館閱讀很多法國人的回憶錄度過許多時間。但是，法國卻幾乎沒有更高的一個階層，也沒有某一類特別具有想像力的人，更找不到一位著名的詩人。法國人的想法就是不斷讓許多思想平民化，他們的目標就是要從中獲得樂趣，將所有的事情都變成一種可以帶來樂趣的東西，「享受樂趣是明智的，而為事物煩惱則是愚蠢的」。在法國民族那團龐大漩渦的表面，任何事物都會濺起水花，不斷為全新的景象讓步。法國人喜歡裝腔作勢，喜歡以戲劇化的態度面對自身的死亡。他們會寫下一些文字，也會做出一些行為，只是為了能夠產生某種影響。他們沒有自己的私人家庭，更喜歡過著一種公眾生活。我認為，沒有比法國人這樣的方式更能釋放一個人的天賦、智慧與科學能力了，法國的酒吧崇尚的享樂主義就是最好的證明。法國人是喜歡談話交流的民族。我們遲早會看到，法國人在理智與討論方面的能力，要遠遠超越其他國家的水準。接著，我認為法國人對「偷情」一詞所賦予的含義，會對他們的文明造成嚴重的障礙。法國人對這方面的看法，在撒克遜民族看來是極具顛覆性且不可想像的。也許，這些影響法國民族的事情正是法國人的一個鮮明特點，任何對此進行觀察的人都能感受到這點。事實上，這並不是法國人的最主要特性。芬乃倫（Fenelon）就曾出生在這片土地上，孟德斯鳩 053 這位「為人類找回了失去的聲響」之人也出生在這裡。帕斯卡 054、蓋恩（Guion）夫人、德·斯塔爾夫人等人都出生在這裡。除此

---

053 孟德斯鳩（Montesquieu，西元 1689 ～ 1755 年），法國啟蒙時期思想家、社會學家，是西方國家學說和法學理論的奠基人。代表作：《論法的精神》等。

054 帕斯卡（Blaise Pascal，西元 1623 ～ 1662 年），法國著名的數學家、物理學家、哲學家和散文家。代表作：《思想錄》、《且聽心吟》等。

之外，法國許多優秀的書籍，其實都代表著一種適度的文化，講究務實的判斷，追求最好的東西與智慧。

3月7日。愛默生在紐約市的塔伯納克發表了一篇名為〈3月7日〉的演說。

8月15日。愛默生發表了一篇名為〈在威廉斯頓的艾德菲爾聯合會上的演說〉。在這篇演說裡，愛默生談到，學者處於一種有組織的社會階層或是國家階層。普通大眾透過辛勤的勞動與汗水賺到了辛苦錢，省吃儉用，最後不得不順從政府的要求。因此，他們不得不為了生計而想辦法去工作。這些人也是用這樣的方式去教育他們的孩子，希望為自身的缺點去贖罪。藝術、圖書、大學與教會都證明了未來的某些事情 —— 無論是關於有神論、思想，都存在一種相同的必要元素。我們這個盎格魯－撒克遜社會就像一個偉大的企業，非常清楚與成功相關的每一個法則。你必須要用經商的眼光去看待任何事情。經商不是為了朋友、妻子、孩子或是國家。但是，最後的總帳卻會告訴他，他已經成為了這個社會有地位的人，成為了社會名流，這樣的想法讓他的內心得到安慰，讓他為自己的街頭生活的卑鄙或是不正當的行為正名。他沒有能力去隱藏自己對金錢的病態渴望，因為他認為這樣做是為了生計，最後卻將自己的存在的價值都泯滅了。在這樣的情況下，人是很難保持理智的心態，或是分清事物的主次重要性，他們也必然為了眼前的一些小利益而損害長遠的更大利益。正如他們所說的，這個社會需要學校、牧師、藝術、音樂、詩歌與大學，只要他們能夠賺到錢就行。但是，如果年輕人看到大學的圍牆以及創辦大學之人的生活，就會犯下想要模仿他的錯誤行為。他們可能會說：「我們供你讀書，就是為了讓你畢業之後不要成為商人。我們之所以進行買賣的活動，就是為了讓你們日後不要跟著去做買賣的活動，而希望看到你們能夠將貿易背後的本質顯露出來。我們不希望培養那些人云亦

云、缺乏遠見之人，而是希望培養出那些能夠指引別人的人。」牧師所持的無神論，與詩人所創作的散文，這樣的懦弱必然會在物質的追求中屈服。任何一個有理智之人都無法為這樣的背叛找尋任何理由。讓那些學者堅持自己的本質追求。我希望大學的教育不會讓你們變得富有或是偉大，而要讓你們明白一個道理，即物質的財富或是個人的財產，都是那些具有冷靜頭腦之人所創造出來的。老闆的量尺都是透過最高點去進行衡量。一個人透過雙手去釋放出的最大能量，必然是他的智慧能量。正是人的思想才讓人類變得偉大與強大。物質的財富到了最後就像泡沫，裡面只是充填著空氣而已。但是，在物質世界的海洋裡，每個人都有著平等的機會，每個人都會遇到潮起潮落的情況。因此，對我們來說，目前的狀況可能是退潮階段。這是我們的國家表現出來的庸俗一面 —— 這樣的商業文化是從英國那邊傳過來的 —— 我們的人民只相信赤裸裸的財富，認為看得見的財富才是真正意義上的財富。到底誰應該對這種物質主義的傳播與發展負責任呢？除了學者之外，還有誰應該對此負責呢？當詩人不相信他們創作的詩歌的價值，那麼又有誰能夠相信他們呢？這個世界的糟糕程度總是與人類想法的糟糕程度成正比的。如果絕大多數人都是邪惡的話，這是因為少數人也不是善良的人。如果異教徒不斷興起壯大，這是因為基督徒對自身的信仰出現了懷疑。民眾希望能夠過上有意義的生活，他們會召集一位演講者或是一位詩人對著他們發表一個小時的演說。他們也會要求牧師這樣做。民眾希望找尋一位指引他們的人：智慧就像是他們手上的線，他們正是用這些線將世俗的成功這張大網編織起來的。不過，如果我將自己局限在世俗或是外在利益的話，那麼我就是對那些學者出言不遜了。聖人要求我們，要將信仰的優越性看得比工作還要重要，這才能讓我們的智慧超越任何表面現象，看到事物的本質。當然，我是一位美國人，同樣非常看重實用的能力。我很高興看到那些有能力去做好事情的人，我也欣賞那些具有才華的

人 —— 除了這些人之外，也許沒有其他人值得我欣賞了。不過，我欣賞吹來的風，而不欣賞那些隨風而倒的人。

西元 1855 年

1 月 25 日。在波士頓翠蒙堂，愛默生發表了一篇關於奴隸制的演說。（這篇演說稿子刊登在 1 月 26 日出版的《波士頓旅行報》上）

3 月。愛默生在麻薩諸塞州康科特的講臺上發表了一篇名為〈美感與行為方式〉的演說。在這篇演說裡，愛默生表示，人生絕不是平凡乏味的。人生應該是多姿多采無比豐富的。人們之所以感到人生是平凡乏味的，是因為他們以錯誤的方式生活，違背了心靈的法則。每個人都能從生活中感受到美感。奇怪的是，我們在穿越這扇生活大門的時候，應該要小心謹慎，做到守時、節儉與深思熟慮。那些追求美感之人，比如音樂家、畫家、拜倫、雪萊、濟慈（Keats）等這些詩人，都應該走出心靈的大門，從白身的憐憫心出發，超越自己的偏見去感知這個世界！

9 月 20 日。愛默生在波士頓發表了一篇名為〈在女性權利大會上的演說〉。

9 月 29 日。愛默生發表了一篇〈在沉睡谷的獻祭活動上對康科特居民的演說〉。在這篇演說裡，愛默生談到，我們可以看到古人在保存屍體方面做出的任何努力都是徒勞無益的。我們可以看到過去的神學是漏洞百出的。我們知道了，人類的種族是永遠都不會消亡的，而個人則終有一死。我們從地球上來，最終也回到地球去。我們不應該懷著嫉妒之心面對這樣的事實，不能懷著自私之心，認為自己應該從龐大的自然循環中隔離出來，這是不可能做到的。不過，與此同時，我們也必須要承認一點，即我們的本性具有一種神性的希望與愛意，希望能讓我們的後代在一個世紀之後讀到他們祖先的生活時，能夠有些感

動。我們的民眾接受了科學所帶來的經驗與教訓，卻依然為基督教所帶來的美好而感動，他們在花園、美麗的樹林或是河流裡埋葬屍體的獻祭行為中找到了一種方法。你們幾乎能看到印第安人在暗處張弓搭箭，準備沿著過去的古道去探尋。我們的做法不能取代過去的做法。在上帝創造的地球上，我們心靈世界敏感的點會透過每一種甜美與友好的影響而漸漸得到修復。美麗的夜晚與美麗的日子最終將會降臨到綠油油的草地上。那些可愛的小鳥將會像往常那樣繼續唱著歌，牠們會發現巢穴變得更加安全了。沉睡谷 —— 在這個安靜的山谷裡，彷彿置身於自然的手掌心裡，當我們完成了一天的生活與工作之後，都能夠在這裡睡得安穩。當這裡的橡子最終長成了參天的橡樹之後，我們的後代就會發現這片綠色的土地充滿了歷史：那些善良、睿智且偉大之人都曾在這些樹上留下了他們的名字，他們的靈魂會讓這裡的空氣變得更加清新，讓一切變得更加和諧。我聽說，死神能夠讓我們擺脫一切疾病所帶來的痛苦，而不會帶走此人生前的任何美德。任何人的存在都能夠釋放出一種莊嚴的思想與情感，這是不容否定的。在這些證明永恆存在的赤裸裸證據下，我們會對任何其他的解釋都感到不滿。

西元 1856 年

5 月 26 日。愛默生發表了一篇〈對索姆奈先生的評論〉的演說。

9 月 10 日。愛默生在劍橋地區堪薩斯州救援集會上發表了一篇演說。

西元 1857 年

1 月。愛默生在辛辛那提發表了〈工作與日常〉的演說。

4 月。愛默生在康科特的講臺上發表了〈記憶〉的演說。

7 月 4 日。愛默生在康科特市政廳發表了〈頌歌〉的演說。

12 月。愛默生在康科特的講臺上發表了〈鄉村生活〉的演說。在這篇演說裡，愛默生談到，當我進入一個美麗的花園後，就會認為如果這座花園是屬於我的話，我就永遠都不離開這裡。這需要我的大腦有相關的幾何知識，從而讓我以正確的方式去進行思考。這樣做的話，我就能從這座花園裡感受到許多樂趣。但是，一個具有思想之人在鄉村地區感受到最大樂趣的地方，顯然就是他的林地了。如果我遇到了一些挫折或是情緒低落的時候，那麼當我走進樹林的時候，心情會為之一振。在我的內心世界裡，我無法指責那些花費了全部資產去購買一片橡木樹林的人。我贊同這些人的品味，認為讓樹林變成通向家的一條道路的做法是非常美好的 —— 無論這座房子是大是小　　都需要有一座小樹林。因為，當人走在樹林裡的時候，思想就會變得清澈，不受到任何外在事物的干擾。我欣賞大自然創造出來的樹木，認為這些樹木能夠讓我們可以遠離眼淚、犯罪或是煩惱。這些樹木的成長不需要人們付出任何代價，卻為每個人都帶來愉悅的感受。當尼祿 [055] 不斷追求奢華的享受時，那麼到樹林裡走一圈應該是一個不錯的建議。樹林會讓犯人的心靈得到慰藉。我認為，沒有比這樣的感受更能讓人感知到永恆的存在。這也是我們逃避老年到來的一個祕密。因為無論在我們年輕還是年老的時候，大自然總是會讓我們留下同樣的印象。我認為，去樹林裡走一圈，這能激發我們最好的人性。在快樂的時刻，把「到樹林裡走走」排在優先待辦的事務，這是非常明智的做法。詹森博士曾說：「很少有人真正知道如何去散步的。」可以肯定的是，詹森博士是知道如何散步的少數人之一。到林間散步代表著一種優雅的藝術，需要某種嫻熟的能力。我們能夠一眼看出熟手與新手的區別。這樣的一個過程需要我們具有堅忍的精神，一件樸素的衣服，一雙舊鞋，一雙欣賞大自然的眼睛，幽默的性情、強烈的好奇心、良好的談話能力以及保持沉默的能力。優秀的觀察者有著與樹木

055　尼祿（Nero，西元 37～68 年），古羅馬帝國皇帝，是歷史上著名的暴君。

或是動物一樣的行為方式，如果他們想要多說一句話，那是因為說出的這句話要比沉默本身帶來更好的效果。但是，一位喜歡誇誇其談的人則會用他的話語褻瀆了河流與森林，因此沒有比小狗更好的散步夥伴了。當這些條件齊全之後，那麼我們就能在世界上氣候最好的地方去散步了。如果我們在三伏天或是白色情人節去散步，那麼同樣可以在黃色情人節與水晶情人節去散步 —— 在那些既不冷又不熱的日子裡，我們可以感受到完美的氣候所帶來的怡人感受。可以說，沒有比十月分更加適合到林間散步的月分了。此時，深秋的第一次霜凍已經過去了，黃色的葉子已經從樹木上慢慢凋落了，楓樹與山核桃木的縫隙中吹來了強勁的南風。所有的書頁都彷彿在風中彈奏著豎琴，讓整個空氣中都瀰漫著美妙的音樂，讓置身其中的每個人都成為了詩人。在夏日的時候，當氣溫較熱的時候，我們也會到林間散步好幾天，感受生活的樂趣。在林間散步，你能感受到鄉村的真正氣息，因為這裡不像荒原那樣一望無際，也不像新罕布夏州的地形那麼險峻。因此，我們有更多理由為麻薩諸塞州的地形感到知足，這裡雖然有一些岩石層與斷裂層，卻沒有像阿爾卑斯山脈那樣險峻的高峰所帶來的任何不便。

西元 1858 年

3 月 3 日。愛默生在波士頓的弗里曼教堂發表了 6 篇關於「心靈哲學的自然方法」的系列演說。第一篇演說是〈鄉村生活〉。（其中的部分內容包括了愛默生於西元 1857 年在康科特發表的演說）。第二篇演說是〈工作與日常生活〉（這篇演說也許是他在西元 1857 年 1 月在辛辛那提發表的演說）。第三篇演說是〈心靈的能量〉。愛默生認為，形上學的出現其實與那些形上學學者沒有多大的關係，而與世界各地那些思想深邃之人所處的一些言論有關：其中就包括諸如蒙田、帕斯卡、孟德斯鳩、甚至是莫里哀（Moliere）等人，而不是諸如達朗

貝爾（d'Alembert）、孔狄亞克（Condillac）或是茹弗魯等人。我們很難將這些碎片化的資訊一一整理出來。因為這是每個人都容易獲得的一種體驗，而不是一種連續性或是系統性的東西。我們人類局限於脊椎動物身體結構的限制，在行動便利的同時，也必然會遇到許多狹隘的影響。當我們認為自己可以對大海或是太陽系進行了解或是描繪的時候，這未免有點矯揉造作了。大自然通常都會嘲笑那些試圖這樣做的人，讓他們栽幾次跟頭，讓他們退回到原先的位置。但是，只要每個人都能夠堅持個人的感受，每個人的感受都可以變得有趣且難以被反駁。每個人都能感受到柏拉圖或是康德所宣揚的哲學思想。每個人在日常生活中已經感受到了那樣的思想，甚至要比那些哲學家所宣揚的思想更加深刻。我們意識到智慧就像無垠的天空懸掛在我們的頭頂上，並透過我們的感知以具體化的方式呈現出來。第四篇演說是〈心靈哲學的自然方法〉。在這篇演說裡，愛默生談到了，智慧的遊戲是我們對所看到的一切事物的感知。相反，任何一般性總結的話語都可以透過某種特定的事例或是模仿而變得具有詩意。心靈的功能超然於物理存在的世界，因此能夠讓我們獲得感受躲藏在人類心靈意識洞穴裡許多壯美思想的鑰匙。當我們將一個事物或是同類事物都變成了一個形狀，那麼所有的事物都會具有相同的品味與特質。因此，我學習什麼，這不是很重要，重要的是我找到了一把去感知所有存在的鑰匙。大自然每個部分的法則都可以在心靈的更高層次裡得到重複——這就像地心引力、電池兩極、化學現象或是動植物的生命那樣不斷重演。科學的進步，其實是將我們內心對大自然的持續變形的一種現實化做法。一種物質過渡到另一種物質，這其實就是大自然整個遊戲的精髓，死亡則是對那些仍然具有生命力的事物的一種懲罰。這也是我們需要去認知的一個思想。要想在最佳狀態去感知整個變形的過程，就需要我們讓時間停滯起來。每一個總結都讓我們找到了通

向更寬廣世界的道路。敏捷的思想出現跳躍的情況，能讓我們衡量人類的最高層次與最低層次之間的差別。即使是最普通的話語，若是人類能將其稍微拓展一下，就會讓他變成一個天才。第五篇演說是〈記憶〉。在這篇演說裡，愛默生認為，記憶就像一個矩陣，將心靈的其他功能都連接起來了，也像一條線將過去的所有經驗都緊緊的黏在了一起。人與人之間的差別，其實就在於記憶在跳躍能力以及重新回憶事情能力方面的差別。或是，人們是否有能力一開始就牢牢記住某些事實，繼而讓這些事實無法逃脫出記憶的束縛。記憶就好比一種情感：我們會記得那些我們所熱愛的事，也會記得那些我們所恨的事。這取決於我們對自我認同的這一重要事實，也取決於我們是否能對自然的看法進行更好的調整。之所以會出現短暫記憶，就是因為我們對此的思考不夠深刻。一個深刻的思想會幫助我們在腦海裡了解更多的事實。當我們獲取了更多的資訊時，就必然會失去某些資訊。不過，記憶的缺陷並不總是因為我們缺乏某些天才，有時是因為我們有著過多的天才。很多心靈層面的記憶並不需要大腦去進行儲存。牛頓會記得他在發現過程中的各個理由，卻不記得自己做出了什麼發現。第六篇演說是〈冷靜〉，在這篇演說裡，愛默生談到，個人的靈魂就像斷斷續續的潮汐，某些科學與力量可以對此進行研究，但這僅僅局限於較小的範圍。卓越代表著一種處於熱情狀態下的個性，每個人都是正確的，或者說每個人都應該讓自己變得正確，這只需要我們擁有更多的個性。每個人都可以按照自身的方式變得卓越，不需要對別人的天賦有多少了解。人們在游泳的時候需要用雙手去搏擊海浪，而不需要在意他們的身體能量所具有的力量。要是這樣的行為不順從最高的理智，就必然會讓我們變得沉悶單調，讓我們的思想變得狹隘，此時就要想辦法過上有趣的生活。與此相反的秉性是興趣廣泛，這些人不願意對某些事物持續的投入關注，而想要對全新事物的追求來擺脫之前

的狀態。他們總是喜歡去做一些事情，而不願意在任何一件事情上耗費太多時間。第二個法則是選擇正面、積極與肯定的訊息。不過，這種肯定其實就代表著愛意。善意才能讓我們獲得真正意義上的洞察力。我們所追求的是包容、冷靜與自我忍讓的態度。但是，這就像自由意志的各條線編織在一起，讓我們難分難解，最後無法加以利用。意志會為我們帶來奇蹟，當契機出現的時候，形上學就會出現紕漏，這讓人類能夠感受到上帝的存在。我們都生活在一個精神世界裡，但誰也沒有看到過天使或是這樣一種精神。既然這樣，我們的知識到底是從何而來的呢？能量的泉源到底是從何而來的呢？上帝的靈魂透過人類的思想傳播到世界各地。思想會抵制更高法則帶來強制性命運的後果，重新將自然視為人類的主人。

9 月 29 日。愛默生在密德塞克斯農業協會上，發表了一篇名為〈扛著鋤頭的人〉的演說。

12 月 14 日。愛默生在康乃狄克州的哈特福發表了一篇名為〈成功〉的演說。

西元 1859 年

1 月 25 日。愛默生在伯恩斯去世百年的紀念日發表了一篇演說。

3 月 23 日。愛默生在波士頓的弗里曼教堂發表了 6 篇演說。第一篇演說是〈成功的法則〉（可以說，這篇演說是他在西元 1858 年 12 月 14 日在哈特福發表的演說的一個翻版）。第二篇演說是〈原創力〉。第三篇演說是〈俱樂部〉。第四篇演說是〈藝術與批判〉，在這篇演說裡，愛默生談到了第三等級的不斷發展，之前單純的勞動工人變成了讀者與作家，強迫那些有學識的人以正確的方式發洩他們之前的不滿情緒。人們所說的街頭語言通常都是相當粗俗的。我羨慕現在的男孩

有能力對此進行強烈的否定。我必須要坦承一點，當我聽到別人說出一些活潑輕快的話語，這讓我感到非常愉快。幾乎每一位前往法國旅行的遊客，都能聽到法國郵遞員的活力，也會對英國那些運貨馬車車夫發出的詛咒很熟悉。蒙田的作品所描述的一些內容，肯定是現在我們在酒吧裡聽到的一些言論的源頭。這些詞語或是段落顯然是某位學者說出來的，因為這些句子的工整性讓我們不得不做出這樣的思考。赫里克就是趣味低俗的一位傑出代表。與蒙田一樣，他也有自己的風格，但他不願意談論自己想要談論的主題，而是將自己的一些想法寫出來，透過一些優美的句子將感受表達出來。路德曾說：「我用粗俗的語言發表布道演說，這讓所有人都感到心滿意足。」莎士比亞也曾研究過使用粗俗語言帶來的好處。他從中得到的樂趣與他在認真研究智慧時獲得一樣多的快樂。他知道，粗俗語言的源頭可以追溯到很久以前。但丁就是這方面的大師，既能夠以粗俗風格去創作，又能用高雅的方式去做，既能描述出天堂的美好景象，也能夠描述煉獄的無比恐怖景象。一位優秀的作家必須要能將自己內心豐富的情感表達出來，同時進行有所選擇的甄別。當他們處在創作能力最旺盛的時候，任何束縛都無法讓他們用正當的語言去駕馭二輪戰車與馬匹。有時，我希望教育協會能在大學實行這樣的教育計畫，讓美國的編輯、國會議員或是書籍作家都能修復或是學習我們在過去所說的一些最好的語言。在報紙上宣揚這樣的美國主義，抵抗不良的文化影響。當我們這樣做的時候，要注重平衡性。有些詞語是只能作為副詞的，有些則只能作為形容詞的，那些華麗的辭藻往往會吸引年輕作家們的關注。卡萊爾做出的最大貢獻就是他在辭藻方面的貢獻。在他創作的許多書籍裡，我們都可以看到許多帶來禍害的常規遭到了廢棄，他就像一陣任何人都無法描述的風一樣，來去無蹤。當你大聲閱讀這些內容的時候，就會發現這些句子變得拖沓起來。將這些段落全部劃掉，然後再讀一遍，你將發現到底是哪些詞語顯得拖沓。如果你想用一個詞語表

達意思的部分內容，這必然會出現拖沓的情況。這就好比將一塊鵝卵石嵌入一塊馬賽克裡面。將那些多餘、負面、悲慘或是各種誇張的形容詞都刪掉。最後，你可以看看自己在一篇文章裡到底還有多少內容是你所沒有刪除的。當然，你的文章需要具有良好的風格，用全新的內容去吸引讀者的眼球，讓讀者沒有時間停下來去思考文章本身所具有的風格。古典與浪漫主義的藝術品。古典藝術代表著一種基於生存理念的藝術，是一種有機的藝術理念。浪漫的藝術則打下了反覆無常的烙印。當我閱讀普魯塔克的作品或是欣賞古希臘的花瓶時，我傾向於認同許多學者的一般性觀點，即古希臘民族要比其他民族更具清晰的智慧。但是，在我關於占代文物的思想裡，我所思考的不過只有時間。清晰且自然的表達方式，應該是當我們表達對這些文物的愛意與讚美之情的時候，我們到底想要表達什麼意思。大仲馬（Dumas）與歐仁‧蘇（Eugene Sue）在創作一個故事時，也不知道這個故事的最後結局到底應該是怎樣的。但是，司各特在他的作品《拉美莫爾的新娘》裡就知道自己最後想要的結果，莎士比亞在《馬克白》裡也知道，自己對於最後的結局沒有任何可以選擇的餘地。第五篇演說是〈行為舉止〉，在這篇演說裡，愛默生認為，不應該以直接的方式去培養一個人的行為舉止，而應該將這視為一個指標，展現出我們真正的自我。我們必須要查看每一個刻度，而不是看著箭頭。到目前為止，常識之所以是真實的，是因為這要求我們在行為舉止方面應該處於一個更高的自然狀態。行為舉止與我們的道德標準相關。第六篇演說是〈道德〉。

5 月 22 日。愛默生在波士頓音樂廳發表了一篇名為〈最高級的心靈狀態〉的演說。

10 月 2 日。愛默生在波士頓音樂廳發表了一篇名為〈藝術的美感〉的演說。

11 月 8 日，愛默生發表了一篇名為〈勇氣〉的演說。

11 月 13 日。愛默生在波士頓音樂廳發表了一篇名為〈家庭生活〉的演說。

11 月 18 日，愛默生在波士頓翠蒙堂舉辦的一場為約翰·布朗家庭捐款的活動上發表了演說。

12 月 25 日。愛默生在波士頓音樂廳發表了一篇名為〈談話〉的演說。

西元 1860 年

1 月 6 日。愛默生在塞勒姆發表了一篇名為〈約翰・布朗〉的演說。

3 月。愛默生發表了一篇名為〈在蒙特利爾，關於詩歌與批判〉的演說。在這篇演說裡，愛默生認為，當代的批評已經將文學與藝術視為一種歷史了，也就是說，將這視為一種可以不斷成長的東西。那些置身其中的人無法猜到最後會是什麼結果。那些來觀察的人也會將這視為人類歷史的一個普通事件而已。基督教將我們每個人都視為具有無限可能性的存在，視為一種普遍存在的真理，我們卻將除了基督徒之外的其他人都看成是異教徒。現在，精神主義已經讓我們明白一點，即我們是懷疑主義者，只能透過現實的存在或是與人輕聲細語的交流才能去相信某些東西。這些全新的信條讓我們明白的啟示沒有變得更加寬廣，而只是在作為批判的時候才變得有用。

3 月 18 日。愛默生在波士頓音樂廳發表了一篇名為〈道德感〉的演說。在這篇演說裡，愛默生說自然界的事物都是普遍相連的，彼此間形成了緊密的紐帶，因此當我們進行觀察的時候，很難發現哪裡是開端，哪裡是盡頭，也無法彌補任何初始原因所出現的裂痕。當我們面對第二原因的時候，這樣的認知也會不斷出現，讓我們感到震驚，同時讓我們去思考一些沒有答案的問題：為什麼我們會存在？我們到底代表著什麼？當我們看到諸如人類這樣的生物在地球上生活了 70 年，展現出各種自然的本性與人性，每天都要用嘴巴說出許多粗魯的話語，從沒有想過他本身的存在就是一件無比獨特的事情。顯然，這是非常滑稽的一件事。我認為，教育的一個主要目標就是要激發每個人心中的創意泉源。讓我們到大自然的世界裡好好的看看，看看人類所擁有的這一切美好吧！但是，人類所擁有的財富存量，也讓我們明白了那些擁有這些財富的人，其實是多麼沒有資格擁有這些東西！這些光彩奪目或是浮華的盛況，以及控制著所有一切存在的東西，都是

人類繼承下來的。但是，人類能夠沉湎於力量的宮殿裡嗎？不能，人類就像一個吉普賽人或是搶劫犯那樣逃避責任。當人們召集起來進行點名的時候，我們簡直可以看到一個名利場，大家都吵鬧的說話，在放爆竹或是喝著威士忌！但是，讓我們審視一下最後的重點，人類的認同到底存在於什麼地方！前去戲院，看看觀眾們在欣賞這些表演時，自發鼓掌歡呼的場景吧。去大型群眾集會的地方看看，看看群眾潛藏的高尚情感是如何被激發出來的吧。千萬不要被卑鄙或是邪惡的彬彬有禮表象所欺騙。只有我們才能矮化自己，但上帝賜給我們的善良精神永遠都不會從我們身上消失的。至於該如何去展現出這種善良的精神，這完全取決於我們自己。

6 月 17 日。愛默生在波士頓音樂廳舉行的紀念會上，發表了一篇名為〈希歐多爾·帕克〉的演說。

11 月 3 日。愛默生在波士頓音樂廳由帕克主持的群眾大會上，發表了〈改革〉的演說。在這篇演說裡，愛默生認為，改革並不像一種我們可以移動的古老熱情，不是將石頭扔向空中那麼簡單，而需要我們擁有一種像地心引力那樣的持續熱情。我們不能自我設限，而應在每一天的每個時刻都去創造一些全新的東西。改革家是我們的恩惠者，也是具有務實精神的詩人，阻止我們去做任何荒唐或是自我愚笨的事情。不過，我們應該重點放在重要的改革上，將昏昏欲睡或是無神論者的狀態展現出來。我們每個人的行為無論是多麼的微不足道，都能產生一定的影響。更重要的是，你們處在正確的一方，處在大眾與神性正義的一方。那些不斷前進的民眾，那些不斷革新的人，之所以能夠激發我們的熱情，就是因為他們始終代表著一種正確的思想。人的一個重要組成部分就是不斷前進，始終追求更美好的東西，而不像緊守著祖輩留下來的慣例。那群暴徒用粗暴的眼神看著你們的時候，其實就已經清楚的說明一點，他們知道你們即將要埋葬他們。只要你們能夠將百分之六的潛能都激發出來，就能發揮出像槍炮那麼強大的威

力。那些阻擋改革步伐的人肯定是錯誤的，雖然他們不知道自己錯在哪裡。

11 月 20 日，星期六。愛默生在波士頓音樂廳發表了一篇〈人類的階層〉的演說。在這篇演說裡，愛默生談到人就像一個分類器。對方法的熱愛似乎出現在孩童時期，每個人都有屬於自己的一套理論，只有讓他感興趣的事物才能激發起他的興趣，因此他的愛好與追求能讓他與其他人區別出來。一些人似乎天生就有公共事務的追求，他們希望去做幫助大眾的事情，其他一些人則寧願去坐牢，也不願意去做這些事情。不同人具有的不同脾性會形成強烈的反差，就像犀牛的鼻子那樣相互碰撞。那些胸懷國家抱負的人會實踐他們的思想與天才，更好的為國民服務，因此這樣的人很自然就會成為領袖。阿基米德、哥倫布（Columbus）、哥白尼、洪保德（Humboldt）等人都是具有世界意識的人，他們都用自己的方式去改變了這個世界。另兩個比較高尚的階層就是那些具有行政能力與智慧的人。他們都有一種將手段與結果結合起來的能力，他們知道如何向數百萬人表達自己的觀點與思想。這一類人從一開始就對所有事情抱著強烈的期望，另一類人則對這些不抱有任何期望，將自己獲得的任何好運都視為一種純粹的收穫而心存感激。他們都是具有強大意志的人。一個人的力量從出生的時候就表現強烈的兩極傾向，倘若這種傾向出現過猶不及，就很容易變得單調。但要是我們沒有這種兩極傾向，沒有認真追求的利益，那麼這就無法激發起我們內心最深處的憐憫之心。我從那些思想消極之人身上看不到積極的影響。

西元 1861 年

1 月 6 日。波士頓音樂廳，在希歐多爾·帕克的群眾集會上，愛默生發表了一篇名為〈因果〉的演說。在這篇演說裡，愛默生說，我認為南方在談到自由演說所帶來的危險時說得很對。如果限制言論自由的

法令適用於人與人之間的竊竊私語、眼神或是不滿的表情，那麼我們其實就是已經處於一種完美的獨裁專制狀態了，我們的繁華城市將會變成一座無比沉默的精神病院。但是，正如任何政體都無法影響地心引力的存在，無法影響時間、空間以及人的思想的存在。從最優秀的種族到最低劣的種族，人類的本性始終進行著一番戰鬥。這到底意味著什麼呢？這包括了一個重要且有益的原則 —— 獨立自強，反抗一切壓迫，實現永久性的自我安全的存在。戰爭是一場野蠻的遊戲。但是，如果自身的使命需要我們這樣做，那麼我們絕不能退縮。人生就是一場認知因果關係的永恆過程。每一個善良之人都按照自身的天性，希望國家能夠繁榮發展。這樣的人也是忠誠的。請看看商業貿易在改變我們的政治結構方面所產生的影響吧。就在昨天，所有人都做出了讓步與妥協：一些人說，如果你們喜歡繼續保留奴隸制，那麼你們可以保留。只要你們願意購買我們的商品，償還我們的債務，那麼奴隸制就是可以帶來好處的。是的，但現實卻顯示了另一個道理。現實的狀況發現這樣的狀況會帶來致命的影響。最後，從事貿易的人肯定會說，這樣的情況必須要停止了，除非我們能完全解決這個問題，否則我們永遠都沒有穩定的經商環境。簡而言之，當代的商業貿易需要自由的言論，需要的是堅定的廢奴主義者。

1 月 24 日。在波士頓翠蒙堂的反蓄奴制協會的年度會議上，愛默生發表了一篇演說。

2 月 3 日。愛默生在波士頓音樂廳的帕克群眾集會上，發表了一篇名為〈自然宗教〉的演說。在這篇演說裡，愛默生認為，真正的信條不會有任何武斷的內容，我們不能預設最野蠻的狀況繼續存在。這些信條應該教育我們每個人同樣的道理：現實主義。這要求我們不要從事情的表象進行判斷，而應發揮自己的獨立思考能力，為保全每個人的自尊獨立做出自己的犧牲與貢獻。我們所持的信條應該讓我們明白一

點，即任何理智且有所追求的人都應該認為，國家的法律應該適用於這個國家所有的民眾，而不是服務少數一部分人的。我們不應該違背或是指責那些本意良好的要求，而應該認可他們要求中合理的部分。不同人群的宗派壁壘正在迅速消失，過去那面老舊的國旗依然在我們的城堡上高高飄揚，但是現在卻有一部分人懷著驕傲自大的心，想要換掉這面旗幟。我們根據一種宗教所具有的文明力量去衡量一種宗教。任何違背平等原則的宗教最後都必然會走向滅亡的。我們不擔心正義無法得到伸張，而是擔心我們活不到見到正義伸張的那一天。我們在對待奴隸制這個問題也懷著同樣的態度。我們必須要廢除奴隸制，因為奴隸制的存在違背了人類的正義與公平，違背了一切常識與公理。我們需要永遠堅持這樣的原則，絕不能因為任何個人的信條而違背了這個永恆的原則。只有當對方同意履行我們的這一原則，我們才能點頭認同。

4月9日。愛默生在波士頓梅奧那恩發表了6篇關於「人生與文學」的演說。第一篇演說是〈天才與氣質〉。愛默生為再次面對熟悉的聽眾發表演說感到開心。聽眾發現愛默生在演說中沒有提出一些明確的方法，反而迅速察覺到他想要談論的真正重要話題。愛默生說，我們現在處在一個關鍵時期，我們這個具有品格的文明正遭受著極大的威脅。所謂的天才，就是那些能夠安慰我們這些心靈脆弱的凡人的人，這不是因為他們所具有的某種能力，而是因為他們具有一種超越凡人的精神。天才能洞察事物的內在本質。專業的科學知識讓我們這些普通人只能看到事情的表面：我們要根據事情的需求，運用自身的天賦。但是，天才卻是一種對宇宙法則所具有的強大感知能力。第二篇演說是〈藝術〉。任何國家的活動都是週期性的，就像潮起潮落的海浪那樣。人應該是快樂且具有創造性的。之後，人慢慢失去了自己的氣質，在戰爭的藝術中失去了自己的一切。文明具有的那種累積的內在運動，過往經驗所累積的效能，都會漸漸的消失。那

些言語粗俗且骯髒的野蠻人會站在被大火燒焦的荒原上，重新開始與野狼與毒蛇的搏鬥，在沙地上建造起骯髒不堪的棚屋。也許，我們美國人在此時此刻為整個世界呈現出了這樣一幅悲慘的景象。這場危機的第一個層面，就像巴黎在西元 1789 年所經歷的「蠢人的天堂」景象一樣。那些懷著不正常虛榮心的卑鄙之人在發現自己無法帶來任何影響之後，就透過作惡的方式展現自身的存在。但是，一個重要的政治結構被摧毀之後所帶來的教訓是很有啟發性的，這表示了那些輕浮之人要比他們想像中更加睿智。在時機成熟的時候，這些人就會像人類哲學長久以來預言的那樣，用他們所謂成年人的個人主義，將人類文明這部機器拆解得支離破碎。但是，人類的巔峰在於創造。人類應該成為藝術家。正義可以在荒野中得到伸張，人類則可以在穀倉裡崇拜上帝 —— 不過，我們不僅要有貨攤與倉庫，還要有大廳與宮殿。人類可以透過自身的行為去改變自身所處的環境，能讓自己的品格與教養留下深刻的影響。在美國，美感所帶來的影響是膚淺的。我們所謂的藝術不過是國民對削木頭的興趣。對某個主題的選擇是讓人非常著迷的。藝術並不在於讓某個主題變得著名，而在於選擇那些著名的東西。天才，其實就是指代那些能持續釋放出自身能量的人。自然給予的暗示告訴我們，當我們看到了自然發出的某個意圖，我們就應該努力的加以實現。我們會感覺到形式的順暢與顏色的美感。但是，原創且獨立的代表形式需要藝術家用自己的才能去進行創作。這樣的決心並不存在於我們的國家當中，或者說，我們在這方面缺乏足夠的力量：我們現有的程度只是達到了品味的程度，根本無法進行任何創作。第三篇演說是〈處於緊要關頭的文明〉。第四篇演說是〈一些好書〉，在這篇演說裡，愛默生認為，指責書籍為人們帶來不良的影響，這是非常荒唐的。可以肯定的是，對一些人來說，書籍就好比他們所穿的衣服。這是一個相當微妙的話題，而我們在這方面的態度也代表著人類文明的水準。人類就是透過書籍將所有人的個人歷

史結合起來，形成哲學或是普遍的經驗。我們絕對不能過分好奇探究文學的絕對價值。對我們來說，書籍就好比可以給我們樂趣、憐憫心與反省的天使。書籍就像是沉默的智者，那些容易被我們駕馭的預言家與歌手，時不時會將他們發出的月光照亮我們孤獨的內心，驅趕我們內心的疲憊與不幸的遭遇。這就是書籍所具有的力量。我們所尊敬的《聖經》一書裡的每個文字，就好比一粒創造與改變的種子。柏拉圖學派的哲學是多麼具有生命的活力啊！我期望信徒透過閱讀楊布里科斯（Iamblichus）的作品去重振教會。我們也要閱讀普魯塔克的作品：如果這個世界上所有的書籍都要被焚毀了，我會想盡辦法去拯救他的書，還有《聖經》、莎士比亞以及柏拉圖的作品。我們要感謝柏拉圖學派哲學的翻譯家托馬斯·泰勒所做出的貢獻。正是他做出的努力，才讓古希臘那個被人們忽視與遺忘的時代重新展現在我們每個人面前。第五篇演說是〈英美兩國的詩歌與批判〉，在這篇演說裡，愛默生認為，從每個角度去看，這兩者都存在著某些疑慮與恐懼。在繪畫或是故事創作方面，這樣的元素被剔除了。你們能感受到事物純潔的一面，不需要感受任何不安的情緒。詩歌代表著唯一的真理。人所說的話應該追尋著真實的東西，而不是表面的東西。喬叟、米爾頓、莎士比亞這些就像文學史上的一座座高峰，年輕的作家似乎已經看到這些文學高峰的影響。單純聆聽這些美妙的旋律，就讓我們心馳神往！在柯林斯（Collins）的《夜頌》裡，我們發現了一位非常優秀的年輕人。在格雷寫給伊頓學院的一首詩歌裡，我們能感受到多麼強烈的情感！大聲的朗讀詩歌，這是對一首詩歌是否優秀的一個重要衡量標準。我們都非常喜歡丁尼生在這方面表現出來的天才。他所創作的關於威靈頓的輓歌，不僅將他的名字與這位英雄相連起來了，還與英國的歷史連結起來了。在最初一週的哀悼裡，丁尼生的〈回憶錄〉在眾多教會人士所寫的哀悼詞中非常普通的：人們所感受到的只是表面上的價值。請回想一下，我們在危險時刻所想起的一些詩句吧，你們

將會發現，在關鍵時刻能夠為我們帶來力量的詩歌是多麼的少！正如伯克與米拉波等人，他們所說的話要比他們所想的更好。音樂與詩歌是非常搭配的，但在一種高層次的音樂裡，往往會出現不和諧的旋律，這反過來會為我們帶來愉悅的情感。司各特就是一位嫺熟掌握詩歌韻律的大師。在他的作品〈迪納斯·埃姆林〉與〈赫爾維林峰〉等詩歌裡，他展現了自己作為一名詩人所具有的洞察力。拜倫也有慷慨演說的能力，對音樂也有敏銳的洞察力，但他不知道到底是什麼狂熱的東西給予人們這種創造性的能力 —— 在詩歌的領域裡，批判有其存在的價值。批判的美德要透過良好的常識去修正單純的才華所帶來的影響。一個更具天才的人其實就是自身創作的詩歌的受害者，而事實上，他根本就沒有遭遇他所描述的那樣東西。當阿那克西曼德（Anaximander）歌唱的時候，很多男孩都嘲笑他。面對這些嘲笑，他說：「為了這些男孩，我們必須要想辦法唱得更好一些」。我認為，現在很多期刊報導的膚淺內容都是我們應該以嘲笑態度去面對的。這些期刊的內容未能抓每一位優秀讀者真正關心的內容。書籍的一個重要特點就是要具有可讀性。如果一本書是沉悶的話，那麼這本書在創作過程中必然是犯下了諸多的錯誤。第六篇演說是〈波士頓〉。過去的生理學家會觀察氣候為人類帶來的影響。他們認為，清新健康的空氣就是最佳的解藥。高山與海邊的空氣往往會讓人產生一種叛逆的心理。300 年前，瓦薩里（Vasari）在佛羅倫斯所說的那句話同樣適用於當代的波士頓：「對榮耀與光榮的渴望，往往會受到這個地區空氣的影響，影響著這裡的每一個人。那些擁有才華的人不得不要為此做出抗爭，他們可能不會與那些自認為與他們處在同一水準的人為伍，而是透過自己的努力成為最優秀的人。」在我們所居住的地方，我們發現這裡的空氣沒有任何刺激的影響。這座城鎮本身就擁有一段美好的歷史。這不是一次意外事件，不是一座鐵路火車站、交叉路口、酒館或是任何軍營，這一切不是因為時間或是運氣的成分而建立起來的，

而是因為這裡居住的民眾是有原則的人，他們遵循著同一種情感。當我這樣說的時候，我沒有懷著任何特殊的情感，而是使用過去冰冷的歷史語言去描述。當我說波士頓作為一座城鎮之所以能夠獲得整個國家的關注，能引領北美地區的文明發展歷史時，我只是用客觀的口吻去說而已。這裡的領袖都是接受過良好教育且有禮貌的人，他們都有著自己的財產，過著虔誠的生活。他們是英國地區的那些理想主義者，也是這個地區最具宗教情感的人。他們與自己選舉的政府站在了一起。他們原本可以對自己說：「好吧，至少那些主教或是朝臣套在我脖子上的枷鎖已經卸下來了，我們與那些野狼或是饑荒之人沒有差多少，因此我們必須要為此做出努力。」正是強大的宗教情感讓他們具有鋼鐵般的意志與不可動搖的目標。當人們想起避難所、新和諧地帶、布魯克農場、奧克戴爾或是空想的共產村莊，會知道這最後都會在一場混亂中消失。我們對那些新移民過著精打細算的生活產生了更多的敬意，他們都在透過自己的努力慢慢建立起自己的家園。當人們看到他們不計一切代價去支持彼此的時候，我們會發現道德價值觀變成了金錢價值觀。波士頓的一棟房子與那些生活在其他城鎮的覷腆之人的房子一樣具有價值，因為房子本身的價值不是由人的精神與品格去進行評價的。在波士頓，他們都希望看到社會不斷前進，因為只有這個不斷前進的原則才會激勵著大眾不斷前進。從羅傑·威廉斯（Roger Williams）、安妮·哈欽森（Anne Hutchinson）到阿布納·尼蘭（Abner Kneeland）再到威廉·加里森（William Garrison），我們都看到了創意與異端所進行的爭鬥。要是執行者沒有一點狂熱的精神，那麼他們不可能做得更好一些，正是這些人不滿足於單純表達自己的觀點。美國的思想與解放要面對強大的阻力，這在我們糟糕的政治局面上得到了充分的展現。但是，如果我們遵循這樣的前進方向，就必然能讓我們感受到天國的美好。這些人並沒有在他們播種的地方聚集起來。他們除了自身真誠的勞動與工作之外，也沒有想過要以其他的方

式去獲取這個世界的寶藏。他們接受這樣一種神性的法則，即人類的存在本身就應該具有存在的價值，要是人的生活單純是為了享受或是表演，那麼這樣的生活是毫無意義的。當一些輕率的參議員希望透過稱呼這些人是「社會的下等人」，以此來嘲笑他們的時候，其實無意中是讚美了這些人。大自然是一位節約的母親，不會毫無節制的給予我們什麼。當她有事要做的時候，就會讓人類這樣做。在美國，她還不希望看到什麼史詩作品或是戲劇作品，但她首先讓民眾建立起了城鎮，讓農民在土地上播種玉米。但是，我們從父輩繼承下來的文學天賦卻始終沒有遺失。班傑明‧富蘭克林（Benjamin Franklin）知道如何去寫作，喬納森‧愛德華茲（Jonathan Edwards）知道如何思考。從西元 1790 年到西元 1820 年這 30 年間，除了極少數一些文學作品外，我們幾乎沒有看到真正意義上的作家。但是，巴克敏斯特在劍橋地區優秀大學生聯誼會上發表了那篇演說之後，這樣的文學創作衝動似乎就以友善的方式進入了文學界，這是波士頓地區「文藝復興」發端的象徵。「偉人通常都沒有偉大的兒子」，這句話似乎成為了一句諺語。但在波士頓地區，大自然似乎更加慷慨一些，出現了很多偉大的父子。我必須要承認一點，我不認為我們這些接受過教育的民眾多麼具有創造能力，也不具有很強的總結歸納能力或是強大的想像能力。我知道，這座城鎮的歷史包括了許多不公平甚至是殘暴的過往。毋庸置疑，正如每一座城市都有其缺陷一樣，波士頓也不例外。這也是一座罪孽深重的城鎮。但是，正如其他的每座城鎮一樣，這座城鎮也設定了一個永恆的基調，就是大膽的前進，透過勞動與努力，透過奉獻與工作不斷進步。我認為，一個人應該讓他所在社群的民眾進行最公正的評判。在當代，這樣的評判標準應該是每座城鎮穩定發展的基礎，我希望這成為北方民眾擁有剛毅精神的一個重要基礎。讓我們勇敢的遵守這樣的精神與原則。只有當我們不斷努力去實踐這樣的信念，這種信念才會變得越發強大！讓每個孩子在聽到波士頓這個名字時，都

能像感受到溫暖陽光的照射一樣！在遙遠的時代，大自然的座右銘應該成為這座城鎮每座山丘上數百萬人共同的祈禱：請賜給我們高尚的精神與強大的力量吧！

7 月 10 日。愛默生在麻薩諸塞州薩默維爾市發表了一篇〈在塔夫茨學院的演說〉。在那些日子裡，加農炮爆炸時發出的巨響，成為了整個地區上空最具詩意的迴響，代表著最原始的人性。在這裡的學院，我們可以充分感受到這種原則本身。這就像自然法則專門安排在這裡的避難所。如果整個國家出現崩潰，這肯定是因為我們的大學沒有充分發揮其職責。我們的能量會洩露出去，就像一座專門收養年老教師的醫院，一間陳列發霉書籍的書店。健全的心智讓我們不能屈服於這樣的壓力。正如我所說的，如果智慧層面的興趣不存在任何虛偽，而只代表著現實的話，那麼這肯定會牢牢控制我們的心靈。先生們，你們都是從眾多人當中挑選出來的優秀人才，你們透過自身以及你們的朋友的學識與見解，有能力去學習更加深刻的思想。如果你們能在大學裡培養自己的獨立精神，那麼你們就沒有辜負大學教育。所有優越感都與自身的思想相關。因為，我認為道德與心智之間存在著一種永恆的紐帶。一個人其實就是他有什麼思想以及相信什麼的外在呈現。某些特定的能量屬於那些掌握某些特定事實真理的人。釋放這種能量的過程是一種非常有趣的體驗。在我們漫長的一生裡，這都是非常值得銘記的記憶。不過，在神性的神諭裡，這個世界是無法得到拯救的。在被稱為智慧階層的世界裡，在教育機構的世界裡，他們缺乏對自身事業的堅定信念。我們需要重新恢復我們的宗教。我希望看到人類心靈的不斷重現，看到人的責任感延伸到重視與利用他們的智慧能力。我希望在文學階層看到這種思想的復興。我們要有追求偉大的遠大志向，我們要敢去追求詩歌與創意，追求藝術。那些懷著純真希望與希望接受良好教育的年輕人，都應該在這個過程中發光發熱，不應對這些事感到困惑，不應該讓自己變成 個懷疑主義者或是孤獨主

義者。只有當我們讓自身的才能與才華順從於目標時，它們才能發揮最大的能量，才不會因為我們的碌碌無為而浪費掉。我們應該看到，一所大學所具有的思想，其實就是每一個順從這種純粹思想光芒的人集合起來的。大學不應該有任何卑鄙的目標，而應該讓學生培養讓人尊敬的自律與創新的靈魂。對天才來說，沒有比大學更讓他們舒適的地方了，因為他們的想像力能夠得到支持，他們最高尚的想法能得到回應，他們也能得到最真誠的獎賞。追求自由與智慧必然能夠滋生熱情，讓他們成為這個國家的英雄。

9 月 27 日。愛默生在麻薩諸塞州雅茅斯發表了一篇關於教育主題的演說。在這篇演說裡，愛默生認為，這個世界是一個相互認知與教育的系統。每個人在某個時刻都可以成為我的老師。我要向自己提出的問題是，我能教給他什麼呢？因為他肯定能教給我一些東西。我們要以友善真誠的方式去對待每個人，將他們變成對你來說極為重要的老師，教給你某方面的知識，因為每個人都是某方面的專家。當我想鋪設爐子的時候，就需要三十平方英寸的鐵板。這就需要我去拜訪村裡那些懂得使用錫與鐵的師傅，然後看看他們如何利用這些材料做出我想要的東西。我只是出錢買了一些鐵與付出了一些勞動而已。如果我想要加固穀倉的結構，我就要去拜訪那些對石頭或是木頭有研究的師傅。要是我想做一個花園，我就要去找尋那些植物學家或是正在流汗工作的地形測量學家。可以說，整個教育的藝術就包括了我們對所有人的一種尊敬，讓我們對某些具有專業能力的人給予尊重。當我看到拉瑞（Rarey）對待馬匹的方式，我忍不住懷疑他肯定在上學或是上大學時有過被人挖苦的經歷。不過，他已經改過自新了。當他說「那些與馬匹打交道的人，絕不能有任何恐懼或是憤怒之心」的時候，其實就已經是一種思想的昇華了。在馬匹眼中，他是一位健壯的傢伙，要比那些不了解馬匹的人更加有用。學校校長必須要忠誠於自己談論的主題，學生必須要感覺校長不是一位老學究，而將他看成是一個具

有知識的同伴。（這部分內容基本上出自愛默生的〈教育〉演講稿子裡。）

11月12日。愛默生在波士頓音樂廳舉辦的大學生聯誼會上發表了〈美國民族性〉的演說。（這篇演說刊登在11月13日的《波士頓晚報》上）。在這篇演說裡，愛默生表示，因為一個國家沒有任何敵人，這個國家就應該變成現在這個樣子，或是因為這個國家擁有著偉大的未來，就應該以自殺的方式去結束這樣的未來，這是非常屈辱的。但是，這種狂熱的熱情往往會遇到與其危險相當的阻力。我們經常會認為，我們的國家幅員遼闊，無法形成強大的民族性。但是，我們這樣說的時候根本沒有認真做過一番思考。是的，我們國家是幅員遼闊，但當我們在桑特堡上的旗幟被南方軍隊降下來之後，我們每個人都會形成一股強大的力量。在我們看來，任何隨之而來的邪惡行為都是不足為道的，因為我們的民眾願意齊心去戰勝這樣的邪惡，建立一個更公平的社會環境，更加有益於個人發展的國家。你們認為我們應該像以前那樣在邪惡勢力面前卑躬屈膝嗎？我希望，這場戰爭能夠癒合更多的傷口，而不是製造更多的傷口。這場戰爭應該能讓某些人改變之前那種懷疑主義的思想，這些人的思想其實就像物質富足情況下被寵壞的孩子。維持聯邦政府的戰爭，要比任何州的政策或是地區利益都要更加重要。不過，歸根到底，因為南方存在的奴隸制，我們的聯邦政府的群眾基礎還不夠強大。我們必須要盡一切努力解放那些黑奴，同時對那些忠誠於聯邦政府的州給予一定的補償。這應該成為我們的原則。除此之外，任何其他的方法都只是陰謀。誰能在硫質噴氣孔或是流沙上建造房子呢？聰明的建築師會在土地平實的地方建造房子。聯邦政府應該追求的目標，就是控制整個聯邦的每一寸土地。在目前戰爭一觸即發的狀態下，我們需要考慮到國家出現分裂的緊急情況。鑑於這樣的局勢，我認為，我們寧願與南方同盟開戰，維持聯邦政府的完整，也不能在目前南方保存奴隸制的狀態下採取綏靖政策。現

在，我們已經知道，兩條鐵路帶來的好處與一條河流沒有什麼區別，我們開始思考我們應該前往密西西比河流。戰爭考驗著我們每個人的品格，讓那些無罪的人得到釋放，讓每個人的內心都遭受著誠實的檢驗。這需要我們擁有強大的力量。這不僅需要我們有真誠、坦率與勇敢的態度，還要有強烈的道德感。我不贊成一些人希望透過金錢或是發聲的方式去追求自由，他們都是相當堅定的民主主義者，他們憎恨蓄奴制，反感於南方那些背叛國家的惡人。在此，我希望聽到一個詞語，就是「事件的邏輯」。無論是在民事還是軍事上，我們最好都要堅定自己的立場，不要出現任何動搖。我們就像派瑞（Parry）上校率領的那支雪橇戰鬥隊伍，花費數週時間在北方的冰雪上前進，之後到達了沒有積雪的南方。

愛默生發表了一篇名為〈真理〉的演說（這篇演說是否在音樂廳的帕克集會上發表，尚存疑問）。在這篇演說裡，愛默生說，在戰爭引發的各種喧囂的討論中，我們到了這樣一個可以表達我們情感的地方。我們從小就被灌輸愛國的情懷，無所畏懼的思想，一定要將所有的盲目衝動的暴亂全部鎮壓下去，讓我們呼吸的空氣重新變得純淨與安靜。和平安詳的生活應該是我們這個地區的永恆法則。當我們在遭遇短暫與局部的痛苦時，就要有這樣的堅定的信念：這一切都會過去的，這不僅會為我們帶來各方面的好處，也會為那些遭受著痛苦的個人帶來好處。因為邪惡時代是建立在謬誤基礎之上的。在美國歷史的某個時期，我們會睜開心智的眼睛，開始意識到精神事實、權利、責任與思想 —— 還能感受到本質的真理所形成的上千種不同的面孔。當我們了解這些道理之後，再也不會成為任由命運擺布的笨人了，而會冷靜下來進行思考，思考如何運用自然的規律。從一般意義來說，要想找一位勇於說出真理的人是很難的。因為擁有敏銳感知能力，或是能以某種準確方式看待事物的人並不多。雖然政治經濟學家不會認為人云亦云的人是真正的創造者，但也會認為他們可以帶來許多的好

處。首先，他們是社會主義者，能透過一些民主言論將左鄰右舍團結起來。然後，他們還會對真理進行一番微妙的考驗。聆聽見證過這些事實的人所說的故事吧。缺乏誠實內容的段落不會出現在演說當中，否則必然會迅速影響到我們的舉止與行為。要是演說的內容缺乏坦誠的因素，必然會毀掉整個演說過程的美好！但是，真誠只是一種外在的美德，與我們稱之為誠實的內在與更高的真理形成對比。這需要我們全心全意去做，而不是部分的去做。你可能會透過自身的才華、品格或是別人對你的需求去吸引別人，但是，想要透過直接的方式去吸引別人，這卻是謬誤的開端。你來到這個世界上，要平靜的接受貧窮的事實，然後想辦法去改變這樣的局面，在這個過程中展現自己的獨特性。如果一個人擁有這樣穩定的思想，雖然他無法看到自己勞動的成果，但是他所播下的種子絕對不會枯死的。他的兒子或是孫子必然會感謝他留下了這種莊嚴的信念，在他們二代人的時間裡，漸漸讓這樣的信念成熟起來。讓我們坐下來，利用從青年時期到老年時期的這段時間去與貧窮或是匱之作爭鬥吧，而不要用任何其他錯誤的方式去掩蓋這些事實。我們應該追尋真理，這需要我們放棄某些自大的想法，而不是放棄想要幫助別人的念頭。

12 月 29 日。愛默生在音樂廳帕克聯誼會上發表了一篇名為〈永恆性〉的演說。

西元 1862 年

1 月 31 日。愛默生在華盛頓史密森尼協會上發表了〈美國文化〉的演說。

3 月 16 日，週六。愛默生在音樂廳的帕克群眾聚會上，發表了名為〈宗教的重要原則〉的演說（其中大部分都是關於「品格」與「倫理的主權」）。在這篇演說裡，愛默生說，偉大的唯物論者已經表達了他

們的信念，即我們的分析研究最後會達到了莊嚴的簡樸狀態，找到兩種簡單的元素，或是帶有兩極的一個元素，因為這些元素是所有事物的構成基礎。在道德層面上，我們會遭遇一些原則帶給我們的持續影響：我們會發現，有必要將這些格言或是言語運用起來。

4 月 13 日，在美國總統指定的齋戒日裡，愛默生在音樂廳舉辦的第 28 信徒協會上，發表了名為〈道德力量〉的演說。在這篇演說裡，愛默生談到，我們國家應該銘記許多事情更好的一面。總統順從了普通民眾的情感，我們應懷著感恩之心去幫助那些比我們弱小的人，應該懷著對上帝的虔誠之心，力所能及的幫助別人。讓我們用這些善意的話語、感謝之詞、讚美的話語，以小心、溫柔的方式去表達我們的感激之情，讓每個人都能感受到幸福與快樂。讓我們為每一次的成功與每一次的勝利歡欣鼓舞吧。我們要有睿智善良的靈魂，無論在面對國內的敵人還是外敵，都應該看到正義、思想以及人性的善意。只要我們相信所信仰的事業的勝利會為全人類帶來幸福與快樂，那麼我們就完全有理由進行歡慶。是的，我們應該遠離純粹理智帶給我們的那種稀薄空氣，因為這讓我們難以呼吸，而應該將大眾的憐憫心視為一種正當且安全的保證。可以肯定的是，很多愛國主義者與慈善家都會懷著滿足之情看待這一切。我們的事業朝著正確的方向前進。美國政府應該處在正確的道德位置上 —— 這是很重要的。我們的國會也應該支持聯邦政府這樣做。當我們將之前用於作惡的能量用於去做善事，這將帶來多大的好處啊！這個世界其實就是各種力量的相互影響，每一種力量都會對另一種力量產生影響。在人類的所有工作裡，我們會面臨著各種阻力，在相互的摩擦中失去許多力量。但是，樹木在沒有遭受外在壓力的情況下成長為參天大樹，它所依靠的就是不斷釋放自身的能量，讓枝葉更好的吸收陽光與水分。我們的道德力量也適用於這樣的道理。無論人們在智慧與美德方面存在著多大的差別，他們在很大程度上都是朋友。要是以任何錯誤的標準去對此進行衡量，都

必然會出現故障。激勵與憐憫心 —— 這些就是讓我們釋放力量的繩索，而不是束縛我們迸發能量的阻礙。勝利的能量源於我們的想像。道德的力量每時每刻都希望能夠迸發出來。我們可能會感到不安，為此道歉或是仿效別人，我們可能感覺自己就像稻草或是一文不值的人。之後，強大的思想就像一陣安靜的風吹過來，讓我們的內心充盈著美德。

6 月 29 日，週六，愛默生在波士頓音樂廳發表了名為〈梭羅〉的演說。

10 月 12 日。愛默生發表了一篇名為〈論《解放黑奴宣言》的演說〉。

11 月 18 日。愛默生在翠蒙堂的聯誼大會上，發表了一篇名為〈永恆的力量〉的演說。

12 月 14 日。愛默生發表了一篇名為〈健康〉的演說。在這篇演說裡，愛默生認為，健康的狀態，其實就是順從自身的才華與品格的狀態。只要身體的任何一個部分對此進行反抗，就必然會出現疾病。身體始終處於一種完美與不完美相互轉換的狀態。每一種智慧的行為都必然會帶來治癒的價值。我們會不斷更新自己的思想，更加自尊自愛。最具價值的東西通常是最為廉價的：純淨的水源、清新的空氣、勤勞的雙手，善意的眼睛，溫柔的聲音，安詳的面容。

西元 1863 年

1 月 1 日。愛默生在波士頓音樂廳發表了〈波士頓頌歌〉的演說。

7 月 22 日。愛默生在達特茅斯學院的文學協會上發表了一篇演說，並於 8 月 11 日在沃特維爾學院重複了這篇演說。

12 月 1 日。愛默生在波士頓的帕克聯誼會上發表了〈共和國的命運〉的演說。

西元 1864 年

8 月 9 日。愛默生在米德爾伯里學院的文學協會上發表了一篇演說。

11 月 27 日。愛默生在波士頓梅羅迪恩的帕克聯誼會上連續 6 週發表演說。第一篇演說是〈教育〉，第二篇演說是〈社會目標〉，第三篇演說是〈資源〉，第四篇演說是〈桌上談話〉。在這篇演說裡，愛默生認為，記錄對話的書籍要比那些所謂正式的自傳書籍好很多 —— 事實上，這些記錄對話的書才是後人進行研究的真正素材。孤獨所帶來的痛苦是很容易被察覺的，這點與牙痛沒有什麼區別。這樣的痛苦之所以出現，不是為了折磨我們，而是作為一種友善的警醒。這提醒著我們應該多參加社會活動，修復與朋友們的關係，回答朋友們的來信，友善的對待每個人。與朋友進行交流，就好比翻開一本雜誌，閱讀裡面許多有用的內容。有趣的對話就是一場不斷拓展我們心智的遊戲，就像男孩子在跳遠的時候想要跳得最遠一樣。在交談的時候，各方的對話會讓你感受到自由以及視野的拓展。但是，你依然可以成為自己純粹的主人。美國人從來沒有將對話視為一種藝術，其他國家的民眾早已經這樣做了。事實上，我們的教育機構在這方面存在著諸多的弊端。在歐洲的許多城鎮裡，人們可以在一天的某個時候走進一家咖啡館，點上一杯咖啡，聆聽智者、藝術家與哲學家的談論。我們的民眾到俱樂部消遣通常要花費許多錢，無法從中得到任何有用的知識。我們這個國家的一個重要目標，就是將這些機構有系統的整合起來，將這個國家的能量都激發出來，讓每個人都能貢獻自己的力量去獲得最大的成就。所謂歐洲文明，不過是他們那裡有更多具有教養的人而已（這些內容在〈社會目標〉與〈俱樂部〉這兩篇演說裡提到）。第五篇演說是〈書籍〉。在這篇演說裡，愛默生認為，我們希望偉大人物都成為優秀的讀者。因為讀書的多寡，與我們吸收知識的自發能力是成正比的。我們很容易貶低文學作品的價值，將閱讀這些作品稱為偷窺

他人隱私，或是將之斥為無法為現實生活帶來任何積極影響的東西，說文學類書籍會讓我們看問題的眼光變得不那麼務實。但是，我卻在書籍的世界裡找到了精神的港灣與庇護所。當我們在閱讀這些書籍的時候，不會感到任何苦惱或是憂慮。我認為沒有比閱讀書籍更能讓我們的心靜下來，更能讓我們內心感到寬慰的事情了。我們怎麼能用貶損的口氣去談論書籍呢？書籍所代表的不是語法與字典。正如法語小說讓我們懂得法語，德國小說讓我們懂得德語一樣。書籍所傳遞的熱情衝破了語法與詞彙的限制，直抵我們的心靈。當我們在旅途的時候，若是帶上賀拉斯或是帕斯卡的一些書，就能讓我們從乏味的旅途中抽離出來，進入到一個美妙的精神世界裡。真正重要的是，這些書籍是否是作者基於生活經驗或是為了表達文學觀點去創作的。最近，我懷著愉悅的心情，閱讀倫敦一本雜誌上刊登華茲渥斯所寫的文章。我從中看到了華茲渥斯表現出來的泰然自若，他的文學才華再次得到了驗證。可以說，他是自米爾頓以來英國歷史上最具才華的詩人。我在英國逗留了那麼長時間，只找到了一個人（克拉夫）懂得欣賞華茲渥斯的作品，雖然當時丁尼生的文學才華與天才已經透過韻律詩歌得到了展現。這位面容滄桑的男人在鄉村孤獨地生活了幾年，遭受著旁人的嘲笑與毀謗，始終保持著理智與靈感。他毫不懷疑一點，神諭就像阿波羅降臨到赫爾維林峰那樣降臨了他頭上。幾年之後，英國人才發現他所具有的天才。《獨立宣言》裡充滿智慧的文字也曾遭到許多人諷刺，將之稱為「過於籠統的概括」，現在裡面的文字已經變成了人們普遍接受的基本原則，並將永遠閃耀著智慧與人性的光芒。美國的文化就像一個催熟的果實，我們的學者總是希望從學生變成老師，不願忍受慢慢成熟的過程所要經歷的考驗。他們就像卡托巴葡萄，希望在太陽照射兩週之後就能成熟。但是，真正的成長與成熟是需要時間與過程的！要想進行良好的閱讀，我們需要閱讀名著。一些人不願意在心靈層面做出任何妥協，只是希望「能夠帶著鋼鐵手套去切割美

味的肉片,然後用鋼盔作為杯子去喝美酒」。當然,他們以這樣的方式吃晚餐肯定不會有好的感受。第六篇演說是〈品格〉。

西元 1865 年

4 月 19 日。愛默生在康科特的葬禮儀式上發表了一篇名為〈亞伯拉罕·林肯〉的演說。

7 月 21 日。愛默生在哈佛發表了一篇〈畢業生演說〉。

7 月 31 日。愛默生在威廉斯頓威廉士文理學院發表了系列演說:分別是關於藝術與批判的演說,關於書籍的演說與關於成功的演說。

西元 1866 年

4 月 14 日。愛默生在波士頓奇克林會堂發表了 6 篇關於「民眾的哲學」主題系列演說。第一篇演說是〈智慧的七個組成部分〉。第一個組成部分是認同的感知。第二個組成部分是總結概括的能力。第三個組成部分是前進的步伐,或者說電流所能傳遞的震撼情感。第四個組成部分是步伐。第五個組成部分是適當釋放經典浪漫的情感。第六個組成部分是密切的關係。第七個組成部分是想像力。最高階的方法是我們的洞察力以及身體功能,能夠讓我們將日常的生活環境變成一種普遍的象徵。無論是從整體還是細節的層面去看,大自然始終都在按照人類的心智法則去運轉。科學研究需要在適應宇宙規律的前提下進行。事物呈現出來的現實狀態就是我們應該形成的思想。對於心智的第一個衡量標準是集中性。我們需要演說者、領袖、政治家具有一定的絕對性,如果他們沒有展現出這樣的絕對性,就需要假裝這樣的特性。正確的感知能力不會讓我們以割裂的眼光看待問題,而會以整體的方式去看待每一個獨立的個體。英國人認為,如果你能對 100 個事實去進行思考的話,那麼你將會朝著一種理論邁出正確的一步。如果

你能對 1,000 個事實去進行思考的話，那麼你將會無限接近這樣的理論。但是，具有良好心智的人總能從兩、三個事實，或是一個事實裡得出這樣的結論，正如他們能從紛繁複雜的事情中總結出一套理論。克卜勒（Kepler）與牛頓都是天生具有深刻洞察力的人，他們能以小見大，從某些單獨的事實中感受到宇宙普遍存在的法則。從人群中總結出差異區別的能力，敏捷的思想能讓我們做出連續的突變，讓我們以習慣性的速度去進行組合。時間是精神力量的一種倒轉的手法。愛默生發表的第二篇演說是〈本能、認知與才智〉。在這篇演說裡，愛默生談到，任何形上學學者都無法在描述一種構成理智的能量中持續獲得成功，也無法對個人過猶不及或是錯誤的行為進行任何修正。這樣的心靈激勵代表著一種被激發出來的能量，能打破我們所處的平靜狀態。本能就像山洞裡沒有形狀的巨人，沒有雙手或是發音清晰的嘴巴，沒有接受過多少教育。這些彷彿巨獸一樣的東西，鄙視人們的話語，不重視細節，不願意去對某些事情進行解釋，卻要武斷的指出你應該前進的方向。認知代表著一種歸納的能力，每一種認知都代表著一種能量。要是我們將意志的能量加入其中的話，就必然能從本能中感受得到。洞察力會讓我們吸收自己所看到的一切，不會以割裂的眼光看待一切，能以公平的眼光看待每一個細節，看到上帝所創造出來的一切事物。每一個擁有善良靈魂的人，都必然會假定每一個特定事實都是先於人類的存在就已經存在了，因此這讓我們必須想辦法與這些事物處於一種和諧狀態。才智是我們習慣性發揮身體機能的一種表現。才智能形成思想，能讓我們找尋某些實用的東西，最終讓我們有所收穫。你們必須要形成自己的思想，否則你們只會看到無垠的天空，卻看不到一顆星星。所有人都知道這個事實，但很少人知道該怎樣說出這個事實。同樣的情況也出現在我們做正確事情的能力。要是沒有了才智，人的正直會變得荒謬，人的身體機能也無法展現出真實的狀態。人的不同才智都是有系統的結合起來的，每一種才智都與其

想要探尋及利用的本性是相連接的。愛默生發表的第三篇演說是〈天才、想像力與品味〉。才智是從人諸多的身體功能中衍生出來的,但天才卻是源於人所具有的一種普遍性。目前,我們國家普遍存在的這種輕浮狀態,讓我們很容易原諒任何與才智相關的一切。我們似乎對聰明有著一種幼稚的熱愛。但是,我們應該想辦法給予這些力量一些獎賞,這一切都超越了個人化的思想或是個人化的念頭。能量,一種全新的能量,才是我們的靈魂應該找尋的力量。它並不在乎這是否以才智的形式出現,它似乎更喜歡沒有以才智的形式出現。所謂天才,就是我們對外在世界所有印象的一種感知能力。這代表著我們的靈魂的一種有機運動。這一切不會停留在沉思階段,而會直接越過沉思狀態,進入到一種行動狀態。因此,這始終代表著一種全新的創意。想像力會運用有機的分類方式去做,選擇與上帝為伍。這代表著一種視野,讓我們知道這樣的象徵所代表的含義,並對此進行深入的探索。第四篇演說是〈心智的法則〉。

- **個人主義**:個人的心智就像一個隨時會發生變化的渦流,痴迷於某些科學領域與能量。宇宙則是透過各條小路或是橋梁從中經過:對每一個人的靈魂來說,都會有一條無形的道路,讓我們可以感知自身的存在。每個人都代表著一種全新的方法,讓我們可以感受全新的事物。他們所感受到的每一種困擾,都表示了他們的思想對於其他人來說是多麼的神聖與寶貴。

- **認同**:我們之前所看到的東西,也必然會再次看到。之前存在過的東西,之後也必然會存在的。這與我們所了解到的事情沒有什麼區別。在我們的心智裡,大自然每一個領域的所有法則都在不斷重複,每一種功能都在周而復始的發揮著作用。記憶、想像力與理智都是一種相同能量的不同表現形式而已。正如灰塵與鑽石其實是一種相同化學物質的不同形態而已。

- **主觀性**：太陽從你身上汲取了他所照耀出來的光線。歡樂與悲傷都是從我們身上傳播出去的。從嚴格意義上來說，物質世界只是一個幻覺。感知能力可以讓我們去認知這個世界。我們所有的欲望與念頭都代表著一種錯覺。我們是什麼樣的人，其實就是我們所看到的、所愛的以及所恨的事物的一個集合。一個人可以從他的朋友、敵人或是他所信仰的神等方面展現出自己。善意能讓我們變成具有洞察力的人。所有美好的事物都只是因為我們的雙眼感受到了事物的美感。

- **過渡與變遷**：學者們所犯下的一個錯誤，就是認為科學是一種有結局的東西。但是，心智只關心事實，而不是關心是否有結局，只會將之變成一種可變換性的東西，進入其他的事實或是系統，從而讓我們對第一原因有更好的認知。真正的智慧包括要讓我們的靈魂處於一種流動狀態，抵制讓心靈迅速走向僵化的過程。

- **超然**：一個人所具有的智慧，與他讓自己的思想脫離自身的程度成正比，並且不允許任何事物影響到他去觀察陌生的事物，讓他不再以個人的視角，而是以普遍性的眼光看待這些事物。真正庸俗的做法就是過分強調個人與事實的存在，而不是專注於對事實特質的研究。但是，這樣的特權通常會讓我們付出昂貴的代價。這種超然的做法會讓我們的意志能量陷入癱瘓的狀態。人的思想存在著許多弊端，因此我們不能完全相信自己的思想。這些思想渴望獲得某種天意的啟發，然後藉此找尋一些藉口，將這些法則運用到自己身上。這種存在的間隔通常會在思想者與他們的談話中出現，讓他無法展現出自身的天才。

第五篇演說是〈智慧的行為〉，在這篇演說裡，愛默生認為，理智的

狀態就是要尊重智慧世界的秩序，將才智放在其應處的位置，而將本能擺在重要的位置上。智慧行為的首要法則，就是要在控制思想的時候，同時不要失去其自然的態度以及行動。這些都代表著一種神諭，我們不能對此進行刺探或是採取什麼行動，只能遵循這樣的法則。但是，這些預言家的精神其實就代表著預言家們所談及的主題。一個真正掌控自己的人會控制自己的思想。有很多具有深刻洞察力的人都可以理解某些思想，但他們所了解的思想不是那麼精細，讓他們都無法完全理解。我們希望將這些思想封閉起來，然後強迫這些思想去做一些不斷完美的工作。意志是能量的一種衡量方式。那些擁有意志的人本身就是強大與快樂的人。真正的天才會透過將意志轉變成一種能夠完美代表其自身的方式，從而掌控一種思想。但是，很多人會以自己是高尚情感的傳播者的身分自居，讓自己獲得一定的安慰。我們的基本立場是，才智需要在遵循道德法則的情況下才能不斷成長。第六篇演說是〈才智與道德之間的關係〉，在這篇演說裡，愛默生認為，人的精神能量可以分為兩個部分，才智與意志，心智與心靈。在每個人的思想似乎填滿宇宙或是變成上帝的同義詞之前，很多人都容易感覺自己的思想不斷獲得了提升。每個人都會遇到一些缺陷，當他們面對的阻礙元素不夠強大的時候，這就會變得更加明顯。才智代表著一種懷疑精神，最後必然會進入到才華的領域。另一方面，我們的情感則是一位盲目的引路者。但是，所有具有偉大心靈與靈魂的人都會允許這兩者的絕對存在。行動與思想就像男人與女人，這兩者都是不可或缺的：為什麼這兩者要相互責備與排斥對方呢？

12 月 11 日。愛默生在帕克聯誼會上發表了一篇名為〈世界之人〉的演說。愛默生在演說裡說，地球的面貌展現了自身所經歷的歷史以及歷史所帶來的好處。我們可以在這個世界上呼吸著清新的空氣，證明這是一個更加美好的世界。這表示了人類的存在以及人類在地球上存在的時間。人類天生就有收藏的天性，這不是指收藏硬幣或是圖畫等東

西，而是指講究藝術、行為方式、思想與成就等東西。在我看來，這位世界之人絕對不是一個只有某種思想的人，而是一個擁有豐富視野與強大演說能力的人。他能與學者進行談話，也能與人在客廳聊天，還能在街頭與別人說一些市井的話。這樣的人有某種順其自然的容忍性，有一種出世人世的淡然性，能包容別人的過錯，同時嚴於律己。雖然他有著很多世俗的優點，但他卻屬於另一個世界。他能感受到想像力所帶來的歡樂，他更願意站在一個中間的位置。他為人謙卑，願意做出犧牲。他是一個能提升別人的世俗之人，因為他知道金錢、文化、語言、藝術、科學以及宗教的價值。這個世界的一大邪惡就是那些笨蛋的存在，而這個世界的救贖就是那些擁有理智與能力之人。

西元 1867 年

3 月 4 日。愛默生在芝加哥發表了一篇名為〈雄辯術〉的演說。

4 月 14 日。在麻薩諸塞州梅德福，愛默生在喬治·L·斯特恩斯（George L. Stearns）的葬禮上發表了一篇演說。（4 月 27 日，這篇演說刊登在《共和國》的報紙上）

4 月 19 日。愛默生在麻薩諸塞州康科特陣亡士兵紀念碑揭幕儀式上發表了演說。

5 月 12 日。愛默生在園藝大廳的激進聯合會上發表了〈生活的法則〉的演說。

5 月 30 日。愛默生在波士頓園藝大廳發表了〈在自由宗教協會上的演說〉。

8 月 21 日。愛默生在駐波士頓中國大使館晚宴上發表了一篇演說。（這篇演說刊登在 8 月 27 日出版的《波士頓日報》上）

9 月 16 日。愛默生在 J·T·薩金特（J. T. Sargent）牧師的聚會上發表

了一篇名為〈布道牧師〉的演說。

西元 1868 年

10 月 12 日。愛默生在波士頓梅奧那恩發表了 6 篇系列演說。第四篇演說是〈最少的與最多的〉（西元 1861 年 4 月，〈處在緊要關頭的文明〉的演說出版了。）在這篇演說裡，愛默生表示，亞里斯多德曾說，萬物的本性都可以透過最微小的部分展現出來。物質的形體大小是無關緊要的，雪花只是代表著微小的冰塊，而冰塊則代表著更大的冰塊。我們到處可以看到偉大事物形成各種簡約的方式。蚯蚓在地面下打滾，能形成適合蔬菜生長的土壤。珊瑚能形成大陸。在日常生活中，可以肯定的是，真正讓我們記憶猶新的都是那些快樂的記憶。我們的生活本質有時就包括幾天或是幾個小時。同樣的情況也出現在文學作品、奇聞異事、幾首詩歌或是一首詩歌的幾行詩句裡面，這些都是我們無法去忘記的。其他的東西都擺放在圖書館裡沒有人動過。正是一些不起眼的詩句，才讓我們對尷尬的行為與優雅的舉止做出了區別。英國、法國與美國都代表著驕傲的民族，正如之前的古希臘與古羅馬的時代。人類一開始所形成的社會關係，竟然慢慢變成了一種血緣關係，最後產生了深遠的影響。人類就是在這個漫長的歷史過程中不斷的成長與發展。能量存在於微小事物當中，智慧始終都是以節欲、節制以及謙卑為主要的象徵。崇拜的行為就是我們對建構出幾個世紀以來偉大能量的一種感知能力。第五篇演說是〈熱情好客與家庭〉。在這篇演說裡，愛默生談到，在司各特的詩歌裡，陌生人在來到了登山人的帳篷裡，詢問他想要什麼。他回答說：「充足的休息時間，一位引路人、食物與一堆火。」這似乎不是多高的要求，但是他所需要的這四樣東西都可以有更宏大的解釋。「休息」意味著我們心靈的平和。「指引」代表著我們的守護天使。「食物」代表著我們人生的食糧，「火」則代表著愛意。任何家庭生活都需要這四樣東西去維

繫，擁有了這四樣東西，一個家庭才能展現出熱情好客的態度。我還不知道有哪一座足夠大的城市能夠滿足這樣的需求。正如上帝創造國家，人類創造城鎮一樣，我認為我們一定要透過指引旅行者前往大自然想要他們去的地方，才能彌補自身存在的不足。如果一個深思熟慮之人有選擇的自由，那麼他很容易選擇鄉村作為自己的居住地，因為在這裡，沒有人過著特別貧窮的生活，大自然負責了為我們創造美感的工作。每戶人家在某種程度都是熱情好客的。可以肯定的是，每個人都能表現出自己的善意，同時還能表現出更高層次的好客精神 —— 表現出極為簡樸與良好的舉止，以好客的心態去看待任何人。我們可以觀察他們做得怎樣，然後想辦法給予他們一些幫助，讓他們的想法與願望都能為你們所感受。在每個家庭裡，總會有一些人教育年輕人如何分辨真理與謬誤，不要將愚蠢視為一種價值。也許，一些嚴肅的長者、某些未婚的女性，或是一些愛好孤獨的人，他們會選擇離開遙遠的鄉村與教堂，在與年輕人的交流中不斷保持充滿活力的精神狀態，免於父輩們的控制。他們透過與孩子們的想像力進行交流，對孩子的感受有所了解，從而更好的了解自己的心靈。他們知道如何用難以忘懷的故事讓孩子產生閱讀的興趣，激發他們的好奇心與稚嫩的夢想，讓孩子感受到我們給予他們的憐憫心。也許，他們在大學校園裡無法找到一位為他們帶來真正好處的人。第六篇演說是〈偉大〉。

西元 1869 年

1 月 2 日。愛默生在波士頓奇克林會館朗讀了「英國詩歌與散文」。第一篇詩歌是〈騎士精神〉，這是從羅伯特·格洛斯特（Robert Gloucester）所著的編年史中節選出來的。第二篇詩歌是〈喬叟〉。第三篇詩歌的名字目前沒有查到。第四篇詩歌則是〈莎士比亞〉。第五篇詩歌是〈班·強生與培根爵士〉。第六篇演說是〈赫里克、多恩、

赫伯特、沃恩（Vaughan）與馬維爾〉。第七篇演說是〈米爾頓〉。第八篇演說的名字目前沒有查到。第九篇詩歌是〈詹森、吉朋、伯克、考珀與華茲渥斯〉，第十篇演說的題目沒有找到。

3月1日。愛默生在波士頓女性俱樂部發表了一篇名為〈瑪麗‧穆迪‧愛默生〉的演說。

4月4日。愛默生在波士頓園藝大廳發表了一篇名為〈自然宗教〉的演說。

5月17日。愛默生在 J‧T‧薩金特舉辦的聚會上發表了一篇名為〈宗教〉的演說。

5月28日。在波士頓翠蒙堂舉辦的第二次自由宗教協會的年度會議上，愛默生發表了一篇演說。

9月14日。愛默生在亞歷山大‧馮‧洪保德的百年誕辰日紀念晚宴上發表演說。（這篇演說刊登在波士頓自然歷史協會的刊物上）

4月26日。愛默生在哈佛學院發表了十六篇系列演說，核心主題是「智力的自然歷史」。第一篇演說是〈引言〉，讚美知識存在的價值。第二篇演說是〈物理現象的超然主義〉。第三篇與第四篇演說是〈感知〉。第五篇與第六篇演說是〈記憶〉。第七篇演說是〈想像力〉。第八篇演說是〈激勵〉。第九篇演說是〈天才〉。第十篇演說是〈常識〉。第十篇演說是〈身分認同〉。第十二篇與第十三篇演說是〈心智的準則〉。第十四篇演說是〈柏拉圖主義哲學派〉。第十五篇演說是〈智力的行為方式〉。第十六篇演說是〈智力與道德之間的關係〉。（在西元1871年，愛默生重複了這個系列的演說，但演說的次序出現了不同，刪除了第十一篇與第十四篇演說，增加了〈智慧〉、〈幽默〉與〈鬼神學〉等演說內容，還有另一篇關於「智慧行為」的演說。從內容層面上看，這些演說大部分都是與他在西元1848年發表的〈十九

世紀的心智與行為方式〉的演說是類似的，他還談到了在西元 1858 年發表的〈心靈哲學的自然方法〉以及西元 1866 年發表的〈民眾的哲學〉的部分內容，其中大多數新內容都出現在〈詩歌與想像力〉的演說稿子裡。）

12 月 22 日。愛默生在紐約德爾莫爾科的新英格蘭協會發表了一篇演說。（這篇演說後來由該協會刊登）

12 月 23 日。在紐約的斯坦韋新英格蘭協會上，愛默生發表了名為〈從普利茅斯前往新大陸的朝聖之路紀念日演說〉。（《紐約先鋒報》在 12 月 24 日刊登了這篇演說，《波士頓日報》在 12 月 26 日刊登了這篇演說。）

西元 1871 年

2 月 3 日。愛默生在波士頓藝術博物館組織大會上發表了一篇演說。(2 月 4 日，《波士頓日報》刊登了這篇演說）

8 月 15 日。愛默生在麻薩諸塞州歷史協會舉辦的司各特百年誕辰日紀念會上，發表了名為〈華特‧司各特〉的演說。

西元 1872 年

1 月 4 日。愛默生在巴爾的摩皮博迪學院發表了一篇名為〈激勵〉的演說，這是他在該學院發表的四篇演說之一。

1 月 7 日。愛默生在華盛頓霍華德學院發表了一篇名為〈書籍與閱讀〉的演說（《波士頓晚報》刊登了其中的演說內容）。

4 月 15 日。愛默生在波士頓力學大廳發表了六篇演說。第一篇演說是〈書籍〉。在這篇演說裡，愛默生認為人們應該多閱讀梭羅所著的《激勵》一書以及 H‧亨特（H. Hunt）所著的《思想》一書。第二篇演

說是〈詩歌與想像力〉。在這篇演說裡，愛默生認為就創作而言，人們應該多閱讀華茲渥斯的一些詩歌與拜倫的〈靈魂〉、司各特的〈不要從你身上找尋美感〉，以及班‧強生的〈歌頌自己〉。第三篇演說是〈詩歌與想像力〉，這其中就包括了〈迪納斯‧埃姆林〉。第四篇演說是「批判」，其中就包括了克萊夫特歌謠的〈洛辛瓦爾〉與廷羅德（Timrod）的詩歌。第五篇演說是〈文化〉，在這篇演說裡，愛默生談到了歌德、帕斯卡、波普、布林布魯克、李奧納多‧達文西 [056] 與瓦恩哈根等人。第六篇演說是〈道德與宗教〉。

8 月 2 日。愛默生在波士頓舉辦的接待日本大使的晚宴上發表了演說。

10 月 15 日。愛默生在紐約為弗勞德先生舉辦的晚宴上發表演說。

西元 1873 年

10 月 1 日。愛默生在麻薩諸塞州康科特門羅公共圖書館的開幕儀式上發表演說。

12 月 16 日。愛默生在法尼爾廳朗讀了詩歌〈波士頓〉。

西元 1875 年

愛默生在康科特大橋士兵雕像揭幕儀式上發表了一篇演說。

西元 1876 年

6 月 28 日。愛默生在維吉尼亞大學的畢業生典禮上發表演說。

11 月 8 日。愛默生在波士頓拉丁學校聯合會慶祝英軍撤離一百週年的紀念大會上發表演說。

---

056 李奧納多‧達文西（Lionardo da Vinci，西元 1452 ～ 1519 年），義大利文藝復興三傑之一，也是整個歐洲文藝復興時期最完美的代表，是世界的藝術巨匠和科學巨匠。

西元 1877 年

4 月 20 日。愛默生在波士頓老南教堂發表了一篇名為〈波士頓〉的演說。（這篇演說在愛默生於西元 1861 年發表的〈生命與文學〉這篇演說的基礎上增加了部分內容）

西元 1878 年

3 月 30 日。愛默生在波士頓老南教堂發表了名為〈共和國的命運〉的演說。（這篇演說在愛默生於西元 1863 年發表的同名演說的基礎上增加了部分內容）

西元 1879 年

5 月 5 日。愛默生在劍橋地區的神學院講臺上發表了名為〈布道牧師〉的演說。

西元 1881 年

2 月 10 日。愛默生在麻薩諸塞州歷史協會上發表了名為〈卡萊爾〉的演說。

美國文明之父愛默生：

改革與哲學觀、反奴隸制的衝突、三赴歐洲、出版隨筆，從超驗主義演說至晚年光景

作　　者：[美] 詹姆斯·艾略特·卡伯特　（James Elliot Cabot）

翻　　譯：孔謐

發 行 人：黃振庭

出 版 者：崧燁文化事業有限公司

發 行 者：崧燁文化事業有限公司

E-mail：sonbookservice@gmail.com

粉 絲 頁：https://www.facebook.com/
　　　　　sonbookss/

網　　址：https://sonbook.net/

地　　址：台北市中正區重慶南路一段六十一號八
　　　　　樓 815 室

Rm. 815, 8F., No.61, Sec. 1, Chongqing S. Rd., Zhongzheng Dist., Taipei City 100, Taiwan

電　　話：(02)2370-3310

傳　　真：(02)2388-1990

印　　刷：京峯彩色印刷有限公司（京峰數位）

律師顧問：廣華律師事務所 張珮琦律師

定　　價：420 元

發行日期：2023 年 06 月第一版

◎本書以 POD 印製

國家圖書館出版品預行編目資料

美國文明之父愛默生：改革與哲學
觀、反奴隸制的衝突、三赴歐洲、
出版隨筆，從超驗主義演說至晚年
光景 / [美] 詹姆斯·艾略特·卡伯
特 (James Elliot Cabot) 著，孔
謐 譯 . -- 第一版 . -- 臺北市：崧燁
文化事業有限公司 , 2023.06
面；　公分
POD 版
譯自：A memoir of Ralph Waldo
Emerson
ISBN 978-626-357-426-7(平裝)
1.CST: 愛默生 (Emerson, Ralph
Waldo, 1803-1882) 2.CST: 學術思
想 3.CST: 傳記
145.35　112008459

電子書購買

臉書